图解 精益制造044

读故事

洞悉丰田生产方式

すがたをかえるトヨタ生産方式

[日]武内登 著 马乃超 监修
周征文 译

人民东方出版传媒
People's Oriental Publishing & Media
東方出版社
The Oriental Press

中文版序

能把这本书介绍给中国的朋友们，我深感荣幸。希望本书能对大家理解丰田生产方式稍有帮助。

在这本书中我亲切地称丰田生产方式为 TPS。

说起 TPS，大家会想起丰田生产方式。因此也有人对丰田这个名字有所抵触。而实际上,20 世纪 70 年代的石油危机之后，TPS 这一缩略语成为某公司对自家公司生产方式的命名。这家公司名字的第一个字母也是 T。当时，似乎 N 公司的生产系统就称为 NPS, I 公司的就称为 IPS, D 公司的就称为 DPS。那时候，有多少个公司名称就有多少个生产方式缩略语。另外，TPS 也被用作总生产系统(Total Production System)的缩略语。因此，TPS 一词在当时是一般性的固有名词。但如今，把丰田生产方式用缩略语 TPS 来称呼也是事实。一说起 TPS，人们理所当然地想到丰田生产方式。因为丰田生产方式教给了我们许多基本理念。

有人说 TPS 是阐明制造业世界的语言。因为它优化了福特公司创造的汽车量产系统，成为世界通用的生产系统，是日本的一次尝试。至今仍在发展当中。

在欧美，人们有时候会用“LEAN”一词来介绍TPS。但两者在方式与理念上还是有所不同。不过，我也并非想说TPS更好。确实，在欧美的社交网站上，也有诸多与方法论、技巧、TPS数据等相关的讨论。我也能理解这种想法，但过去的事例未必就能成为参考。我认为可以这样简单地理解TPS：“基于基础，指向理想，常思不竭。”过于拘泥于方法论的话，有可能会失败，也有可能会自相矛盾。

丰田生产方式的具体形式会因公司而异，如同生物的“变态”现象，遗传信息不变，形态会变。即使根本上一致，也会因TPS等级的不同而表现出不同的具体形式。并且，因所处立场和环境的不同，该做的事情也多种多样。

我曾是一名技术人员，但最初也难以理解TPS。

第一个原因是不能理解其根本理念。虽然我从年轻时就一直学习精益管理和自动化的基本理念，但当时真的不能理解TPS。即使是现在，我也在努力不拘泥于细枝末节，以求理解真正的TPS理念。

第二个原因是TPS是实践世界中的语言游戏。母语是日语的我也常常犯难。要理解TPS用词的意思需要花费大量的时间。在实践活动中也无法理解小组成员的话语。

原本只要理解第一个原因中所说的基本理念即可，但我认为“实践是加深理解 TPS 的最好方法”。

另外，日语的微妙性、暧昧性也可能是非日语圈的人们难以理解 TPS 的原因之一。

换个角度看，TPS 是全公司性的活动。这可以理解为精益管理与“自动化”等狭义的 TPS 以及包含这些的广义的 TPS。实际上，自上向下的经营和员工自下向上的行为之间的亲和力得到增强的话，会取得很大的成效。就如何推进 TPS，不同的公司有不同的道路。

这本书的主题是：怎样理解和学习 TPS。

本书以故事的形式，描绘了汽车零件工厂中的主人公从班长成长为指导专家的变化过程。主人公通过实践学习 TPS，得到自我成长，学会改善，最终成为 TPS 的指导专家，在自上向下经营中施展自己的领导能力。

即使本书中有难理解的地方，但如果读者能在读完这个故事后掌握 TPS 的整体面貌，我将倍感欣慰。

另外，拙作中文版的出版是受友人马乃超先生的建议，在出版过程中他也给予了大力的支持和帮助，在此表示衷心的感谢。

目 录

旅途二 沉思之 错误出真知

~“准备阶段”篇~

旅途三 实践之 学习推进法
~“改善活动”篇~

旅途四　深化之　实现大目标

~“确定方向”篇~

梗　概

本书以小说的形式，力图让读者学习丰田生产方式的“造物之法”。纵观当今书市，与丰田生产方式相关的书籍品种繁多，但不少都晦涩难懂，受到了读者的批评。

本故事中的主人公从班长一直成长至指导专家，其间，他担当了各种角色；为了完成任务，他不得不学习各种高难度的业务技能和知识。本书以短片集锦的形式，描写了他不断成长的过程。

故事设定中的这位主人公名叫武内君，起初就职于东方汽车部件生产公司的技术开发部门，他意气风发，干劲十足，但与当时大多数技术出身的人一样，他对丰田生产方式并不怎么感冒，虽然谈不上反对，但也无甚兴趣。直到有一天，他遭遇了一个难题——他想把自己发明的汽车部件推向市场，可当时公司并不具备开展批量生产的实力。

此时，公司领导为了让这一成果走向市场，决定把他调到生产部门。

起初约定的调动时间是半年，半年后，他理应回到研究部门。可其间公司发生了重大变动，他只能扎根于生产部门，一边学习丰田生产方式，一边苦心专研“造物之法”。摆在他前方的路，绝非坦途。

离开大学校园、入职东方汽车部件生产公司时，武内君便在心中怀揣着一个终极命题——“何为制造”。让他万万没想到的是，日后，该命题的答案之一居然在学习丰田生产方式的过程中显现。不仅如此，在不断变动职位和自我学习的过程中，他成了指导，但也逐渐认识到身为企业员工的局限性，因此决定离职，成为一名自由职业者。

不同的企业有各自的企业伦理体系，而该体系中往往存在诸多问题，从而导致企业的改革活动南辕北辙。比如，企业员工原本是与企业利益息息相关的主人翁，企业经营活动应该本着关怀员工的精神推进，可不少企业却一味关注削减成本和提升效率，结果不惜牺牲员工利益。而本书的主人公在成为一名已然迈入花甲之年的专家后，开始领悟到一个道理——日本要想在竞争残酷的全球化环境中生存，就必须不断追求以人为本的“造物之法”。为了实现该理想，他不仅言传身教，而且不断学习和自我提高。

LEAD

在不同的企业，丰田生产方式（TPS）会以不同的形态显现。追本溯源，其本质是同一的，但在不同的TPS水准下，其形态各不相同。此外，负责人的不同立场也会导致其应采取的措施各不相同。究其原因，是因为TPS原本是“源于客户、联通客户”的企业全体性活动。为此，本书故事也以工厂为主线推进，并聚焦于让读者理解TPS的基本思维方式。

写在连载结束

本书的初衷是让读者方便理解丰田生产方式，因此在文中穿插了不少虚构的情节及技术性的知识。虽然是小说体，但或许并没有什么富有小说性的精彩情节。不过，本书的确是我心血的结晶，看似简单的一句话，在写稿时，为了一行字，我可能会苦心推敲，有时耗时许久。由于本书内容最早是在刊物上连载，鉴于当时的客观原因，有的章节可能会出现前后颠倒的情况，希望读者能够在大致通读的基础上反复研读，从而深入理解。而说到工厂管理之劳动环境的改善，则并非只限于一种方式。我希望各位从事相关工作的读者朋友能够掌握实际情况，推导出最接地气且在将来最有成果的方针，从而有效改善劳动环境。倘若有问题，可以向我咨询，我将尽力解惑。

前　言

在英语中，丰田生产方式被略称为“TPS”。如果有这样一本书，能够体系化且客观地总结归纳TPS的内容，对希望通过书籍学习TPS的人而言，尤其是初学者而言，肯定能够方便理解TPS的全貌。另一方面，市面上也有不少相关书籍介绍了现场的具体事例及手法。按理说，这些事例和活动方法应该是有参考价值的，但其中，有的只着眼于工厂之外，或只从公司总部的角度居高临下地审视生产活动，有的甚至只是照样罗列事实，并没有加入作者自身的理解。这让我联想到印度“盲人摸象”的寓言——片面地阐释丰田生产方式，纠结于诸如手段、手法等细枝末节的部分，而忽视作为根基的本质。这也是不少企业或团队试图引入丰田生产方式却遭遇失败的原因——他们只是在模仿表象而已。

要想让丰田生产方式真正出效果，就必须不断普及正确的思维方式。只有这样，才能做到正本清源、去伪存真，从而使普世性的“造物之法”扎根企业。

"让商品尽量接近理想形态"，此为企业的竞争力之源。当然，这需要企业拥有不断创新、不断吸引顾客的技术研发实力；另一方面，在发展中国家的廉价劳动力优势日益凸显的大环境下，日本国内制造业举步维艰的论调逐渐抬头，因此需要新的应对措施。而在我看来，丰田生产方式是拯救日本制造业的一大法门。

基于该理念，"以'顾客即想即得'的效率制造商品"便成为了制造业的终极目标。能做到这点的企业，必然能够生存。而正所谓"条条大路通罗马"，要想实现该目标，方法也好，工具也罢，并非只有一种，但嵌入其中的原则却是不变的。本书的主旨之一，便是阐释包含在丰田生产方式中的该原则。反观市面上相关的不少优秀书籍，则往往侧重于技术角度和经营层面，而本书拥有它们所欠缺的内容。

从表象上看，不同的企业呈现的丰田生产方式各不相同。虽然其同宗同源，但由于 TPS 的水准存在差异，因此所呈现的形态有所不同。此外，负责人的不同立场也会导致其应采取的措施各不相同。TPS 原本是"源于客户、联通客户"的企业全体性活动。即贯穿企业经营、生产出货到相关服务的所有企业活动。本书故事则以企业的制造部门为主线，并聚焦于让读者理解 TPS 的基本思维方式。本书中虚构的主人公——武内君起初是东方汽车部件生产公司的一名研发人员，他意气风发、干劲十足，最终成长为能够指导丰田生产方式的专家。本书通过对他的成长过程的描写，向读者呈现了丰田生产方式的全貌。

为了描写其成长过程中所经历的各种职务和立场，本书从班长、系长、科长、主任、指导专家的角度，以短片集锦的方式推进故事。采用现在时的手法，使读者获得身临其境的代入感。此外，为了便于理解，特意以“外传”的形式，对其间的思维方式和涉及的技术知识做补充说明。读者也可将其单独作为参考，按需阅读。

取“主人公不断成长的人生旅途”之意，本书的大章节以“旅途”为单位。

其中，“旅途一”阐述了丰田生产方式的中心思想。在该章节中，通过学习丰田生产方式而获得成长的主人公在进行指导工作。通过食品公司的一位女班长的视角，对其一系列典型的指导活动进行了描写。此外，主人公通过生产经验的积累，对丰田生产方式丰富的主旨内涵有了切身的体会和感受。

“旅途二”则以倒叙的方式，交代了时任系长的主人公的“原点”——其接触及学习丰田生产方式的契机。起初，他是个意气风发且有点不知天高地厚的小伙子，为了让自己的发明投入市场，开始了奋斗的历程。在生产现场的实践学习中，他接触到了丰田生产方式，在懵懂的状态下，开始试着探求丰田生产方式的本质所在。

“旅途三”则继续描写其成长过程。此时的他，已经晋升为科长，参加丰田生产方式的自主研究会，并作为改善生产活动的相关负责人，不断自我成长。其间，他获得了系统化学习相关思维方式及手法的机会。

“旅途四”则描写了其作为丰田生产方式指导专家的奋斗过程。有时，改善方式会突然在他脑中闪现，这种醍醐灌顶的体验增强了他的信心。这部分向各位读者展示了丰田生产方式的改善之道——为了创造更好的劳动环境，为了采取更好的方式方法，如何在不断思考的过程中发现问题、制定目标，并付诸实施。

通过这样的故事，本书试图向读者阐释丰田生产方式的“理想形态”及“造物之法”的极致精神。这也是我撰写本书的最大目的。

大野耐一先生是丰田生产方式的创始人，他曾说“丰田生产方式必须不断变化”。正如他所言，直到今天，丰田生产方式依然在持续进化发展。因此我们应该灵活机动，倘若片面拘泥于形式，纠结于“手法的新旧”，就会陷入迷惘。市面上的不少相关书籍就有类似问题，因此即便它们的切入点各不相同，但都会令读者不知所措。所以，本书以小说形式为载体，简明扼要地阐释了丰田生产方式中与“造物”相关的基本思想，并希望为读者呈现丰田生产方式的全局面貌。此外，由于我只能以自身的情况和经历为参考素材，因此书中登场的企业和组织规模较大，可能与不少读者身处或熟悉的实际情况有所出入。碰到这种情况，各位大可跳读，只要理解基本知识点即可。另一方面，我也希望本书能成为学习丰田生产方式的入门类读物，为读者继续研读其他偏重于技术的专业读物做铺垫。

我有过将开发阶段的产品实现量产的经验，每当回顾那段艰苦的岁月，不禁心想“当时要是有人能够传授TPS的相关知识就好了”“当时要是有供技术人员参考的TPS相关书籍就好了”。而这便成了本书的主旨之一——衷心希望技术人员和生产人员学习和理解丰田生产方式。基于此目的，本书通过一系列事例，以“自主实施改善活动”等视角，浅显易懂地阐释了何为TPS。

本书中的故事舞台与制造现场密切相关，为了让不熟悉生产制造的读者也能理解，我特意加强了内容的易读性。市面上有许多详尽介绍丰田生产方式的书籍，有的涉及直接生产部门和间接相关部门，内容可谓面面俱到，思维方式也殊途同归，但它们存在一个问题——专业术语过多，使初学者望而却步。

鉴于此，在本书中，我采用了“循序渐进、反复强调”的方式阐释丰田生产方式中的专业术语。从客观上来说，既然学习丰田生产方式，就势必要接触这些专业术语。对于业内人士而言，这些术语是常识；而对普通人而言，不少术语的内涵和外延与词语的原意完全不同，这成了初学者面对的一道门槛。我原先是一名技术人员，起初刚进入丰田生产方式的领域时，也是一头雾水。究其原因，这些专业术语原本是作为“暗语”使用的，即为了不让局外人听懂。但这些专业术语也包含了不少与丰田生产方式相关的重要思想，因此我还是在书中做了详细说明。

此外，本书中的故事还包含了目前市面上书籍未曾涉及的内容——丰田生产方式近几年的一些新动态。为了让读者进一步加深理解，我还加入了对丰田生产方式的原创见解。我的见解未必和丰田生产方式领域的其他专家完全一致，但基本思想应该是殊途同归的。倘若读者有不同意见，希望能够赐教。

鉴于此，本书的内容可能并不完全成体系，如果各位读者觉得某个专业术语晦涩难懂，大可在阅读时暂时跳过。书中的配图亦是如此，有的看起来可能较为复杂，但注解较为详尽，所以不看图也没关系；反之，如果是看图能力强却不太喜欢文字说明的读者，配图也能起到较好的提示和启发作用。总之，本书的主旨是向读者展现丰田生产方式的全局面貌，如能得偿所望，我便深感幸运。倘若有读者希望获得更多有关丰田生产方式详细手法的知识，如有机会，我会再次提笔。

我还想强调的是，由于本书把实际的劳动者作为重点对象，因此可能会导致部分读者产生误解——把丰田生产方式矮化为单纯改善劳动作业的活动。虽说着墨不多，但书中也涉及了生产设备和工厂整体工序，更何况我也点明了主旨——丰田生产方式是一种贯穿在企业经营中的活动。

不管哪一家企业，丰田生产方式都有适合其当前阶段的理想形态。有的人对丰田生产方式抱有偏见，认为它就是引入

KANBAN[1] 等一系列概念的“玄学”，结果只会导致生产现场一团糟。这实在让人遗憾至极。其实，丰田生产方式简单明了，且合乎常理，其中心思想可以归纳为一句话——向理想形态迈进。换言之，每家企业当前的状态，都是通向理想形态之路上的某一个阶段，路程艰难，任重道远。可见，即便对于白领等与生产制造无甚关系的人，学习丰田生产方式依然是大有裨益的。此外，生产系统多种多样，有的方法论与丰田生产方式或许有所不同，但其中心思想如出一辙——朝着目标，追求理想形态。纵观本书的内容，或许只是我的一家之言，但我衷心希望能给各位读者的生产活动带来启发性的意义。

最后，我想感谢以多贺次郎先生为代表的各位友人，给予我建议和指点；我还要感谢我的家人，给予我关心和支持。

---

① “KANBAN”来自日语“看板”的罗马音。“KANBAN 管理”是丰田生产方式中的重要概念，指为了达到及时生产（JIT）方式而控制现场生产流程的工具。——译者注

主要人物

（旅途一）

导　　师　武内先生 已经成为 TPS 指导专家的主人公

树丽树里　人称“小洁”，是一家拥有 200 名员工的食品公司的班长

（旅途二）

武 内 君　年轻时的主人公，37 岁，就职于东方汽车部件生产公司，一名意气风发的新锐技术人员。研究部主任兼生产技术开发部 1 科 1 系长。育有两男一女。带着自己研发的产品，被调到了工厂车间

导　　师　武内“老师”，未来的主人公，时常会“穿越”出现

齐藤先生　隶属于生产管理部的 TPS 事务局

吉竹班长　在工厂车间协助武内君的热心人

松井科长　自称“反 TPS 派”，是对抗主人公的角色

（旅途三）

武内科长　已然晋升为科长的主人公

导　　师　武内“老师”，未来的主人公，时常会“穿越”出现

山中科长　生产技术开发部的同事

多贺正宪　生产调查部的前辈　教育总担当　IE 专家

（旅途四）

武内主任　已然晋升为主任的主人公 隶属于生产调查部，统筹管理供应商及海内外的分公司

导　　师　武内“老师”，未来的主人公，时常会“穿越”出现

神山耕辅　人称“神先生”，自主研究会的同伴，就职于静冈汽车公司

陈 先 生　东亚分工厂的 TPS 负责人

Mr. John　人称“约翰先生”，欧洲分工厂的 TPS 负责人

参考图表

旅途一　成长之　风雨坎坷路

~『造物追求』篇~

在该旅途中，我将探索丰田生产方式的几大中心思想。

首先涉及的内容是较为常见的改善活动。通过食品公司的一名女班长的视角，聚焦主人公指导 TPS 的过程。此外，通过描写这位女班长在生产现场的成长历程，向读者揭示企业培养员工及开展全体活动的重要性。

在本篇故事中，主人公一边学习生产方面的各种知识、汲取各种经验，一边领悟丰田生产方式的几大中心思想，并逐渐懂得理想生产形态所需的要素——确认现场实物、重视员工、以全球视角培养人才。

生产第一线的监督 班长的成长之卷

1. 一名食品生产企业班长的心得（树里的手记）

“小洁！”班员渡部叫道。

渡部是名从其他公司跳槽过来的中年妇女。按年纪，她都可以当树里的妈了，因此即便树里是班长，她也称呼其为“小洁”。

树里被系长叫去商讨事宜，正在往生产线旁边的小会议室赶，听到渡部叫她，立马转过身，“有急事吗？”

“不是很急。”渡部答道。

“那稍微等我下，系长叫我现在过去。”

虽说系长是上司，但让生产线正常运转是班长的首要职责，这也是她优先询问班员事宜的原因。

树里负责的这条生产线配有独立的ANDON系统[①]——一旦发生异常，只要按下无线遥控警报器，班长的办公桌上就会自动即时告警。显然，渡部叫她，并不是因为ANDON告警。

至于班长的职责，上级告诉树里，班长是生产第一线的监督，也被称为领队或队长。换言之，其责任重大，不亚于中小企业家。

因此，班长必须合理组织和调配生产线上及生产线外的班员。当班员离岗休息时，班长还必须代班作业。

此外，班长还必须关注班员的考勤状态，引导班员有计划地使用年假。

既要督促班员积极休假、不让带薪的年假作废，也要防止员工超额休假而导致缺勤。此外，班员有时会由于生病等原因而突然请假，这就让人很头疼了。一旦因此而导致生产人员不足，就需要和系长商量，有时只能请求其他班“增援”。

姓名写作“树丽树里”，读作“kireizyuri”，人称“小洁”。

她工作的食品公司名为A食品（公司），约有200名员工，厂址位于大城市近郊的市镇。

之所以入职A食品公司，完全出于偶然。

那时她还是学生。一天夜里，社团活动结束后，她来到了

① ANDON（安灯）系统是一套可以为生产线上的产品信息提供实时监控的生产管理系统，一旦生产线出现异常问题，它可以在第一时间通知管理员，使管理员确定故障的原因和根源，并及时处理，从而减少生产线的停工时间，提高生产效率。——译者注

学校旁的公交站。

末班车已经开走了。

偏偏又下起雨来，而且越下越大。

她没带伞。

一身校服的她，像落汤鸡一般，呆呆地站在雨中，不知所措。这时，一辆轿车在她面前停了下来。

是A食品公司的公务用车。

开车的人跑完业务，准备回公司，结果在路边看到了这个被困在雨中的高中生。

"小姑娘，上车吧，不用客气的。"坐在副驾驶座的女人对她说道。

后来才知道，开车的人就是公司的社长。

如此的机缘巧合，使她后来打算应聘A食品公司，并最终被录用。

公司对员工实行定期职位评估调整制。去年1月，她被升为班长。从毕业到踏上社会，已经过去了将近8年。两三年前，她已经在担任代理班长的职务。因此对她而言，这次"转正"并没有什么不习惯的。

纵观最近的日本制造业，生产现场出现女班长已不算稀奇，但依然是较为少见的。幸好树里有系长和科长的协助指导，工作还算顺利。

朋友和系长都叫她"树里"或"小树"，但班员都称呼她为“小洁”。

之所以叫“小洁”，是因为她经常要求班员“保持工作环境的整洁”，这几乎成了她的口头禅，再加上她的姓氏与“洁”同音，班员作为调侃，就这么叫她了。而她自我感觉还挺良好的，认为这是因为班员们觉得她可爱。

这一天，树里开着她刚买不久的爱车去上班了。

今天也是起了个大早，因为要开晨会，所以必须先准备好需要告知班员的资料文件。

班员都是女工，一共 15 人，负责的生产线共计 3 条，一条是车间的 3 号生产线，另两条是独立的个别生产线。

早上的广播体操结束后，班员们聚在一起，听树里讲话。

“大家早上好。首先有个通知，今天有客人来参观，大家只要和平时一样工作就行，不过见到客人时别忘了打招呼。接下来是品质状况，昨天客户的投诉为零。最后是生产计划，昨天有点落后于进度了，今天大家必须追回昨天落下的进度，一起加油！”

话毕，班员们便奔赴各自岗位，开始投入生产作业了。而对树里而言，早上刚开工时是个关键点，身为班长，她必须认真观察每名班员的神情和面色，确认她们的精神状态和身体状态是否良好，从而保证生产活动能够顺利进行。

就这样，在对班员早间作业情况进行了一番观察后，她和隔壁班的班长一起被系长叫去了，似乎有急事。

小会议室，里面有桌子和椅子，平时也是员工们休息的地方。进去后，发现社长、科长和系长都在，旁边还坐着一名陌生的男人。

她和另一名班长坐下后，社长就介绍道：“这位是本次前来指导的武内先生。”

接着，社长以极为郑重的语气，宣布了一个出人意料的决定。

“咱们公司的规模日益扩大，为了将来的发展，我打算进行生产革新。下个月召开公司全体动员大会，今天先请武内先生来视察一下生产现场。”

树里起初接到的通知只是说今天有客人来参观，可没想到来的居然是协助进行生产革新的导师。从社长的话推测，武内先生应该是改善方面的专家。

社长带着武内先生参观了生产现场。

而包括树里在内的每名班长，则分别向武内先生汇报了各自负责的生产线的具体情况。

武内先生听了之后，只是默默点头，然后对社长说了一些话，似乎是有关具体生产革新活动的注意事项。

视察结束后，社长对树里她们说道：“（武内先生说了）最重要的是领导亲自挂帅。”

纵观海外工厂，很难在生产现场看到高层领导的身影，而日本在这方面要好得多。既然要进行革新，作为社长，的确更应身先士卒。

反之，倘若领导干劲不足，那么革新势必无法顺利推进。看来，社长这次有了危机感，所谓哀兵必胜，应该没问题。

另一方面，这样的改革活动原本是自上而下的，但由于涉及具体的生产活动和业务，因此需要借助我们这些生产第一线人员的智慧和经验。

社长还说："当然，我也不可能每天都来（生产现场），你们要好好听取武内先生的教导，并自我实践，从而推进生产革新。"

话说回来，自那之后，社长来生产现场视察的频率似乎是比以前高了。

这天早上，随着临时全体动员大会的举行，A 食品公司的生产革新活动正式拉开序幕。

大会在员工食堂召开，全员参加。

社长在会上说，虽然公司目前的销售额较为乐观，但利润率在急剧下降，导致未来的发展方向并不明朗。接着，负责指导生产革新活动的武内先生做了动员讲话，并简单地阐述了"改善思维"与基本的指导方针。

他在会上说道："我是技术人员出身，如今身为导师。我觉得，导师的职责是传道、授业、解惑，而并非无谓地重复已经讲过的内容。在生产管理层次较高的企业，指导活动非常简单明了——做与不做，用与不用，完全取决于当事人。只有发挥主观能动性，才能真正取得效果。只有在大方向出错时，才需要我们导师拨乱反正。但这次在贵公司的指导活动则有所不同，我需要整理指导记录，并注明时间、阶段和情况。换言之，我计划根据不同阶段、循序渐进地开展革新活动。对于重点，我会一直强调，目的是让大家能够不断深化理解。通过反复实践，改善的能力会逐渐提高。为了让大家真正明白丰田生产方式中改善活动的精髓，我会尽量以浅显易懂的方式讲解，比如 JIT（及时生产）和‘自働[①]化’。”

树里和其他人一起认真听着，武内先生的语速时不时会变得很快。武内先生还对大家说，不要叫他导师，直接叫名字就行。

接下来，兼任活动推进总负责人的生产科长宣布了活动小组的分组方式。

树里作为班长，已经提前知道了分组方式——公司的生产科包含 2 系 5 班，因此分为 5 个小组；此外，工务科和技术科也各为 1 组；总计 7 个活动小组。

生产科的活动主题是改善生产现场和劳动环境，工务科则是改善生产计划和收发货作业；技术科则是改善生产设备和质检作业。

领导在大家面前介绍每个小组的组长，并让每名组长公开

---

① 日语汉字“働”“動”被翻译成中文时，均使用“动”。此处保留使用日语汉字“働”。因为丰田生产方式中的“自働化”具有特殊含义。详见 122 页。——编者注

表决心。

对树里而言，自己才刚当了一年班长，没想到会碰上如此大刀阔斧的企业内部改革，在表决心时，实在不知道该说啥，只好说：“我会努力的。”而隶属同一系的另一名班长之前在其他公司似乎经历过这样的事情，因此较为沉着。

总之，A 食品公司的生产革新活动就这样展开了。

树里把武内先生教的东西都写在自己的“活动手记”里，时不时地进行复习。

整理整顿

今天，武内先生和我们一起在生产现场，他一边视察，一边指导。社长则全程陪同，和我们一样，聆听着武内先生的建议和意见。

武内先生问我们：“你们希望把生产现场打造成什么样呢？”

见我们答不出来，他又问道：“目前的生产现场，有哪些让你们感到困惑和不便的地方？”直指现场的问题点。

他还说，关键在于确定理想形态。

光说理想形态过于抽象，因此他又进一步解释道：“希望你们至少能够确定半年内的目标，描绘半年后希望达成的理想形态，并下决心付诸实施。”此外，为了明确具体的活动内容，就需要让生产现场具备“可视性”。为此，必须做到“2S”，即整理整顿[①]，而对于公司当前的生产现场，他批评道：“你们没有做到 2S。”

对此，我反驳道：“我一直在督促班员保持工作环境的整洁，大家也都在认真打扫的。”

武内先生问道：“2S 的含义是什么？”

我答道：“整理整顿。”接着他又问道：“整理的含义是什么？整顿的含义又是什么？”

“整理是指明确区分需要和不要的东西，并舍弃不要的；整顿是把需要的东西有序放置，从而使任何人都能轻松找到和使用。”

“那这么做的目的是什么呢？”面对他的追问，我蒙了，于是他娓娓道来。

“有句行话叫**‘改善始于 2S’**。换言之，只要将 2S 贯彻到底，就能够杜绝各种形式的浪费，从而起到立竿见影的效果。由于对作业效率的提升贡献巨大，有的企业在开展改善活动时，会要求做到 5S，2S 自然也包括在内。打个比方，寻找工具等浪费的时间会直接影响到作业效率。而通过 2S 活动，将不要的工具剔除，将需要的工具放在规定的位置，便能够缩短寻找工具的时间，从而提高作业效率。接下来便是 3S 活动，即清扫、清

① 日语中，汉字“整”的发音首字母为 S，因此将“整理整顿”略称为“2S”。——译者注

洁和素养[1]。通过3S活动，能够使劳动环境持续保持干净整洁，这对不少商品而言尤为重要。比如在食品的生产过程中，倘若能够贯彻3S，便能杜绝食品卫生事故和异物混入等问题。而从TPS的视角来看，2S则是重中之重。究其原因，是因为从开展改善活动的可行性来看，知晓'何为理想状态'是关键。换言之，定下的规章制度是否真正落实、当前的状态是否正常，都是必须把握的。”

听了武内先生的讲解后，我问道：“这么说来，改善活动的起点就是弄明白'何为正常、何为异常'咯？那么具体应该注意哪些方面呢？”

他说道：“5S的各个项目都有既定规则，而规则便是标准。在开展5S活动时，要保证全员参与，并将其融入企业文化之中。你刚才说，一直有在督促班员保持工作环境的整洁，这点要坚持下去，并且要通过耐心的解释，让你的班员明白，并非为了整洁而整洁，其背后存在明确的目的。”

武内先生还说，在海外，有的工厂把清扫和整理的工作外包给了服务公司，与企业员工毫不相干。如今，不少海外的工厂也开始普及5S活动，但归根结底还是在模仿日本的做法。

在日语里，如果说“弄整齐”，就有整理整顿之意；如果说“弄干净”，则兼有整理整顿和清扫清洁之意。据说这源于

---

① 日语中，“清扫”“清洁”“素养”三个单词的发音首字母均为S，因此略称为“3S”。——译者注

日本人的居住条件，传统的日式房屋通常面积狭小，一个房间往往既是饭厅又是卧室，日本人进屋都要脱鞋。这些生活习惯，造就了日本人的爱干净意识，最终发展为5S思想。

而TPS中的改善活动，一般分为以下6个基本阶段。

步骤0：首先通过2S活动，发现问题

步骤1：搞清现状

步骤2：描绘理想形态

步骤3：描绘当前目标

步骤4：确认现状与目标之间的差异（差距）

步骤5：日程计划

步骤6：达成目标。重回步骤1，向更高层次迈进。

如上所述，2S是基础，亦是改善活动的起点。

改善作业

今天的指导对象是现场作业人员。

武内先生讲道："改善活动必须与企业的利益挂钩，否则无法持续。而与各位相关的改善活动，则必须与提高生产力挂钩。"

他解释了"动作"与"工作"的区别。

简单来说，"工作就是能够产生价值的动作"。

他还说："无法产生价值的动作，就是浪费。而改善作业的目的就是消除浪费。"

武内先生要求我们锻炼出一双敏锐的眼睛——通过观察作

业人员的动作，来发现其中隐藏的浪费。

至于改善活动的原则，则是“为作业人员减负”。

举个最简单易懂的例子，作业人员的步行距离和手动范围，往往存在浪费。

姑且凭经验估算，走一步的时间大约在 0.5 秒到 1 秒之间；同样，作业时，手活动的距离范围如果是 10 厘米，那么平均要耗费0.1秒。而以秒为单位节省时间，便是改善活动的实际内容。

反之，如果只是像“监工”那样手持秒表，一味地要求作业人员加快速度，则与改善活动的本质背道而驰。当然，从某种意义上说，这样的改善活动也是一种对作业人员的变相训练，但通过精简一系列多余的动作，不但能使作业人员的操作更为流畅，还能提升速度。

比较到位的改善活动，一般分为两部分。首先从理论上学习标准作业，然后将其运用于实际，通过消除关键作业中的多余动作，来有效开展改善活动。

把标准作业引入到各项工作和生产流程，便能够提高生产力，从而与企业利益挂钩。

此外，标准作业不但能够提高生产力，还是确保品质和安全的基础。

这样的结论基于“原因与结果的法则”。具体来说，安全是改善活动的结果，其与标准作业并非并列关系，但不容忽视。武内先生说，在其他企业指导时，他曾把负责安全、品质和生产调查的三大部门召集起来，一同推进每月 1 次的“生产日活动”。

而在我们公司，武内先生也在做类似的事情。目前，他和社长一起认真视察生产现场的作业细节。

武内先生问我：“你发现了什么需要改善的地方了吗？”

“放东西的箱子应该摆在作业人员的手边。”

“很好！这样能节省一些拿东西的时间。”他表扬了我，并进一步启发我，“在该情况下，除了箱子的位置外，还可以着眼于其他方面。比如，如果箱子里放了许多零碎物品，那么在拿取时，就不得不用手指去倒腾和摸索，而无法用一个动作来完成，这就造成了不便。这需要具体情况具体处理，但其宗旨不变。即方便拿取，为作业人员减负。”

他还说：“这样的改善活动似乎微不足道，但正所谓积少成多，倘若能如此讲究每一处细节，其最终的改善效果是巨大的。”

我接着问道：“那么具体应该如何改善作业呢？”

“具体分四步：①制作作业指导书；②向作业人员认真讲解工作任务；③演示；④让作业人员实际操作。通过这样的训练，在不断听取作业人员意见的同时，逐渐制定出作业标准。而作业指导书并不只是给新人看的手册，而是每名作业人员都必须烂熟于心的培训内容。不仅如此，以该作业指导书为基准，还能够进一步改善作业。”

武内先生曾经当过作业人员和监督人员，通过这些实际经验，对于改善作业这件事，他有自己的感想和心得。

“有人认为，日本企业一味追求效率，提倡利益至上主义，却忘记了企业道德。我个人并非只知道提升利润率的‘成本至上主义者’，但我认为，企业生产商品，其实是在为大众谋福利。在我年轻时，我曾经把这样的感想写在日记里。我会亲自到生产第一线工作，当发现作业流程中存在诸多浪费时，我会非常难受。一方面会质疑生产技术部门和前任指导的做法；另一方面也心疼作业人员，居然一直被迫以如此不合理的操作流程进行劳动。既然指导任务落在了我的肩膀上，我就绝对不希望让作业流程出现对旁观者而言显而易见的浪费。说到改善作业的基本目标，就是将作业人员的单纯‘动作’升华为有效的‘工作’，从而让监督人员在指挥时也能充满自信，最终提升认同感，使作业人员对自己的工作感到自豪。”

他接着说道：“通过优化劳动效率，富余的人员就能从事更有创造性的工作。每个人都希望自己的劳动成果能为他人所用，此为人之本性。纵观全球制造业，单纯的成本至上主义也是行不通的，倘若一味地增加员工的劳动强度，最终只能迎来崩溃的结局。作为一名生产指导专家，我坚决反对这种做法。”

生产卖掉的产品

今天的指导内容是生产准备活动。

“你们每天的生产指示是如何下达的？”武内先生问道。

“科长会在每天的傍晚告知我们次日的生产品类和数量，我们则根据告知的内容来进行生产调度。”我答道。

“那你们科长也够辛苦的。如果订单量突然增加，或者出现计划外的紧急订单，那你们如何应对呢？”

“那我们只能加班赶订单。”

“这么说来，你们平均每天的产量变动应该不小。而贵公司生产的食品，保质期似乎都比较长。我接下来会讲解与之相关的改善工作，不过，我的方案存在两个前提，那就是‘产品放置场所’和‘一定量的产品库存’。”

接着，他便开始指导生产科实行均衡化生产方式。

它是一种抑制订单变动影响、力图实现产量均衡的手法。

之前我们的方法较为原始——科长拿着计算器，察看库存情况，然后做出指示。而武内先生的目标是使生产指示和调度的流程实现简单化和自动化——保持一定的库存量，卖掉多少，就再生产多少。

用一句话概括，就是**补充型生产方式**。

至于具体的手法，武内先生讲了以下几点：

■ 首先，把待出货的产品仓库设置为“完成品 Store（店铺）”，在“店铺”中，贯彻“**先入先出原则**（FIFO：First In First Out）”。

■ 根据需求变动及出货量等条件，合理设定最大在库水准。

■ 将完成品 Store（店铺）视为外部客户，把从该处出货的产品视为“卖掉的产品”，将该“销售信息”反馈至生产现场。产品必须附有 KANBAN，出货后，应将 KANBAN 取下，并传递回生产现场。

■ 这样的信息交接能够确保生产部门实现均衡化生产。此外，还必须向生产科汇报每日产量。

上面提到了完成品 Store 的概念。由此延伸，每天都“有销路”的产品和不定期“有销路”的产品，“销量多”的产品和“销量少”的产品，其生产指示也随之变化。比如，客户急需的产品，自然优先生产。

上述手法的真正目的其实是“只生产卖掉的产品”。

武内先生还强调：“希望大家能够理解 KANBAN 这种工具的性质，它归根结底只是一种手段，关键在于管理到位。为了顾客，只按需生产高质量的产品。为此，就必须营造‘不断改善’的企业文化。虽说知易行难，但大家必须努力，向着这样的目标迈进。”

作为生产第一线的监督

武内先生的指导工作持续了半年，迎来了最终的发表会。

“生产卖掉的产品。”他提出的这个要求，也总算在我们公司的生产现场得以落实。

这种方式的成效显著——不但临时加班的情况减少，产品仓库的管理水平也日趋提高，从而减少了库存。但正所谓“任重而道远"，要想让这套行之有效的制度完全在公司里扎根，还有许多工作要做。

在发表会结束后，这场生产革新运动依然在社长的指导下持续开展。我有时会和武内先生联系，请教一些问题。

另一方面，对于一些没有落实的提案，公司内部通过讨论，进行二次评估，并以全体员工为对象，再次尝试施行。一些提案可能会历经多次反复，但这也是必要的经验。在该过程中，能够暴露员工们的问题，而通过不断改善问题，则能够提升企业的整体活力。

武内先生曾说"造物即塑人"，他说："我参加过各种研讨会，也经常发表演讲，而每次在讲话结束时，我都会强调培养人才的重要性。我甚至会开玩笑说，如果没有人才，（我）刚才讲的所有内容都是白搭。"

他还说："海外的企业和职场文化与日本不同，因此跳槽非常普遍，这也导致很难对人才进行定向的长期培养。虽说日本人的就业意识也在逐渐变化，跳槽也不像以前那么稀奇了，但相比之下，劳动力的流动率依然算低的。今后，如何进行有效的人才投资、激发员工的主观能动性、打造理想的生产线……这些都是企业家所面临的课题。"

我从小就对生产现场情有独钟，比起事务性的工作，更喜欢亲临第一线的生产作业。我还喜欢做小点心，学生时代还在服装店打过工。

入职 A 食品公司后，自己的工作表现获得了领导的认可。有一次，科长说办公室缺个文员，想推荐我去，但我婉拒了。系长知道后，对我说："你还是喜欢生产第一线的工作吧。"高中时，我的梦想是成为一名能够独当一面的甜品师。虽说现实与梦想还是有差距，但也八九不离十——毕竟我在食品公司负责生产，这份工作非常合我心意。

成功入职后，我便开始独立生活，不过其实也就是公司到家的"两点一线"。每次下班回家，都累得够呛。每天都像机器人一样重复着同样的事，我也想过改变，但却不知如何改变。那段时间，我茫然一片，心中充满了疑惑和不安。

就这样过去了一年。有一天，社长来找我。

"要召开发表会了，你参加吗？"他的话让我很意外。

社长说的发表会是业内多家公司一同举办的行业交流会。与会公司包括一些大企业，要在这样的会议上发言，不但难度高，而且风险大。社长说，为了给员工们鼓劲，希望我上台发言。当然，他答应让科长等上级领导给我提供帮助。

至于会议主题，有两种意见，一种是"QC（品质管理）研讨会"，另一种是"生产第一线监督人员研讨会"。

纵观公司的改善活动，后者似乎更贴切，但鉴于不少大企业也要在会议上发言，因此会议的整体基调就显得非常重要。

至于"生产第一线监督人员研讨会"所发表的内容，具体来说，就是"监督人员在自己负责的岗位上如何管理和培养下属”“如何取得一系列成果”等等。

而生产第一线监督人员，顾名思义，就是生产现场的领导。

社长最后决定了我发言的主题——“通过改善活动，与班员一同成长”。具体内容为：

■ 作为生产现场的领导，我在深化推进改善活动的同时，也获得了成长。

■ 以小集体为单位，培养班员的改善意识，从而激发生产现场的活力。

这是一项巨大的挑战，但我又不想放弃这个机会，因此还在犹豫中。

几天后，我收到了武内先生的来信。

信中写道：“有的人狭隘地理解丰田生产方式，比如‘丰田生产方式的核心是造车业’等等，人为地限制了丰田生产方式的应用方案和场景，进而误以为其不适用于自身企业。之所以会产生这样的误解，是由于过于纠结方法论。在导入丰田生产方式时，方法论的确必不可少，但归根结底，它只是一种手段。倘若将其误解为目的本身，就很难真正让丰田生产方式在企业里扎根。其实，只要抱有追求完美的精神，即以理想的形态、合理的造物之法为目标，不管企业处于哪个行业、生产哪种产品，丰田生产方式都能发挥作用。”

武内先生还在信中写道：“（我）最近公干，去了趟东南亚。当地有越来越多的企业希望导入 TPS，但我忠告那些企业负责人少安毋躁，倘若只是为了赶潮流，结果只能以失败而告终。虽然 TPS 的形式不难模仿，但必须注入灵魂才有意义。说实话，他们究竟有多大的决心和志气，我心里可没底。这种浮于表面的企业不占少数——单纯模仿形式、做表面文章，既没有改善的思想，也没有系统的考虑，其结果自然不可能尽如人意。而作为推进 TPS 的指导专家而言，其应掌握的技术并不固定，而是因人而异的。很遗憾，这也是 TPS 的难点之一。换言之，每名专家都有一套属于自己的 TPS 理论体系。可见，TPS 的相关技术其实有强烈的个人色彩。至于如何形成自己的体系，其实很简单——实践出真知。在指导生产现场的过程中，培养发现问题和解决问题的能力，从而不断学习和成长。”

何为丰田生产方式的目的 鸟瞰峰峦之卷

2. 契机

除了“瀑布般”以外，真没有其他词可以形容这场暴雨了。

目的地是总公司的工厂，平时 20 多分钟的车程，可今天只能龟速行驶。

最近经常开车出去办事，自己明明是技术人员，却搞得和跑业务的市场人员一样。当然，工作内容是不同的，武内君之所以忙里忙外，是因为负责改善生产现场。

他现在隶属于东方汽车部件生产公司的生产调查部，几年前，他当上了该部门的科长。

今晚，车上不止他一人。

“武内先生，麻烦你啦。”一个男人一边这么说，一边坐进了车后排。

“我可欠了不少钱呢……”男人带着调侃的口气，可说出来的话却不让人轻松。

副驾驶还坐着一名纤弱的年轻女子，年龄 20 岁出头。

武内君心想，自己的老朋友里，有的孩子都有这么大了。而自己结婚比较晚，家里的孩子还都在上小学。

几天前，这个城市遭遇了严重的水灾，许多住宅都泡在了水里。

起因自然是大暴雨，那天的傍晚，雨势渐渐变大，总公司里的扩音器开始通知各位员工尽早下班回家，可武内君手头还有文件要整理，第二天必须提交，于是只能加班。工作完成后，他走到只有区区几辆车的停车场，发现大水已经漫到了车门位置，车似乎都有点浮起来了。一开车门，传来一阵扑哧的进水声，车身瞬间下沉了几公分。停车场的出口处也已经“水漫金山”，只能踩着油门冲过去。一路上不停地绕着大水塘开，好歹到了家，可家里的房子在漏雨，家里人一片忙乱。

第二天早晨，打开电视机，屏幕里的城市景象既熟悉又陌生，因为整个市区都被淹了。

“昨晚，A 市的防洪堤被冲垮，新川河的河水涌入了市内。”各大媒体相继报道着灾情，据说这次的暴雨是百年一遇。

武内君正关注着电视里的水灾报道，突然电话铃响了，是公司打来的。

“呃？停工？”

根据电话那一头提供的信息，他所在的总公司还好，受灾情况并不严重，工厂照样在运作，但供应链中的一家主力工厂却由于水淹而不得不停工。尤其是工厂车间一楼的电脑和生产机器，由于浸水，它们都遭到了致命性的破坏。要知道，一楼的电脑可是处理生产信息系统的主机。不仅如此，那家工厂周边的多家兄弟企业也受了灾，其工厂都遭到了不同程度的破坏。

东方汽车部件生产公司是大型汽车企业的子公司，也就是所谓的集团下属公司。

公司生产的汽车零部件是供应给上游企业的，一旦零部件跟不上，上游车企的生产线只能跟着停摆。由于整个集团采用的是 KANBAN 方式，因此几乎没有多余库存，因此这种停工情况往往会造成牵一发而动全身的后果。

每次发生类似状况，站着说话不腰疼的电视评论员就会评判 KANBAN 方式，不停絮叨没有库存的劣势。换言之，一旦遭遇如自然灾害等不可抗力，不少人就会对整个丰田生产方式产生质疑。

其实，丰田生产方式一直力图实现对各种灾害的快速反应，可许多人却一直对其抱有偏见，这实在令人遗憾。所谓人算不如天算，就算有一堆库存又如何呢？倘若发生火灾，所有东西还不是付之一炬？

武内君隶属的生产调查部的职责之一便是应对这种突发情况。在需要时第一时间赶赴现场。虽说平时一直在学习处理相关问题的技能，但只有亲身经历过，才知道有多么不容易。

武内君负责协助复工的工厂规模不大，大约有 50 名工人。他和集团总部派来的总负责人一起直奔工厂。

两人在两层楼的工厂来来回回，时不时用电话联系事项，连饭都顾不上吃。社长夫人给他们带来了午饭便当，并叮嘱他们“趁热吃吧，待会儿就不好吃了”，可等到他们吃这份午饭便当时，已是傍晚了。

这种昏天暗地的忙碌日子持续了好几天——半夜回家吃晚饭，折腾到凌晨 3 点，稍微小睡一会儿后，又马上赶往工厂……

为了应对紧急状况，这也是无奈之举。为此，用人单位打算和他们签订特别协议。

对武内君而言，虽说自己属于管理人员，但分内的工作必须完成，更何况这种苦日子只是暂时的。

不过，这家工厂的主管真是不咋地，他对武内君他们说：“你们是总公司派来的，父母帮助孩子是天经地义的事。”然后就一副事不关己的样子，躺在小会议室的长椅上睡大觉。但俗话说“有果必有因”，这或许是总公司“溺爱”的结果，总而言之，作为被派来提供协助的人，对此也不好多说什么。

武内君他们则忙前忙后，请总公司的专家来修理机器，应对频繁发生的运行故障，使工厂尽早复工……目的只有一个——把落下的生产进度补回来。

而客户那里的调度系长也赶了过来。他住在市区的宾馆，每天都会来工厂。为的是及时向自己的领导报告生产情况。

不愧是负责生产调度的，虽然年纪比武内君小了一轮，但谱儿挺大。

之所以这么说，是因为一个小插曲。

那天，他去总公司的工厂参加全体对策会议，回来后，他突然把武内君旁边的钢管椅踹飞，并大声嚷道：“（你们总公司的）全体会议上，发言人居然说这个工厂一切正常，那家伙一次都没来这里考察过吧？他居然敢睁着眼睛说瞎话！”说罢，他把书面的会议报告扔给了武内君。

从报告上来看，全体对策会议的参加者是社长以下的相关负责人，当然，不仅仅是东方汽车部件生产公司的人，还包括客户公司的干部，也就是这名调度系长的上司。

“（那家伙）连现场都没来过，怎么有资格在会上做报告的？！”他连珠炮式地发难，完全不给人解释的机会。

俗话说“男儿有泪不轻弹”，武内君做梦都没想到，自己居然生平第一次流下了委屈和不甘的眼泪，而且是当着别人的面，还是在工作场合。比起那名调度系长不分青红皂白的态度，他更痛恨那个做报告的家伙——大灾当前，不来现场视察就算了，居然还要小聪明，企图以一纸文案蒙混过关。

这个做报告的家伙是一名部长，之前在总公司任闲职，只有 3 名部下，也没什么大本事。两年前，他被调到了东方汽车部件生产公司。

后来才知道，他打电话给了这里的工厂主管，在了解了所谓的现场情况后，就自作聪明地写好了报告，完全没有征求过武内君的意见。

武内君一直在现场忙碌，根本不知道总公司在开这样的会。直到那名调度系长发飙，他才知道有这回事。由于事情太突然，情况太混乱，他先前也没有时间单独向总公司汇报情况。

对于苦战在第一线的员工而言，这种脱离现实的“官僚主义会议”是令人深恶痛绝的。

好在集团总部派来的总负责人还是比较靠谱的，他思路清晰，指挥有力。有没有领导力另当别论，但能力和经验绝对丰富，对武内君而言，这实在是不幸中之大幸。

问题出在那些企业里的“职业官僚”上。

比如，有的干部奉命前来视察现场，作为现场负责人，自然得向对方认真说明具体情况，可对方往往会一脸不耐烦，摆摆手说道：“这些（琐碎的）细节，你直接汇报给总部吧。”

“那你干吗来呢？”这种时候，武内君往往会在心中这样吐槽。

这种职业官僚“说就天下无敌，做就无能为力”，也就会盖盖章。这是近年来不少制造类企业的通病——管理层领导既不懂设计，也不懂实务，可工资却不低。

对工作缺乏信念和热情，做一天和尚撞一天钟，这样的人一旦碰到突发状况，当然无法应对。

尤其在大企业，即便平时只会批阅文件和满口空谈，由于整个组织的运作较为稳定，因此不会出现什么问题。而这样的管理人员则会被误认为“具备领导力”，实为滥竽充数。

反之，能够做到临危不乱的，只能是热爱制造业的有能之人。

自灾害发生以来，作为生产现场负责人，为了让工厂尽快恢复正常运转，武内君一直忙于协助修理设备和处理故障，可谓竭尽全力。

他觉得自己就像是一名被派到火线上的士兵，可谓身不由己。

不管怎样，当前的首要任务是补回落下的生产进度。

为此，工厂 24 小时连轴转，白天靠正式工，晚上靠临时工。

而今晚，消停了一阵的暴雨再次释放淫威，决堤之后，已经有好几天没下雨了。

到了深夜，雨势愈发大了，工厂里的广播开始播送避难警报，督促员工尽快回家。总公司下了命令——中止原定的晚班生产。

忙完手头的工作后，武内君才准备下班回家。就在这时，他发现工厂入口有一群人影在晃动，走近一看，原来是一帮年轻的临时工。武内君心中一阵嘀咕：“他们早该下班回家了啊。”

如果临时工在上下班的路上发生事故，与他们签订劳动合同的公司是要承担责任的。

“公司叫我们打车去总部工厂继续开工。”其中较为年长的一名临时工说道。看起来，他似乎是这群人的头儿。

这么大的雨，而且又是深夜，怎么可能打得到出租车，上面的领导真是站着说话不腰疼。

武内君在心里叹气，又没法坐视不管，总部工厂虽然和自己家的方向相反，但还是决定开车送他们一程。于是有了开头的一幕。

为了不至于让车内的气氛尴尬，他一开始还努力和这帮年轻人搭话，但开着开着，一行人就逐渐沉默了，只有车窗外的暴雨啪啪作响。

可不一会儿，后排的那个男人又开始对身旁的同事唠叨起来："我欠了几百万日元呢……"

从他的话判断，他欠钱的原因并不怎么光彩，可他却搞得和光荣事迹一样。他还说，好在如今临时工的工资也不低，欠款还了不少。

他一直滔滔不绝，说话声和雨声混成一片，仿佛是在遥远的世界发生的故事。

坐在副驾驶的小姑娘则一言不发。

看起来，她刚过 20 岁。

她身材纤弱，再加上一头长发，虽然楚楚可怜，但散发着忧郁感，让人联想到一碰就碎的琉璃工艺品。

深夜加上暴雨，武内君不敢分心，谨慎地保持着匀速行驶。

她似乎对车内的谈笑不感兴趣，默默地与车窗外的黑夜对视。

突然，她的唇间，漏出一丝话语。

"爸爸去世了。"

原来，她之所以来当临时工，是由于突然的家庭变故。正值青春年华，明明应该打扮得漂漂亮亮、享受校园生活，却不得不在深夜搭车，去陌生的工厂上工。

纵观近几年来的制造业，女性上晚班的情况日益增多，社会大众对此也逐渐接受，但武内君的思想比较老派，在他看来，女性还是尽量别上晚班为好。

但现实是残酷的，在制造业全球化的竞争环境下，女性上晚班的情况只会越来越普遍。

武内君回想起自己刚入职的时候，需要两班倒的车间并不多——主要是组装作业较多的车间和中年妇女较多的车间，而随着国内外竞争的加剧，需要两班倒的车间也日渐增多。

而临时工就像是制造业中的游牧民，即便正在工作的工厂停工，劳务公司也会把他们派到其他工厂。车上的这帮人亦是如此，他们与东方汽车部件生产公司签订的是临时雇佣合同。

如今，这样的临时工成了日本制造业的中流砥柱。

日本制造业正面临全球化的冲击，倘若没有稳定的劳动力供给，制造业就会走向灭亡。

"整个社会对从事制造业的劳动者是否足够公道？相关负责人又是否在努力为他们创造一个理想的劳动环境呢？"

武内君在心中如此自问，不知不觉就开到了总部工厂。

与他们分别后，这样的疑问依然在脑中挥之不去。

他自己也好久没回总部了。

既然来都来了，武内君决定进去打个招呼。他前往公司某个楼层的一角，那里有个临时搭建的隔间，名为“对策总部”。隔间里的摆设很简单——一张简易会议桌和散乱四处的钢管椅，整个楼层都没几个人。

“武内，好久不见啊。”一名科长走了过来，他在负责后勤工作，为奔赴受灾工厂的技术支持人员提供保障服务，他还是武内君的同事。

“对策总部”的一大堆立牌上贴满了相关资料，各种情况和日程计划都一目了然。

武内君向他询问具体情况，情况似乎较为乐观——抗灾的难关已经渡过，完全恢复正常生产也只是时间问题。

回顾对这次水灾的应对过程，由于在不少环节都做到了随机应变（当然，客户是看不到这些努力的），按照一般情况，复工时间其实有所提前。当然，前面提到的总负责人功不可没。

另一方面，有的相关人员并没有尽职尽责。

不少人则袖手旁观。

有的人还瞎指挥，满口不着边际的空话。

不贯彻“现场实物”的准则，不亲临第一线，又怎么可能掌握真实情况？

上级的命令不可违，但作为苦战在第一线的生产调查部成员，心中真的有许多疑问和无奈。

3. 目的

临近日本春节，人却在国外。下榻的是一家颇有历史的老字号宾馆。

昨晚，武内君从日本到了这里。

走到一层的餐厅，可能是因为临近年末，队伍一直排到了门口，根本没法点餐。再加上是头一次住这里，对周边也完全不熟悉，只好回到房间，沏一杯自己喜欢的红茶，就着饼干，总算是把这顿饭对付过去了。

常驻当地的同事开车来接他，然后他们一早赶往位于郊外的工厂。

“武内，好久不见了。”

他驻扎当地已经好几年了，在那之前，他们曾隶属同一个部门。由于和日本存在较大时差，为了及时向总公司汇报情况，他经常睡在公司里，有时还得通宵加班，想必很辛苦，不过他看起来似乎精神不错。

对武内君而言，工厂的第一印象实在不怎么样——连作为“制造业工厂”的资格都不具备。

虽然建筑和设备堪称一流，但不过是个空架子而已。

这也并不奇怪，他之所以会来，正是受其他部门之托。按照其他部门的说法，这个工厂“在经营方面存在问题，需要进行结构性改革”。

武内君原本是去邻国出差的，相关责任人知道后，硬要他先过来把把脉，哪怕只有两天也好。盛情之下，不好拒绝，于是有了开头一幕。

总之，这次的主题是“改善生产部门”。

常驻当地的日本同事虽然明白当前存在的问题，但不知道如何改善和解决。

通过这次视察，武内君打算先确定改善活动的方向。

具体来说，就是在这两天时间内，一边听取现场人员的说明，一边用自己的双眼来确认。

为了避免不必要的误会，武内君事先已经反复强调多次——“两天的时间只够视察，能把握现状就不错了”，可事与愿违，工厂方面还是向总公司抱怨，说他“身为专家，却丝毫不进行指导”，当然，这是后来的事了。

倘若两天工夫就能完成指导工作，那常驻当地的日本员工也用不着这么辛苦和犯难了。

总之，他亲眼所见的工厂现状的确与先前获知的信息一致，至于对问题的分析和相应的对策，则因人而异。

在与常驻当地的工作人员共进晚餐时，武内君认真听取了他们的意见。待回到日本后，他打算先确定方向，再制订计划。

作为指导人员，势必要多次亲临现场，才能有效推进整个工厂的改善活动。在武内君看来，前后起码要花费两年时间。

那家老字号宾馆真是年代久远，双脚都能感受到地板的倾斜，但装潢和家具十分典雅。

明天晚上，他就要离开这里，赶往原定要去的国家了。

可能是时差还没倒过来，人躺在床上，却无法入眠，就这样迷迷糊糊到了深夜。

借着窗外洒入的微弱街灯，他呆呆地望着墙布上的古典花纹。

自入职东方汽车部件生产公司以来，已经过去了 20 年。

他的思绪跳跃到了学生时代。

当时全国普遍就业困难，当时并没有想太多，眼前的路无非两条——要么留校，要么工作。抱着试试看的心情参加了东方汽车部件生产公司的招聘考试，结果被录取了。

当时，他的教授曾劝他留校，希望他能在学术界有所造诣，但他最终毅然选择进入企业工作。在他看来，这么做更能贡献社会。

唯有入世，才能创造为世人造福的产品，这既是他的信念，也是他入职时的自我要求。

大学时，他靠打工赚取学费和生活费，还有了一定的积蓄。武内君的家境并不富裕，房子也很小，即便如此，他的父母依然全力支持他上大学，这让他非常感激，也成了他努力学习的动力。大学毕业后，他考研成功，进入了理想中的院校。读研的大学远在大城市，于是他离开了家乡。

更幸运的是，他还获得了奖学金资助。依靠先前的积蓄和研究生院的奖学金，两年间，他一边寄宿在别人家中，一边学完了研究生课程。

学校的教授则鼓励他继续深造，对他说道：“你家境不富裕，不过美国的高等学府会提供奖学金……”但他最终还是放弃了，否则家里实在无法承受。

但武内君一直怀着一颗感恩之心，在他看来，倘若没有国家的资助、社会的温暖，自己就不可能完成学业。

他觉得，是国家和社会培养了他。

在校期间，他还申请了助学贷款。毕业生在工作后，如果经济允许，是可以提前还清的，这样可以减免一点利息，但他决定按照最初的协议，每年还一部分。

他曾和妻子讲过之所以这么做的缘由：“每年都能保持感恩之心。”

正是社会的关怀，让出生寒门的他也能够上大学，从而习得知识和技能，在入职时就得到不错的职位和待遇，并获得在企业崭露头角的机会。

为此，他一直想报恩，用自己的行动来反哺社会。

打入职起，他就明确了自身的职责和定位——既然放弃了继续深造，就应该摒弃知识分子的“学究气”，以企业的要求为准绳，以实干出成果。

俗话说"林子大了什么鸟都有"，东方汽车部件生产公司也有整天浑水摸鱼的闲人，即便用偏袒的标准评价，也很难说出他们究竟在做什么。

在技术队伍中，有的人还会利用手头的工作来"镀金"，比如发表论文、获取学位等等，武内君也碰到过两次类似情况——研究课题并不难，只要把论文搞定，就能获得博士学位，而且他当年的研究生导师也很热情，表示愿意帮忙。

但武内君没有忘记入职时的决心，因此断了这样的念头。另一方面，他的工作环境也确实不允许他分心——当时的他自告奋勇，要求调到生产现场工作，根本没有闲工夫。

刚入职时的武内君真可谓意气风发，甚至一心想引领公司的未来发展方向，在他看来，如果不拓展新业务、研发新产品，企业早晚会遭遇瓶颈。

他这个自告奋勇当上的系长，不但要亲临生产第一线，有时还必须充当作业人员的角色。

在这样的过程中，他逐渐形成了立足于生产现场的思维方式。

武内君发现，如果不亲自当一回作业人员，有的问题根本无法察觉。通过第一线的经验，他认识到了自己作为技术人员的不足之处，比如生产设备和作业方式，有的其实并不合理，却一直在强加给作业人员。

他深入生产第一线，以一个普通作业人员的视角，默默地工作。

东方汽车部件生产公司对自己的生产方式颇为自信，将其标榜为“东方生产方式”。听起来有点玄乎，其实就是在客户指导下采用的丰田生产方式而已。

说来简单，但要真正理解丰田生产方式的目标和理念，其实是极为困难的。

而社会上对丰田生产方式存在诸多误解，有人认为这是大企业的霸道制度，有人对其进行大力批判，究其原因，一方面源于浅薄的观点；另一方面，在引入丰田生产方式时，一些企业的不成熟做法的确也导致了许多问题。

丰田生产方式的初衷其实是“以人为本”，如此散发着人性光辉的理念，为何会发展成招人批判的体系呢？

日本历史伟人丰田佐吉[①]之所以发明自动织机，不就是为了减轻母亲的劳动负担吗？不就是为了让日本脱贫致富吗？可见，丰田发展的原点便是人文关怀。

武内君认为，丰田生产方式之所以会遭到批判，“对理念的错误理解”或许是罪魁祸首，正所谓“差之毫厘谬以千里”，有的人在理解错误的情况下错误行事，有的人在理解不到位的情况下浮于表面，从而造成了今天的局面。

---

① 丰田佐吉，日本发明家，丰田自动织机的发明者，曾设立“株式会社丰田自动织机制作所”。其子为丰田汽车的创立者丰田喜一郎。——译者注

即使在日本，“裁员”也日益成为企业家挂在嘴边的常用词，这也是用人单位日益青睐临时工的原因，而不少自称“丰田生产方式指导专家”的人士一味执着于提高生产效率，却把作业人员视为工具，不但没能扭转部分企业家的错误意识，反而起到了推波助澜的作用。

按照正统的丰田生产方式，在提升效率后，应该把富余的人员分配到其他岗位，从而让他们创造新的附加价值。而不应该把生产活动的核心（人）单纯视为生产单元或雇用成本。

可现实情况呢？不少企业都在毫不犹豫地裁员。面对难关，有的企业没有将合理的对策付诸行动，有的企业甚至根本不知道该采取什么对策，停止思考，上行下效，结果往往是选择最低级的做法——精简员工。

越是不重视一线员工的企业，这种倾向就越明显。

对日本的制造业而言，这种不良风气后患无穷。这会导致管理层脑满肠肥、空话连篇；另一方面，又会导致人力资源市场充斥“招之即来挥之即去”的廉价临时工。

随着全球化竞争的加剧，难道企业员工终究要沦为“鸟尽弓藏”的工具吗？

想到这里，武内君眼前浮现出了暴风雨夜晚的那名小姑娘，以及她那忧郁的表情。

据报道，如今有 1/3 的日本女性在为生计而发愁。

年轻人的就业难，企业随意裁员的风潮……这些因素加剧了经济环境的日益严峻。

有人甚至认为当今的日本还不如古代的日本，那时候至少绝大多数人都一样穷，孔子曰“不患贫而患不均”，干脆大家都穷得只剩一件衣服算了。这种想法过于偏激，不过也可以理解。

纵观当今日本社会，贫富差距的确日益扩大，一些人拥有的财富简直是天文数字。

只要努力，每个人都能过上好日子，这样的社会让人感到无比幸福。

反之，一分耕耘换不来一分收获，这样的社会让人感到极为不公。

末法时期，混乱年代，但日子还是得过，还是得有追求。

无眠之夜，武内君的脑中思绪万千，真可谓剪不断，理还乱。

黛色的街灯与墙布的花纹互相交错，他的意识开始混沌，终于渐入梦境。

4. 关怀

“武内先生，得知大地震的消息时，我真是吓了一跳。”

“谢谢你的关心，当时还特意打电话来。”

武内君已经到达了原定目的地——一家位于发展中国家的

工厂。此刻正在和该工厂的主管交谈。

一看到东日本大地震的新闻报道，这名主管就立刻打电话给武内君，并安慰道：“凭借日本人的国民素质和顽强精神，一定能够排除万难、完成灾后重建。”这通国际长途，这些温暖的话语，让武内君非常感动。

从名牌大学毕业后，他就一直在这家企业工作，从基层干起，一直做到工厂主管。既沉得住气，又做事认真。虽说这在当地也算是一流的大企业，但在这个国家，这种不跳槽的人是比较少见的。

很早之前，这家企业就引进了日本的发动机制造技术，且一直在生产相关产品。

正因为如此，他深知日本人做事的认真态度。

作为工厂主管，他觉得有必要对生产现场进行改革，因此决定邀请日方专家前来指导。作为发展中国家的企业主管，这份气魄令人欣喜。

他和武内君也由此结缘。

指导工作已经持续了半年。

而半年之前，正逢开头的那场大暴雨，冥冥之中，似乎成了武内君人生的一大拐点。

暴雨和水灾过后，武内君奉命出差，于是头一次来到这个国家。

映入眼帘的是一个典型的发展中国家——城市破落，民众贫苦。武内君非常希望让当地人脱贫致富。为此，自己能做些什么呢？他的答案是“传授日本制造的智慧和经验，从而帮助该国的制造业快速发展”。

既然要为世人做贡献，那么就必须“有所为而有所不为”，为了摆脱特定集团的桎梏，武内君毅然辞去了东方汽车部件生产公司的工作，成了一名自由职业者。

今天，武内君一边和那名工厂主管共进午餐，一边在愉快地交谈。

主管非常好学，积极地向武内君获取各种知识和信息。

“武内先生，日本制造业的现状如何？”

“日本的人口和劳动人口都处于负增长状态，再加上资源缺乏，只能依靠出口产品和服务。而制造业依然是一大支柱。”

“之前的东日本大地震，据说对你们日本造成的损失很严重。”

“的确，但凡事都有两面性，大地震发生后，包括供应链在内，日本制造业各个环节隐藏的问题都得以显露出来。不仅如此，每名从业者都不得不面对一个课题，即日本今后的制造业路在何方。换言之，在全球化竞争的大背景下，日本制造业该如何保持自身优势。”

“就是说，必须以全球化的视角看待制造业，对吧？”

“没错，”武内君继续说道，“为了在竞争中胜出，为了降低人力成本，日本和欧美的企业相继在发展中国家投资建厂。对于这种现象，我起初不以为然，虽说'当地产当地销'较为便利，但犯得着为此在海外大把烧钱吗？但后来我认识到，这种投资是'三赢'的行为——当地的就业率能够上升，企业也能够获得利润，消费者也能够以更低的价格买到好产品，可谓皆大欢喜。但随着全球化竞争的加剧和海外投资行为的不断升级，企业逐渐将制造业的重心转移至发展中国家，原先的'客场'成了'主场'，而国内制造业反而不可避免地陷入空洞化。久而久之，日本国内的就业岗位就开始逐渐减少，国内劳动者的权益受到了损害。在日本，不管是大企业还是中小企业，都存在类似的问题。总之，面对市场全球化和生产全球化，不管愿不愿意，日本制造业必须做出转变，即从之前的大批量生产转变为多品种小批量生产，从而满足消费者的需求。为此，就必须探究日本制造业的理想形态。"

"那么何为日本制造业的理想形态呢？"那名主管顺势问道。

"从制造业的本质来讲，大致可以分为两大方面，即'攻'与'守'。所谓'攻'，是指创新活动。具体来说，就是打造新产业、研发新产品、销售新商品，通过市场营销和技术研发（R&D），创造出新的东西。

"而所谓'守'，"武内君接着说道，"则是指改善活动，具体来说，就是改良既有工艺流程，不断向消费者提供品质更高、价格更低的产品。简单来说，就是提升生产效率。而要做到这点，必须把握全局，把安全和品质摆在首位。不仅如此，提升效率不能以牺牲员工利益为代价。如今，不少的日本企业渐渐抛弃了以人为本的优良传统，实在令人揪心。”

“总之，”他总结道，“‘日本制造’要想继续立足于世界民族之林，就必须兼顾‘攻’‘守’两面。”

“那丰田生产方式在其中扮演什么角色呢？”

“我刚才提到了制造业的理想形态，在我看来，丰田生产方式并不完全对等于理想形态。倘若过于强调丰田生产方式的绝对正确，反而显得鲁莽和专横，这绝非我的初衷。纵观人类的工业发展史，流水线式的‘福特生产体系’使原本属于奢侈品的汽车开始大规模量产，从那之后，各种各样的生产体系开始出现，正所谓‘长江后浪推前浪’。直至今日，丰田生产方式被认为是实用性较高的生产体系。即便如此，我认为人们并不应该停止对制造业的思考，或许还有更好的方式方法。但目前看来，还没有出现能够超越丰田生产方式的体系。”

“许多生产现场的问题非常低级，一眼就能看出来，”武内君接着讲道，“有的是因为好逸恶劳，有的是因为不思进取，对指导人员而言，这是非常头痛的。要想解决问题，首先必须正确理解丰田生产方式。具体来说，一是要搞懂基本的思维方式，二是要培养在现场发现实际问题的能力。有的人在接触丰田生产方式后，会一味地追求效率，这是错误的。应该尊重人性，并心怀理想主义。只有这样，才能实现丰田生产方式的终极关怀——营造以人为本的劳动环境，创造与员工利益一致的改善成果。可惜的是，在现实中，不少丰田生产方式的推进者对此并不理解。”

“既然不理解，他们又是如何推进的呢？”主管感到疑惑。

“比如，在一些标榜丰田生产方式的大企业里，从相关负责人的发言中，就能知道他们其实是一知半解。好在这种大型组织的运作较为稳定，只要下属各司其职，基本也能获得一定的成果。但至于这帮人当中究竟有多少是真正理解丰田生产方式的，就要打一个大大的问号了。其实这种情况不仅存在于丰田生产方式的相关活动，更是普遍存在于整个制造业中。”

“关键是要培养有用的人才，对吧？”

“怎么说呢，首先要让真正干事的人理解丰田生产方式，这是最为关键的。这帮人拥有执行力，只要上级下命令，完成结果至少是上得了台面的，但如果不能正确理解丰田生产方式，那么势必无法将工作真正做到位，有时甚至会犯下极为愚蠢的错误。因此，为了明确目标、切实改良，对他们的培训和教育一定要到位。不仅如此，通过活学活用，他们就会产生成就感，从而获得持续开展改良活动的动力，不断创造成果。”

“另一方面，”武内君接着说道，“指导人员也必须提高自身素质，否则会误人子弟。比如，有的指导人员不明白多余库存的危害，没有精简库存的意识；反之，有的指导人员则一知半解，不分青红皂白地削减库存。这两种思想都是片面的，正确的思维方式是‘库存应与当前生产力相符’。可见，倘若不知道何为正确，不但无法解决问题，还会导致更严重的混乱。所以说，指导人员也必须不断学习，不断提高。”

“武内先生，你刚才强调了尊重人性、以人为本，对吧？”

“没错。在丰田生产方式中，这是极为重要的理念。但在现实中，却很难完全做到位，有时还会遭到误解和批判，可谓永远的课题。此外，标准作业是丰田生产方式中的重要思想，它能够保障品质和安全。表面上看，生产第一线的劳动者似乎在不断重复同样的作业，但如果真是这样，那就有问题了。通过改善活动，不断减轻劳动者的负担，这才是理想的生产状态。然而，我们在现实中经常能看到一些反例——单方面地要求劳动者按章程操作，可由于章程并不合理，因此增加了劳动者的负担。只要稍作分析，便能知道这种反面典型的成因——指导者自身缺乏能力，无法开展深入核心的改善活动，只能纠结于表面效率的提升，因此不但不能减轻劳动者的负担，反而变本加厉地提高劳动强度。这样一来，最终吃亏的是劳动者。尤其是近几年，不少企业忽视了人的灵活性，而倾向于把作业人员视为机器。即便依靠这种自私的手段渡过了难关，也只是暂时的，因为整个组织存在根本性的缺陷。我经常劝相关负责人扪心自问——如果作业人员是自己的孩子，还会这么做吗？”

“我知道，你说的是深化的丰田生产方式，对吧？”

“是的，一般也称其为制造业的进化和深化。为了追求理想，其形态一直在变化，但其理念是万变不离其宗的。这就是我想表达的意思。”

“我明白了。那么，作为从事制造业的人，今后该如何学习和提高呢？”

“关键在于要把现场的经验和体会为我所用，使之成为属于自己的东西。要想做到这点，首先要学习正确的知识，但光凭理论知识是不行的，必须加以实践，才能真正理解。我经常这样激励自己，要不断追求理想的制造业形态，让自己不断获得成长。有句话叫‘理想丰满，现实骨感’，其实制造业的现状亦是如此，现实问题往往堆积如山，作为解决问题的指导者，只有抱着危机感，才能向理想迈进。”

讲到这里，武内君有点激动了，他继续说道：“我有一个梦想，让大家一起立足于现场，追求以人为本的生产方式和制造业形态。虽然文化不同，但我相信，对造物之法的极致追求是相通的。通过亲自投入生产制造，必然能够收获前人的经验和心得；通过悉心授业，必然能够帮助初学者加快理解。希望全日本，乃至全世界都能重视制造业。我还希望志同道合者能够联合起来。虽然我本人水平有限，但我觉得自己肩负着向从业者传授丰田生产方式的重任，正所谓机不可失，时不我待。”

这番话热情洋溢，催人奋进，对武内君来说，这既是代业内前辈立言，也是对自己的一种激励。

旅途二 沉思之 错误出真知

~『准备阶段』篇~

在该旅途中，将围绕运营工厂的重要手段“KANBAN”来展开故事。此外，还将大致阐述丰田生产方式（TPS）的基本思维方式。

此时的武内君虽然开发出了新产品，但还在摸索将其顺利投入量产的方法。要把丰田生产方式灵活运用于其中，实在太不容易，他为此一筹莫展。TPS究竟是什么？他越思考，就越难抹去心中的一丝疑惑。

另一方面，他也领悟到，改善活动并非只限于生产现场的“弥补式活动”，正相反，相关负责人如果能在研发投产阶段就将丰田生产方式嵌套其中，那就能够起到事半功倍的效果，可见“准备式活动”的重要性。此外，他还搞清了丰田生产方式的终极目标——顾客要求之时立马就能交货。

初见丰田生产方式 邂逅之卷

1. 缘起

东方汽车部件生产公司是大型汽车企业的子公司，也就是所谓的分包企业。

武内君在公司里兼任两职——既是研究开发部主任，又是生产技术开发部 1 科的系长，是一名意气风发的技术人员。

37 岁的他，育有两男一女。最近因为埋头工作，把照料和教育孩子的任务完全抛给了妻子，两口子为此没少吵架，他甚至对妻子吼道：“你就当我死了算了！”

深秋的早晨，武内君坐在办公桌前，靠着椅子，盯着天花板发呆，时不时深深地叹口气。

前几天，他去和生产管理部的负责人商量，可结果并不理想。东方汽车部件生产公司的生产管理部主要负责生产方式的推广和落实。

武内君带领的团队经过数年研究，终于成功研发出了特种产品，并且取得了专利。在公司邀请客户前来参加的新品展示会上，为了更加形象地展示产品特性，特意将展示台做成可旋转的样式，并向客户认真讲解细节。武内君的同事们打趣道："今后的展示台如果不是可旋转的，还真不好意思和人打招呼。"功夫不负有心人，该产品大受好评。

展示会临近结束时，负责技术开发的专务走到正在讲解产品特性的武内君面前，对他说："客户希望该产品尽早投入量产，你起草一份事业计划书。"

这句话让武内君感慨万千，一年前，他曾提交过一份事业计划书，是有关另一种产品的。在当时，这可谓是破天荒的举动，因为之前从未有员工向上级提交过什么事业计划书。可能当时的计划不够成熟，专务看过后，只是淡淡地说了句"很有启发"，便把计划书还给了坐在办公桌前的武内君。很显然，计划被"枪毙"了，专务只是给他个台阶下而已。

这次的产品则不同，它是汽车内饰中的功能模块，之前的同类产品存在着缺陷——驾驶者在行车时很难看清，而武内君的发明则解决了该问题。但要将其真正投入量产，还需要攻克几项重大的课题。

要将创意转化为有形之物，实在太不容易。为了制造展示用的样品，团队研发出了好几种新工艺，总算让未来的量产成为可能。一些生产用的特种机器甚至是和机器制造商共同研发的。

武内君起初打算尽量借助这些特种机器完成绝大部分零部件的生产，包括液晶设备和半导体设备的生产，也正因为如此，这些过于特殊的机器日后遭到了批判，有人说“这等于是把研究所照搬到了生产现场”。

但不管怎么说，董事会最终批准了该事业计划，并同意大量拨款。至此，武内君带领的团队看到了希望，他们决心努力奋进，制造出前所未有的产品。

2. 邂逅

武内君刚从事研发工作时，公司给他们技术开发部门的所有人都发了一本《丰田生产方式》。这本书是大野耐一先生的名著，时至今日，它都被丰田生产方式的学习者奉为“圣经”。当时公司刚刚引入 KANBAN，正处于 KANBAN 方式的初级应用阶段。当时他对丰田生产方式懵懵懂懂，只是依稀感到它似乎是企业活动的关键点，虽说看完了整本书，但并不太理解。他知道这本书在业界的口碑，大家都说其中的思想非常深奥，可谓常读常新。既然如此，看不懂也是正常的。

秋日的一个晴天，武内君与齐藤先生面对面。齐藤先生是生产管理方面的专家。此时，新产品的生产工序（Process）和导入的机器设备都已确定，武内君一边向他说明这些相关信息，一边向他征求有关丰田生产方式（TPS）的建议。

“齐藤先生，怎样才能把TPS嵌入新产品的生产流程之中呢？”

“一定有办法的。”没想到他回答得如此简单。

这下可棘手了。

之所以请他来，本来是想“取取经”的，可他的回答等于白说，这让武内君不知所措，甚至感到沮丧。当时的他根本无法想象，这其实是他踏上漫长求知旅途的契机。

前面讲到，由于这是全新的产品，因此其生产工序和设备可谓前所未有。面对完全未知的案例，齐藤先生做出“一定有办法”的回答，其实已经是仁至义尽了。

可当时的武内君并不理解，他感到灰心丧气，心想：“看来没法指望专家指导了，难道只能靠我们自己来搞定TPS吗？”公司领导定下了全面推行丰田生产方式的方针，可却没有能够依靠的引路人。

另一方面，虽然自己看了许多相关书籍，可似乎找不到自己想要的答案。最后，他只能下定决心，依靠自己的力量寻求答案。后来他才明白，TPS的指导者一般只负责改善既有的生产现场，很少有人触碰全新的生产体系。可在当时，他对此一无所知。

武内君每日冥思苦想，有时甚至会分不清现实和梦境，而就在这种意识朦胧的时候，“老师”就会显现，并为他解惑。

何谓 TPS

“老师，为什么把丰田生产方式叫作 TPS 呢？”

“丰田生产方式在英语中被称为 TOYOTA PRODUCTION SYSTEM，取这三个单词的首字母，就成了 TPS。”

“这么说来，TPS 就好像是丰田的注册商标一样了。”

“TPS 这个叫法最早可以追溯至 1978 年。当时的一家企业使用了该缩略语，而那家企业名字的首字母也是 T。这体现了当时的风潮，即在 PRODUCTION SYSTEM 的前面加上自己的公司名，从而形成各自的缩略语，比如 N 公司的生产方式就是 NPS，I 公司就是 IPS，D 公司就是 DPS……这就导致有多少家企业，就有多少个有关生产方式的缩略语。而在石油危机后，丰田汽车的可靠质量和燃油经济性使其名声大振，其生产方式也日益受到人们的瞩目。”

“是的，老师，我在行业杂志里看到过类似的内容。所谓生产方式，其实是企业全体员工开展的一种活动，而有的企业为了适应自身情况及产品，并没有完全照搬丰田生产方式，我的理解没错吧？”

“没错，但万变不离其宗。究其本质，其实都与大野先生创立的丰田生产方式如出一辙。如今，只要讲到 TPS，就是指丰田生产方式。作为一种生产造物的思维方式，其已经被广泛传播。此外，它也适用于企业经营层面，这时它往往被称为 PRODUCTION WAY，简称 PW。而且 TPS 并非一成不变，而是在不断进化的。不少人故意不用‘进化’，而采用‘深化’一词，是为了取‘深度思考’之意。”

用词的讲究

“老师，可是我看大野耐一先生写的《丰田生产方式》，发现他坚决不用像TPS这样的缩写，每次都是一板一眼地采用‘丰田生产方式’的说法。”

“在我看来，TPS这一叫法的普及，其实是丰田生产方式逐渐走进大众视野的标志。‘二战’后，丰田喜一郎先生看到美国车企惊人的生产力，惊觉日本与美国之间的巨大差距，于是奋起直追。当时，丰田的羽翼还未丰满，面对实力超强的欧美车企，害怕处于初级阶段的丰田生产方式被竞争对手所用，因此发明了一套起到保密作用的隐语。‘KANBAN’便是其中的典型。”

“说到KANBAN，”老师接着讲道，“其实是在生产和收货等过程中使用的纸质告示牌，类似标签。与日语‘看板’的一般意思不同。关于KANBAN，之后还会详细讲解。此外，不少丰田生产方式的相关用语类似文字游戏，我刚入行时，许多话都听不懂，后来花了很长时间才搞明白那些用语的含义。其实，这种类似谜题的专业术语并非只存在于丰田生产方式中，每个行业都有类似的‘行话’，从而在业内人士之间达成一种默契。要想入门，可以先参照大野耐一先生经典著作《丰田生产方式》

中的附录，那里面收录了最基本的 TPS 用语。像我这样较为熟悉丰田生产方式的指导者，经常会下意识地冒出几个专业术语，如果听不懂，大可提问，不要难为情。用语毕竟只是用语，理解其本质才是最重要的。"

3. 开发

武内君刚入职时，曾负责产品的开发和设计工作，他的梦想是让新产品投产问世。生产一架飞机，需要几十万个零部件；生产一辆汽车，需要几万个零部件，都可谓是汇聚人类工业智慧的大型商品。东方汽车部件生产公司作为大型汽车企业的分包公司，主要从事汽车部件的研发和生产业务。因此，在东方汽车部件生产公司，汽车部件就是交付客户的产品。

如今的武内君已经是研究部主任兼生产技术开发部 1 科的系长了。他带领自己的团队，负责研发某个部件组。随着调查研究的不断推进，他发现，要想在与其他公司的竞争中胜出，开发具备专利的关键部件是一大有效手段。比如在生产液晶电视等显示设备时，液晶面板便是关键部件。

进入 2000 年，随着经济全球化的推进，情况有所改变，但对于关键部件，不少企业的做法依然和武内君的想法一致——采用专利壁垒保护，并坚持自主生产的排他方式。

很幸运，他所在团队研发的新产品和相关核心技术在海外也取得了专利，但要实现量产，则还需要解决若干课题。这些课题大致分为两方面：

■ 如何改良试生产时使用的机器，从而使其适合量产？

■ 如何安排流水线，才能将间歇式的生产机器组合嵌套在每个工序中？换言之，车间工序中的生产作业调度该如何施行？

这就是武内君向齐藤先生寻求帮助的原因，他预测了量产时会出现的问题，希望凭借丰田生产方式来实现最大程度的改良。

4. 投产

武内君是技术人员出身，之前一直从事单纯的研发工作，与生产现场没有交集，如今负责新工序和生产设备的开发工作，但对生产现场的实际运营依旧一窍不通。换言之，他在一不懂生产现场、二不懂丰田生产方式的情况下，只能硬着头皮推进量产工作。

尽量把考虑到的细节程序化、标准化，然后不断改良生产机器，使其适合量产。这便是他的做法。

结果，对于设备和工序，采取“在净室（Clean Room）内考虑动线，按照作业流程配置机器”的方式。另一方面，生产设备都是间歇式（单发型）的，虽说生产能力足够，但总感觉过于原始。

讲了这么多，至于这次投产的“主角”——武内君他们研发的新产品，其实是一种特殊的关键部件。这种部件能够使成品实现特殊的功能。至于生产工艺，首先要将其印刷在一张巨大的薄板上，然后用冲压机打孔，从而使部件成型。

作为入门，先重新审视量产工序

"老师，对于关键部件的初期量产工序（参照图 1），从 TPS 的角度看，有哪些问题？"

"对你而言，这是需要解决的首要课题。通过该事例，你要学会以 TPS 的角度来思考问题和整理问题。这是一大难点，你可以先在脑中记住，日后自会理解。"

"我今后会努力学习，请老师多多给我启示。"武内君的表情非常坚决，一副誓要学好 TPS 的架势。

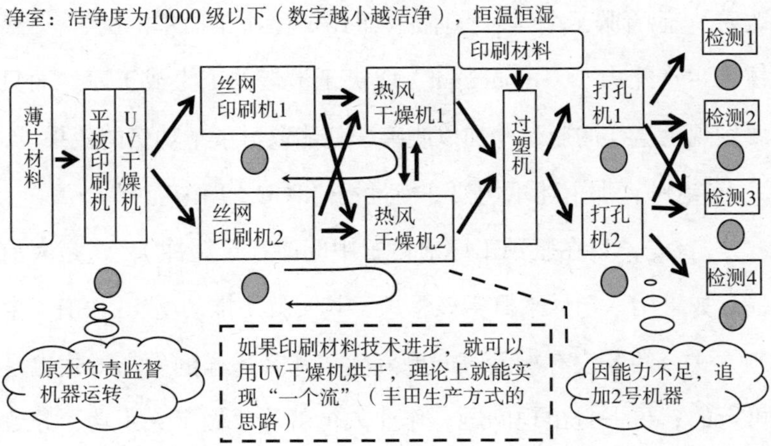

图 1. 量产初始阶段的工序［出处：武内登著《丰田细胞式生产》（JMAM 2006 P222）］

从《目标》来看，应该是“推动型”生产方式

“根据我的直觉，这与《目标》中的工序相似。”老师讲的话似乎与丰田生产方式无关。

“什么是《目标》？”

“《目标》是艾利·高德拉特（Eliyahu M. Goldratt）的著作（日版由DIAMOND出版社于2001年引进出版），该书阐述了作者的‘TOC理论’，以小说体的形式描写了主人公冲破抵抗势力的阻碍、最终重振公司组织的故事，一度成为热销书籍。在书中，主人公不懈努力，试图解决导致工厂陷入关闭困境的瓶颈。”

“那么，什么是TOC理论呢？”

“不同于日本人擅长的‘局部改善’，高德拉特主张‘全局改善’。他着眼于个体对整体造成的影响，举个简单的例子，‘整体的生产能力’（Throughput）取决于最慢的工人或工序。而只要发现了这样的瓶颈并加以改善，就能取得事半功倍的效果。”

“老师，那上述事例要如何运用‘TOC’理论呢？”

“首先，只在瓶颈工序前设置中间库存（缓冲），这是大前提。如果用一句话来概括该思想，其实就是推动型（PUSH）生产方式，倘若没有次品等问题发生，那么这样的生产方式也是可行的；可一旦出现问题，作业人员就等于做了无用功，导致生产能力的浪费，进而影响生产效率。此外，该工序涉及多个品类，因此对作业调度的要求较高。”

按照丰田生产方式的思路 应该是“拉动型”生产方式

“老师，我有数了。那上述事例要如何运用 TPS 呢？”

“TPS 提倡的是拉动型（PULL）生产方式，其基本原则是‘后道工序拉动前道工序’，即以拉动的方式来指示生产。具体来说，后道工序向前道工序领取物品，被领走多少，前道工序就生产多少。反复进行这一活动，直到延伸至第一道工序，就形成了生产连锁（Chain）。在 TPS 中，整个过程都会使用 KANBAN 指示生产。所以说，KANBAN 就是传递‘拉动信息’的手段。上图只是粗略地记述了物品流动的路径，至于是拉动型生产方式还是推动型生产方式，是无法确切判断的。可见，指示生产的方式是重要信息，需要事先标明。至此，再加上你的叙述，可以得知，你们初期量产时使用的是推动型生产方式。我已经讲过，TPS 的基本原则是后道工序拉动前道工序，但如果不同的机器和工序之间能够做到较完美的同步，那就能把整体视为一个机器系统，从而以后道工序（客户）的拉动信息为基准，实现补充生产，这与 TPS 并不冲突。”

“老师，是这样的。我起先计划在量产时‘从前至后’地传达生产指示信息，但由于各工序的机器都较为特殊，再加上是多品种生产，结果无法做到‘同步’。”

“按照 TPS 的思路，估计存在下列问题。

“首先，刚才已经讲过，你们使用的是推动型生产方式。

“机器之间交错的物品流动被称为‘乱流’；不交错的则被

称为‘整流’，后者是理想状态。‘乱流’和‘整流’的概念还被用于流体力学。

“目前无法做到‘一个流’，就只能采取批量生产方式。

“存在‘机器运转监督员’的角色，而且一个人很难同时负责多台机器。考虑到作业人员的效率和产能，便能发现诸多问题。生产线要做到精简人员，而非单纯地减少人员，但这绝非易事。

“由于采用了组合间歇式生产设备的方式，再加上是多品种生产，换模换线的操作难度如何？生产的顺序和方法又如何？”

“老师，您的意思是——我需要再仔细斟酌一下机器和工序，对吧？”

“一般来说，你需要先面对两大课题。一是‘从开发阶段实施 TPS 活动’，二是‘以 TPS 的角度审视设备开发’。你接下来会学到的。”

“拉动型和推动型的根本区别是什么呢？”武内君的问题很朴实。

“我刚才讲过，TPS 推荐的是拉动型生产方式，其基本原则是‘后道工序拉动前道工序’。换言之，一旦后道工序要加工的物品没有了，就去向前道工序领取；反之，推动型生产方式则以原始素材为起点，按照加工顺序，把物品从前道工序送至后道工序。假如保证百分百良率，机器一直顺利运转，并且加工能力不存在偏差等问题，那么二者在表面上是没有差异的。唯一的区别是拉动型生产需要用于放置领取物品的 Store（店铺，即置物场所），因此从理论上来说，TPS 的中间库存较多。还是那句话，如果一切顺利，就可以做到从头至尾一气呵成，从而实现零库存的生产工序。但现实中往往会出现诸如次品等问题，从而产生意料之外的中间库存。而管理者一旦贪图安逸，就会将生产线中的浪费（包括加工能力的浪费）视为常态。遗憾的是，我在现实中经常看到类似的例子。”

面对老师的这番讲解，武内君感叹道：“老师，您说得太对了。其实这条生产线的后面也紧跟着一个中间在库（店铺），并且通过 KANBAN 来实现拉动型生产方式，以此来保持加工能力的平衡并应对突发的机器故障。”

5. 调动：如何推进工厂的运营工作？

在半梦半醒之间得到了老师的教诲，但自己依然是一知半解。在这样的状态下，武内君每天都在推进筹备工作，为的是在第二年进入正式量产阶段。

为了能够顺利投产，早在起草事业计划书时，就考虑到了对于人才的需求——实际生产的负责人最为重要。和他共同起草事业计划书的是公司里的 E 事业部，该部门拥有研发 Hybrid IC（混合型集成电路）的净室，除了生产电子产品外，还向公司内的各个产品事业部提供所需的电子元件。由于武内君研发出的关键部件也是要提供给各个产品事业部、工厂及客户工厂的，因此这样的联合可以为将来创造便利条件。

董事会最终通过了该事业计划书，但要求修改一点——实施部门由 E 事业部改为 A 产品事业部。具体原因无从得知，反正这是高层领导的决策。

而这也成了武内君日后痛苦的原因，自己原本计划得好好的，包括如何与 E 事业部推进计划，甚至连参与实际生产的人选都考虑过了。反观 A 事业部，不管在工厂技术员室还是生产科，都找不出自己需要的人才。尤其缺乏能够担任系长和班长的人。投产之路可谓困难重重。

转眼到了夏天，离规定的正式投产期限还有一年。武内君向负责 A 事业部的工厂干部求助，那人是武内君的老上司。结果他说："关于明年年初的人事变动，负责技术开发的专务已经和我谈过了，按照专务的意思，你肯定要负责生产现场了。"

离人事变动还有半年多。当初专务对武内君承诺过，一旦正式投产，就把他调回研发部门。

工厂车间则在一步步地为量产做准备，先造好了净室，然后按顺序放置机器，雏形逐渐丰满。武内君是技术人员出身，虽然决心靠自己来解决量产所面临的技术性问题，但对于工厂的运营工作，心中的不安依然难以抹去。

自我成才 培养人才的丰田生产方式

“老师，因为没有合适人选，最后只能让我以所谓自告奋勇的形式从研发部门调到生产现场。这么做是否正确，其实我心里并没底。这样的人事变动，在整个集团内都是很少见的。一些研发部的前辈还给我打气，说这叫‘天降大任于斯人也’。结果，我再也没能回到研发部。当时离开，是为了让自己的发明成果能够投入量产，可有时我也会想，如果自己能够回到研发部，是不是就能够发明更多的东西，从而为企业、为社会做出更多贡献呢？这样的念想一直在我脑中萦绕不去。”

“没人能回答你所纠结的问题，如果回到研发部门，或许你能有更多的发明创造，或许没有，这个只有天知道。我想和你谈谈企业的目的。对此观点甚多，但有一种说法是‘使企业价值实现最大化’。就像企业法人这个概念一样，整个企业也可以拟人化，成为一个具备独立人格的组织。这样的组织自然会追求自身的可持续发展。而员工作为构成企业的细胞，其对企业的贡献方式也是多样的。包括其被赋予的职务和实际的工作态度。我问你，通过深入生产现场，你有什么收获吗？”

“有。有关丰田生产方式的思想，”武内君答道，“还有大野耐一先生的著作。我非常庆幸能够接触到‘TPS 的世界’。其实，当年我作为应届毕业生入职时，给自己设定的课题是‘何谓企业’以及‘何谓制造商’。如今回想起来，真可谓年少轻狂。后来，随着对 TPS 的不断学习，我接触到了相关的基础知识——

IE（Industrial Engineering，工业工程）。当时我翻阅了藤田彰久写的《新版 IE 的基础》（建帛出版社 1978 年），光是序言，就让我惊愕万分。那本书在我入职的数十年前便已出版，但却阐明了'何谓制造商'这个本源问题。当时的我已经有了一定的工作经验，否则可能根本无法明白序言的内容。"

老师说道："有句话叫'一切都是最好的安排'，如果你能把这一切都视为学习 TPS 和实现自我成才的契机，就会感谢上天的眷顾。顺便说下，不管是研讨会还是演讲会，只要是和 TPS 相关的，发言人往往会在最后强调培养人才的重要性，这似乎成了一种有意思的惯例，我在演讲时亦不例外。究其本质，源于 TPS 的特性——需要学习者在特定岗位自我成才。倘若没有这样的态度和决心，对 TPS 的理解也只会浮于表面。"可见培养人才的重要性。

6. 准备量产 邂逅 KANBAN

第二年，武内君被调到了生产现场，部长以下的员工对此都不太看好，认为研究开发部简直是在制造麻烦。

这样的消极氛围导致众人并不配合武内君的工作，由于没人愿意担任科长，他这个生产科系长等于是没有直属上司的无根之草，只好直接听从部长指挥。在如此不利的环境下，他只能咬紧牙关，朝着夏季正式量产的目标迈进。

随着工作的推进，从其他生产科过来帮忙的吉竹班长算是武内君少有的慰藉，他虽然话不多，但工作踏实认真。根据上级的安排，从1月起，武内君要一边指导吉竹班长，一边推进试生产。要做的事情简直堆积如山，而量产设备开机生产时的详细条件仍需反复斟酌，连标准作业书都是他和吉竹班长一项项制定出来的。在习得所有工序流程后，吉竹班长就可以担任新人教导员的角色了。

客户计划在暑期结束后开始组装车辆，东方汽车部件生产公司作为一级制造供应商，只要和客户的开工日期同步交货即可。可是，东方汽车部件生产公司还有自己的一级制造供应商（对客户而言，等于是二级制造供应商），对方（供应商）不仅要按时向东方汽车部件生产公司交货，还需要承接部分装配任务，并直接向东方汽车部件生产公司的客户交货。在这种情况下，装配用的零部件自然由东方汽车部件生产公司提供，但问题就出在这里——明明按标准数量提供了零部件，对方却总是说不够用，从而导致各种混乱。

供应商消耗了多少零部件，就会交还给东方汽车部件生产公司相应数量的KANBAN。（参照图2）

图 2. 具体实例：放置在塑料袋中的 KANBAN（大小约 20cm × 10cm）

KANBAN 上注明了发送给供应商的零部件明细，说白了就是一张纸质标签，放在附有拉锁的塑料袋里。在发货时，KANBAN 会贴在箱子上。由于 KANBAN 来回于客户和供应商之间，放在塑料袋中便不易破损，但也有企业直接把一次性标签纸作为 KANBAN 使用。

KANBAN 一到，按期发货。这是雷打不动的规则。

KANBAN 的发行数量也是根据规则决定的。但现实中总有不守规矩的人，武内君也是后来才知道，上面提到的那家供应商居然无视“物纸一体（物品或箱子与 KANBAN 必须实行一体化管理）”的管理规则，擅自把 KANBAN 从箱子上撕了下来。这可是大忌。

发行 KANBAN 时，有一条准则叫“不要丢到前道工序中”，它其实源于“均衡化”的思想。但面对这种管理水平的供应商，这些都是空谈。东方汽车部件生产公司提供的零部件一送到，对方就立刻把 KANBAN 从箱子上撕下来，从而导致零部件总是不够用。

东方汽车部件生产公司起初并不知情，为了向供应商提供用于生产的零部件，机器连续两个月 24 小时连轴转。武内君做事守规矩，谁知道对方不规矩。东方汽车部件生产公司越来越觉得不对劲，于是前往对方的生产现场调查，结果发现了堆积如山的多余库存，几乎有一个月的量。公司决定，暂停供应零部件。

之所以会出现上述问题，症结在于误用了“领取 KANBAN”。

同时，公司内的生产性则在不断完善中，吉竹班长制作了各个工序的生产指示 KANBAN（也叫半成品 KANBAN），并基于各种机器的生产批量决定 KANBAN 的发行数量。通过 KANBAN 方式，只生产所需的量。这样一来，制定生产顺序（半成品顺序）也会变得相对容易。

吉竹班长告诉武内君，为了让产品和部件实现“多品种生产”，KANBAN 是非常有用的工具。武内君对此非常感激。

可见，要想杜绝过量生产，就少不了 KANBAN 这个工具。以拉动型生产方式为基本载体，通过遵循“后道工序拉动前道工序”的原则，抑制投产时出现的混乱。

何谓 KANBAN？其能否作为改善活动的工具？

“老师，KANBAN 真是神奇的东西。我已经知道，如果 KANBAN 用得好，生产管理就会非常轻松。可究竟什么是

KANBAN，我还是不太明白。”

“不少人说，KANBAN 好比是金钱或货币，一旦发行数量超过需求，就会出现所谓的‘KANBAN 通货膨胀’。而且，之所以用‘发行’这个词，也是为了和货币的发行行为对标。KANBAN 的发行数量必须与生产线的生产能力相符。可见，作为一名从业者，应该视 KANBAN 为金钱。有的负责人看到下属把 KANBAN 往机器或办公桌上随便一扔，就会怒斥道‘哪能这么糟践钱呢！’，其实也是基于这个道理。”

“既然它只是一张纸质标签，当初为什么要把它命名为 KANBAN 呢？说到 KANBAN，普通人都会联想到店铺的招牌。”

“这是因为最早的 KANBAN 并非纸质标签，而真的是大块的招牌。当然，我也没经历过那个时代，只是听说而已。据说那种 KANBAN 的外形就像标语牌，放置在零部件仓库里。一旦相应的零部件用完了，就按照招牌上指示的数量生产。换言之，它是减少中间库存的工具，而基于其原始形状，才有了 KANBAN（看板）这个名称。再加上当时的丰田公司害怕自己的这种‘补充型生产方式’被海外的竞争对手学去，因此故意不将其翻译为英文，并且不用片假名书写，而用平假名书写，搞得和固有词汇一样。”

“原来 KANBAN 这个名字后面还有这样的故事。老师，这么说来，只要采用 KANBAN，就能减少库存，这真是皆大欢喜的好事呢。”

“如果真正把 KANBAN 用好，把它作为改善活动中的便利工具，那的确如此。但如果生产现场的管理水平跟不上，那么 KANBAN 可能就无法发挥应有的作用了。纵观历史，当昭和时期（1926 年 12 月 25 日至 1989 年 1 月 7 日）的石油危机过后，丰田生产方式受到世人瞩目，不少企业盲目效仿，结果都失败了。可见，倘若不理解 TPS 的本质，那么即便导入丰田生产方式，也只能是有形无神的空中楼阁。要是生产现场不遵循相关规则，反而会导致更严重的混乱。所以说，KANBAN 说到底只是推进丰田生产方式的手段而已，并不是说有了 KANBAN 就万事大吉了。重要的是结合企业实际情况，通过与之相适应的方式方法，不断实现 TPS 的理念。话虽如此，但也不要过于悲观，KANBAN 的确是优秀的工具，有时能起到立竿见影的效果。说到 KANBAN 的发展趋势，如今已经出现了以电子 KANBAN（e-KANBAN）为代表的新媒体 KANBAN，可谓 IT（信息技术）革新的产物。将来，这种新型 KANBAN 将会直接嵌入到大型生产管理系统之中，这就需要对 KANBAN 的本质有更为深入的理解。”

使用 KANBAN 所需的基本知识

接下来，老师简单归纳了 KANBAN 的种类和用法。

（1）KANBAN 的基本种类（参照图 3）

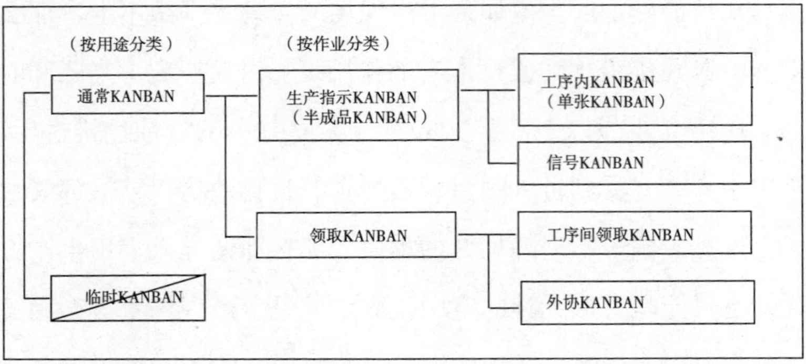

图 3.KANBAN 的种类［出处：武内登著《丰田细胞式生产》（JMAM 2006 P149）］

按照用途，KANBAN 首先可以分为两大类——“通常 KANBAN”和“临时 KANBAN”。通常 KANBAN 还可细分为“生产指示 KANBAN（半成品 KANBAN）”和“领取 KANBAN”。此外，还有以新媒体形式进化而来的电子 KANBAN 和根据具体目的具体命名的其他 KANBAN（会采取一些特殊的叫法，如同方言俚语）等。

（2）KANBAN 的信息

①产品编号、品名②容器形式③容器容量④放置场所（区域、街道）⑤后道工序生产线名称⑥前道工序生产线名称⑦发行张数与整理编号 等等。

（3）KANBAN 的规则

日本生产管理学会编写的《丰田生产方式》（日刊工业新闻

社 1996 年 P213）一书中，对 KANBAN 的规则归纳得非常到位。

①对于次品，应遵循"不领取""不制造""不发送"的"三不"原则；

② KANBAN 所指示的产量是必须遵守的命令；

③后道工序拉动前道工序；

④产量不超过 KANBAN 所指示的数量（被领走多少，就生产多少）；

⑤领取数量不超过 KANBAN 所指示的数量；

⑥按照 KANBAN 的先后顺序和数量多少顺序进行生产；

⑦ KANBAN 要贴在物品上，即做到"物纸一体"；

⑧ KANBAN 上注明的数量必须与实际数量相符；

⑨实现均衡化生产；

⑩采用稳定的领取方式；

⑪ 视情况调节 KANBAN；

⑫ 对于计划外的临时生产任务，应事先与相关部门联系，并做出临时调整；

⑬ 使工序合理化和稳定化。

（4）KANBAN 的缺点

KANBAN 并非全是优点的完美工具，要维持 KANBAN 方式，就需要耗费相应的管理精力。

KANBAN 决定了物料的流动，也决定了库存数量。但它归根结底只是实现可视化管理的工具。一旦运用得当，就能发现生产环节中的各种浪费，从而搭建“坚强”的生产线。因此，如果能正确理解 KANBAN 的规则和作用，并努力对其进行持续的管理和维护，就能收获超乎预期的成效。

刚才使用了“坚强”一词，在丰田生产方式的业内人士中，这种说法似乎颇为流行，而本书中也采用了这样的用语。类似的表达方式还有“坚强的生产体制”“坚强的生产环境”等等。

这只是一种感性的表达方式，之所以说“坚强”，是取“灵活应对需求变动”“灵活应对环境变化”之意，就如同大自然中坚强存活的动物。

通过书本学习丰田生产方式 从何处入门?

“老师，”武内君问道，“丰田生产方式的相关书籍多如牛毛，我该从何学起呢？我已经看了几本，不过总觉得似懂非懂。您能推荐一些好书吗？”

“的确，市面上有许多讲解生产系统的书，我来为你整理一下。参照我手头上的书，可以把丰田生产方式的相关书籍分为以下几个层次。

“1. 丰田生产方式、丰田方式、丰田式、丰田式生产力、丰田生产系统、丰田体系……基本都由大野耐一先生的理论发展而来。

“2. 及时生产系统（JITPS）……有识之士以不同的角度审视丰田生产方式。

“3. 同步生产系统……源于丰田生产方式，但在信息传达方式方面具有独创性。

“4. 丰田手法（TOYOTA WAY）……基于丰田汽车公司管理哲学的思维方式。

“5. 丰田流派、丰田语言……基于上述理念的其他学说，有的具有概括性。”

老师接着讲道：“这些书其实都可以在下面这张二轴定位图里找到其应有的位置。（参照图 4）

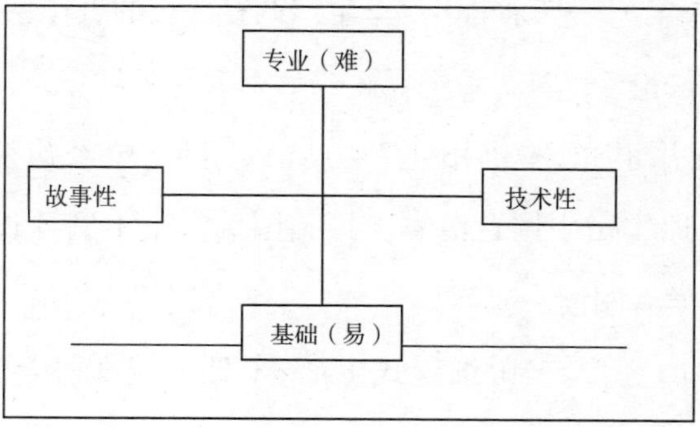

图 4. 丰田生产方式相关书籍的定位

“换言之，这些相关书籍，要么侧重专业，要么侧重基础；要么技术性强，要么故事性强。在选择时，要基于自己的学习目的。”

“老师，这么说来，我必须看许多书，而且只有在看过后才能判断一本书的定位是什么。您能否先给我推荐几本呢？”

“一定要推荐的话，我建议你先看与生产直接相关的书，以下几本都很不错。当然，好书多得是，我不可能都提到。”

以下便是推荐的书籍：

■ 大野耐一：《丰田生产方式》（DIAMOND 出版社 1978 年）——丰田生产方式创始者的经典著作，可谓必读之书。

■ 中山清孝：《直接传授的丰田方式》（DIAMOND 出版社 2005 年）——原丰田汽车生产调查部长（理事）的著作，书中汇聚了他的经验和理念。

■ 田中正和：《有关丰田生产现场的思考》（BUSINESS 出版社 2005 年）——原丰田汽车生产调查部长的著作，书中阐述了他的方法论。

■ 石井正光：《丰田生产方式入门》（中经出版社 2005 年）——原丰田中国台湾省工厂（国瑞汽车）副社长的著作，最适合初学者阅读。

■ 武内登：《丰田细胞式生产》（日本能率协会管理中心 2006 年）——适合理解 TPS 思维方式却不知如何实践的人阅读。该书基于丰田生产方式，阐释了整个生产现场的基本作业方式。书中的章节、大标题和小标题都环环相扣。有的标题内容可能不够详尽，但假如读者有疑问，根据关键词查询起来也较为方便。

“老师，我明白了。在看这些书的时候，还要思考它们在二轴定位图里的位置，对吧？”

“我之所以要强调定位，就是为了不让学习者出现‘一叶障目’的情况，许多书都会强调自身理论体系的正确和完善，但事实并不一定如此。就拿KANBAN来说，不少书将其过分拔高，有的甚至说‘TPS即KANBAN生产方式’，但KANBAN说到底只是一种手段而已。有的作者还会基于自身某个时期的理解和经验著书，这样的内容往往较为片面，要么过于强调精神力量，要么只讲改善活动，却把自己的书称为‘真髓’；另一方面，读者自身的实际情况也千差万别，有的书籍内容优秀，但有的读者却完全无法获得代入感和认同感，看了半天也是一头雾水。”

生产的好工具 KANBAN 之卷

7. 用 KANBAN 管理机器现场（机器系）

武内君负责筹备的生产线可以被定义为“**机器现场**”，意思是“机器设备投资较大的生产现场”，在计算生产成本时，以机器设备为核心。

反之，作业人员使用相应设备依次进行装配作业的生产线则被称为“**人时现场**”，在计算生产成本时，以人时（作业人员的劳动）为核心。严格来说，不管是“机器现场”还是“人时现场”，都存在“机器”和“人”两方面的要素，无非更侧重哪方面罢了。

由此可见，该生产线的重点是机器的稼动率。在丰田生产方式中，稼动率的发音较为特殊，其中的“稼”不读作“ka”，而读作“kasegu”（“赚钱”之意）。而与稼动率相比，丰田生产方式更重视可动率，此处的“可”也不读作“ka”，而读作

"beki"（"应该"之意）。

所谓稼动率，是指"在特定时间内，后道工序要求的生产数量与可生产数量的比值"，因此稼动率随后道工序的需求（领取数量）的变化而变化，所以也被称为开工率，通过生产数量和时间来求得。

而所谓可动率，是指"需要开动设备时，设备正常运转的概率"。因此它可以用来量化机器的质量和实力，理想数值为100%。

在丰田生产方式中，"机器现场"的关键在于"机器正常运转"。机器的运转速度虽然是决定机器生产能力的首要因素，但机器的故障绝对不容忽视。一旦机器由于故障而长时间停止或频繁地短时间停止，不但会导致其生产能力低下，还会影响到丰田生产方式中的其他环节，进而给其他人、部门和企业造成困扰。因此，对机器做到"保养到位"是推进丰田生产方式的前提条件之一。

此外，在丰田生产方式中，对"机器现场"和"人时现场"的改善手段基本相同，只是由于实际作业人员的动作存在差异，因此二者的着手方式常常不同。

前面讲过，武内君在生产现场设置的机器属于型号特殊的专用设备。为了生产研发成功的关键部件，他参与设计了两个全新的工序，从而代替了最初"简单机器＋手工打磨"的原始工艺。

可见，这两个新工序是关键，倘若无法在其中实现机械化量产，研发的关键部件就永远只能是实验中的摆设。所以说，有时即便研发成功，成果也可能会被雪藏。正是为了避免这种情况出现，武内君才甘愿被调到生产现场。

两个新工序的关键是两种机器。

第一种是印刷工序中的机器，原先的机器需要作业人员一片片地拆装薄片材料，现在引进了能够自动添加薄片材料的特种机器，但实际运行时存在诸多问题。此外，由于薄片材料自身的材质较为特殊，因此有时会出现卡壳，导致机器的自动添加动作并不顺畅。

这让武内君体会到了机器设备制造商的能力局限，但机器还是需要的，在设置和验收完毕后，他决心自己调校机器。于是，他一边微调和整修机器，一边筹备试生产。他深入生产第一线，总算把该工序的问题大致解决了。但他并未盲目乐观，而是做好了心理准备——如果正式投产后机器出现问题，作为研发生产的带头人，他会负责到底。

第二种是打孔机。由于设备制造商未能按期交货，因而原本就存在的问题变得更为混乱。

前面已经讲到，公司车间原先没有上述机器，再加上它们型号特殊，在市面上都很少见，而在试生产开始后没多久，它们的表现就趋于稳定，这实在算是幸运的了。但武内君并没有停止思考，他常常问自己："我存在的价值，难道就是当这些机器的保姆吗？”而且，虽说机器没有因为故障而长时间停止，但频繁的短时间停止却时有发生。

经过一段时间的试生产后，一切趋于稳定，形成了“维持一定库存”的生产模式，没有发生大问题。

但离丰田生产方式的高阶水准还差得很远。

理由如下：

①机器设备实行大批量生产；

②不同工序的批量存在差异；

③频发停止时有发生，操作人的主要工作内容矮化为“机器的保姆”，说明机器设备并不完善。

武内君心里明白，这种时候，“**KANBAN 方式**”是解决问题的良药。吉竹班长在其他生产线积累的 KANBAN 生产经验发挥了巨大的管理作用。

这让武内君醍醐灌顶，打入职以来，他就听说过 KANBAN 方式，但只是作为一个旁观者，从未亲自接触过，直到现在，他才似乎开始真正明白何为 KANBAN。

KANBAN 是一种管理工具，目的是保证“按需生产”。

何为“频发停止”？使机器保持正常运转（PM）是实现 TPS 的前提条件

“老师，引进的设备有不少故障。我觉得自己在生产现场的工作完全就是给机器当保姆。还有，我不明白，TPS 中的 PM（设备管理）或者说TPM（全公司设备管理）是什么意思呢？”

“简单来说，PM就是构成TPS的要素，或者说保证TPS顺利开展的前提条件。至于TPM，有的企业把它作为全局改善的手段，有的企业则把它单纯视为与TPS并列的概念，二者具有本质区别。至于采用哪一种，取决于企业的情况和性质，如果是从事制造业的，就比较适合采用基于TPM的全局改善活动。另一方面，TPS的思维方式存在两个前提——即狭义的PM和QC。此外，TPS还有一个不太被提起的大前提——**百分百的良率**，这在现实中几乎不可能做到，也正因为如此，它成了TPS活动的终极目标。”

“老师，那么在TPS中有没有与机器设备相关的理念呢？”

“在丰田生产方式中，把100%的可动率（机器能够按需随时启动运转）视为机器的理想状态。因此，一旦机器骤停，便会产生问题。之后会讲到丰田生产方式的重要概念——自働化，而机器骤停不但与自动化背道而驰，也会导致JIT无法进行。因此，需要建立完善的设备维护体制，从而保证机器不发生故障，或者说即便发生故障也能马上修好。不过在此之前，要先做到未雨绸缪，即制造或引进质量过硬的设备，并且事先调试好设备。”

“我老是听到一个词，叫‘短停’，有人说频发的短停好比机器的慢性病。”

“没错，不过现在很多人不用‘短停’这个词，而将这种现象改称为‘**频发短停止**’。至于当初为什么叫‘短停’，我也不清楚。可能是因为这种抽风式的故障让机器时好时坏，就像时钟秒针的短频跳动一样。后来有人提意见，说‘短停’一词容易让人麻痹大意，机器每天都要抽风几次，可一旦习惯了，就会安于现状，从而成为生产现场的‘慢性病’，所以这个词渐渐不用了。于是业内人士绞尽脑汁，想弄个合适的新词，最后采取了公开征集的方式，从几千个词中选中了‘频发停止’。如今，为了营造积极改善生产现场的风气，大家都尽量不说‘短停’了。语言总是在随着时代而变化，TPS用语亦不例外。而应对‘频发停止’则属于改善生产线的项目，也是整个TPS活动的重点之一。我们先来梳理一下与机器故障停转相关的用语。首先是‘**长停**’，顾名思义，是重大故障导致的长期停止，也叫‘大停止’。接下来是‘**故障**’，其定义为‘机器丧失应有功能或功能低下，修理时间超过5到10分钟’。也有人对此抱有异议，认为‘故障’就是‘长停’，但后者的停止时间更长，而且定义更笼统。最后就是‘频发停止’，其定义为‘由于突发原因导致机器在短时间内丧失应有功能，在2秒至5分钟时长的处理后恢复正常’。”

老师接着讲道：“越是小故障，越不容小视。有的机器由于一时的卡壳或报错而停止，小修一下又马上恢复正常；有的机器虽然有些小问题，但即便不处理也照样能够运转。从表面上看，这样的故障似乎‘问题不大’，只是稍稍延长了机器的周转时间（制造一件产品所需的平均时间）而已，但正所谓‘千里之堤溃于蚁穴’，麻痹大意是非常危险的。而有的故障是源于机器上的部件或材料不合格（存在质量问题），这属于品质管理的范畴。此外，为了提高机器的生产效率，还应努力缩短换模换线等作业所耗费的时间。总之，为了让机器能‘按需随时启动运转’，PM（设备维护）的作用不容忽视。”

8. 装配生产线（人工系统）的准备工作

武内君已经在生产现场工作了一年。

在调动前后，两个部门的部长都一起找他谈过，当时他们承诺，一旦正式投产，到了夏季，他就能回到研发部门。可计划赶不上变化，之后他没能回到原来的岗位。研发新产品的梦想也随之破灭，但正所谓“塞翁失马焉知非福”，他与丰田生产方式的邂逅，让他收获了求之不得的经验和发现。

按照上级领导的指示，这次他深入到了装配生产的第一线。这样一来，他既是“机器现场”的系长，也是“装配现场”的系长。“装配现场”又被称为“人时现场”或“人工现场”。换言之，其以作业人员为主体，开展产品的装配工作。

在武内登所著的《丰田细胞式生产》（JMAM 2006 P45）中，该生产线的作业形态属于细胞式生产中的“分割方式”。生产线中有多名作业人员，通过分割工序来分配生产任务。（参照图 5）

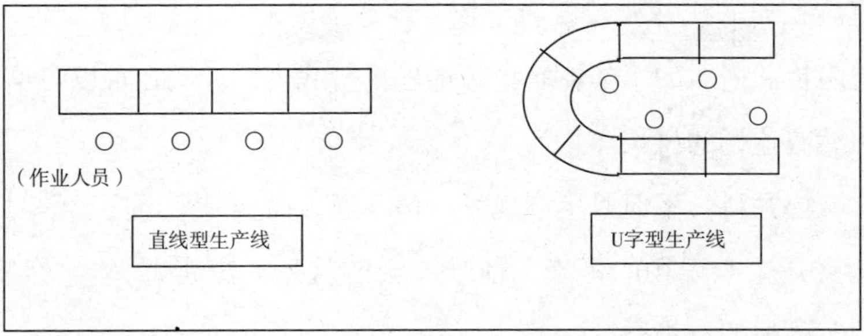

图 5 细胞式生产线的分割方式（分割工序）[出处：武内登著《丰田细胞式生产》（JMAM 2006 P45）]

准备工序有 1 条生产线，正式装配工序有 3 条生产线，作业者最多有 50 人左右。3 条装配生产线中，两条面向客户 A，一条面向客户 B，但无论外形还是品类，向二者交付的产品并没有很大区别。

后来，松井科长成了武内君的直属上司，之前他一直从事生产准备方面的工作，由于公司内部各种复杂的原因，他被提升为生产科的科长，但对实际生产并不熟悉。正因为如此，他整天窝在车间会议室里做着案头工作，还颇为自豪地说："写报告是我的强项。"总之，他完全不关心生产现场。

9. 抵抗势力、"反 TPS 派"？

任何新事物都会遭遇旧势力的阻碍，开展 TPS 时亦不例外。

如果说武内君上头的部长是不作为的消极抵抗势力，那么作为直属上司的松井科长就属于较为险恶的隐形抵抗势力了，他不但阻挠武内君的工作，还在暗地里排挤武内君。实在难以置信，居然有这样的科长。

松井科长不但对生产现场一窍不通，而且完全不愿意学习，这真是生产现场的不幸。他唯一会的就是大声责骂，“怎么搞的”是他的口头禅。

武内君毕竟只是区区一个系长，不管是他研发部的前上司，还是公司的高层，对他的烦恼都是不闻不问。虽说武内君也可以无视松井科长，但上头布置的任务必须完成，可一旦开展工作，科长便成了一堵墙，实在让人一筹莫展。自己又不能越级向部长或工厂主管反映情况。另一方面，公司又处在面临重大变革的关键时期，大家都在忙自己的工作，这让武内君更加感到孤立无援。

如果是公司高层自上而下大力推进的项目，那武内君等于是有了“圣旨”，开展工作自然顺畅很多，可现实并没有这么理想，所以他只能一步一个脚印地朝着目标迈进，首要任务是尽量争取更多的支持。目前，武内君这个生产现场的“新人”获得了两个人的理解，一个是与他共事的吉竹班长，另一个是隔壁科的科长，那名科长非常热心，经常向他提供协助。

与此同时，武内君也在循序渐进地学习丰田生产方式。

在丰田生产方式的专业术语中，有“反 TPS 派”这个词，一般不太被提到台面上来，属于隐藏词汇。一般来说，技术人员中反 TPS 派较多。

不过，有的人虽然会声称自己是反 TPS 派，但其勤于钻研、工作认真，这其实与丰田生产方式的核心精神不谋而合，这样的反 TPS 派属于“可爱型”的。因为他们愿意配合 TPS 的推进活动，也遵循丰田生产方式的行动理念。反之，真正的反 TPS 派就很棘手了，他们不但不配合，还会从中作梗。

不仅是丰田生产方式，在推行任何改革时，如何应对抵抗势力都是永久性的命题。

要想让改革推行下去，公司全体人员（至少是公司高层）的理解是必不可少的。即便上级大声疾呼，政策却无法落实到位的例子屡见不鲜，关键在于如何让领导的想法渗透到公司各个部门。

纵观改革成功的企业，从高层、中层相关负责人到基层员工，整个公司往往都有一种积极响应的氛围。换言之，良性的企业文化和领导的远见卓识缺一不可。

所以说，错误的改革是领导的问题，错误的理解是员工的问题。假如事不关己和一味旁观的人占多数，那么改革活动就会举步维艰。

现场主义 用自己的眼睛确认

“老师，人们常说生产制造型企业的关键在生产现场，可我认为自己并不十分了解生产现场，有时觉得心里没底。”

“这种情况并不少见，有的相关负责人在设计生产线时，认为只要画好图纸、交给下一个部门就大功告成；有的筹备小组也是如此，认为把硬件采购到位就行了。在我看来，这种做事态度就像排放污水一样，明明不该给交接人或后道工序添麻烦，却无视这样的工作原则，对于‘排放给下游的污水’采取无所谓的态度。另一方面，受影响的后道工序负责人往往也只会一味抱怨。之所以会出现这种‘互相扯皮’的情况，一方面是因为企业经营状况尚可，没到火烧眉毛的地步；另一方面则是因为当事者根本没有意识到这是一种浪费，这种情况被称为‘制度型浪费’。”

“说到‘制度（SHIKUMI）’这个词”，老师接着说道，“从事制造业的人经常使用，但许多人只是茫然地把它挂在嘴边，并未深究。翻开字典，可以查到它的原意——‘结构、构造’。”

“老师，我听过一个词叫‘**自工序完结**’，是指作业人员对自己的工作质量负责，对吧？”

“没错，尤其对生产制造型企业而言，从生产到出货，生产现场都是重中之重，因此了解生产现场的实际情况是极为关键的。只要认真观察现场，就能够发现各种问题。有个说法叫‘**现场实物**’，即要做到‘亲临现场，亲眼所见’。当向上级反映问题时，领导往往会问‘（你）是否亲眼所见’，有的领导很厉害，在问你这句话的时候，其实他已经掌握了现场的第一手资料。

'现场实物'可以说已经成了专有名词，在一些英语国家，有的业内人士直接使用它的日语发音'Genchi-Genbutsu'，至于其含义，欧洲人一般将它译为'Go and study，and see what a team can achieve'。"

"老师，我懂了。简单来说，可以将其理解为'去现场视察'，或者'GO SEE ACT'，对吧？我比较喜欢这三个英语单词的连用，发音简单明了。当然，我也知道，'现场实物'其实是很深奥的概念，但我姑且将其理解为'积极亲临一线，确定实际情况'，可以吗？"

"要注意，'现场实物'并非只是去现场看了就好，需要拥有能够透过现象发现问题本质的能力。如果不能锻炼出这种眼力，'现场实物'就只能浮于表面。当然，'**去现场**'是必不可少的第一步。"

10. 要把 KANBAN 当成日常管理中的例行程序

前面已经提到，KANBAN 是丰田生产方式中的重要工具。

不仅如此，通过使用 KANBAN，还能便于落实"后道工序拉动前道工序"的基本原则。当然，要想用好 KANBAN，相应的环境必不可少。假如环境不到位，即便导入 KANBAN，实际效果也无法尽如人意。

以武内君负责的装配生产线为例，其作业内容粗分为三步——采购部件、进行装配、成品出货。装配环节由生产科的装配生产线负责，出货环节由出货工务科负责。从客户那边返回的“领取 KANBAN”便是生产指示，必须按照 KANBAN 上的信息来装配和出货。

作为生产指示工具，KANBAN 用起来非常方便。如果整个生产流程十分顺畅，那么生产车间只要按照工务科发行的“领取 KANBAN”开展生产活动即可，甚至不需要进行思考。但在实际操作中，“领取 KANBAN”还需要替换成“生产指示 KANBAN”，因为生产科需要根据实际情况调整生产顺序和生产批量等。换言之，生产科在生产时，必须与工务科的领取时间同步，即 JIT；另一方面，工务科来领取时，则必须与货车的出车时间同步。装配汽车也好，生产相关的型材和部件也好，其基本原则是一致的。即按照后道工序的“客户”需求，开展生产活动。虽然其生产形式各不相同（有流水线生产和细胞式生产等），但“后道工序拉动前道工序”的基本原则是不变的，即按需生产。

再联系武内君负责的装配生产线，如果采用基于 KANBAN 信息的生产方式（也包括出货方式），则可以简单概括为如下几点：

该生产线每天的开工时间为 8 小时（单班白班制）；交货的频率为 2 小时 / 次，1 天 4 次；4 辆货车以 2 小时的间隔按时发车。

生产线 1 天大约能够装配完毕 800 个成品，每次发车的出货量大约为 200 个，且每辆货车之间几乎不存在运量差异。此外，产品的品类和数量也几乎是平均的。

具体如下：

第 1 次（10:00 出发）A 产品 100 个、B 产品 60 个、C 产品 40 个 合计 200 个
第 2 次（13:00 出发）A 产品 90 个、B 产品 60 个、C 产品 40 个 合计 190 个
第 3 次（15:00 出发）A 产品 100 个、B 产品 60 个、C 产品 50 个 合计 210 个
第 4 次（17:00 出发）A 产品 110 个、B 产品 50 个、C 产品 40 个 合计 200 个

上述产量和出货频率是基于客户情况而定的。换言之，客户作为上游企业，也在开展生产活动，而这样的产量和出货频率正好与客户的生产情况同步。

成品被放在周转箱内，1 个箱子里放 10 件成品，200 件成品就是 20 个周转箱。每个箱子上附有 1 张 KANBAN，20 个箱子就有 20 张 KANBAN。

向客户交货完毕（即成品被消费掉）后，空箱子是要收回来的，而箱子上的 KANBAN 也一并收回。这样一来，客户用掉多少成品，就有多少 KANBAN 回来。换言之，通过 KANBAN，便知道客户的“消费量”，于是就能知道要补充生产和交货的数量，这便是“后道工序拉动前道工序”。

KANBAN 中记载着各种信息。

前面已经讲过，基本信息有：

①产品编号、品名②容器形式③容器容量④放置场所（区域、街道）⑤后道工序生产线名称⑥前道工序生产线名称⑦发行张数与整理编号，等等。

应该将 KANBAN 视为货币。

因此，后道工序的“顾客”等于是拿着“钱”来领取前道工序的产品，有些人称其为“拿 KANBAN 来买”。而 KANBAN 上注明的“产品编号、品名”则决定了“买什么”，KANBAN 的张数则决定了“购买量”。

为了配合 10 :00 的第一次出货,A 产品的 KANBAN 为 10 张，B 产品的 KANBAN 为 6 张,C 产品的 KANBAN 为 4 张，共计 20 张。它们以生产指示 KANBAN 的形式决定了产量，即以“后道工序拉动前道工序”的方式进行生产，1 天 4 次。

倘若一切运转正常，那么 KANBAN 确实是非常便利的工具。只要按照 KANBAN 的指示生产、出货即可，几乎不用动脑子。

在这种情况下，富余的人手便可从事其他的改善活动，协助搭建更为“坚强”的生产线。可见，KANBAN 并非 TPS 的终极目的，而是一种工具，一种实现可视化管理的工具，一种能让浪费问题暴露出来的工具。

武内君正在净室入口处的办公室里伏案工作，吉竹班长突然跑了进来。

“系长，不好了。KANBAN 要掉了。”

KANBAN 要掉了，在其他公司是听不到这样的说法的，这属于东方汽车部件生产公司内部专用的“方言”。其含义是“无法按期交付 KANBAN 指示生产的产品”。

前面说过，KANBAN 好比是金钱，自然应该珍惜。倘若把钱弄掉了，那可不得了。作为现场管理人员，这是武内君最害怕发生的状况之一。由于货品滞留而导致客户工厂的生产线停止，这简直是不敢想象的事。

“因为咱们用于生产的零部件迟迟没送来。”吉竹班长说明了原因。

果不其然，又是那家经常出岔子的供应商没能按时交付零部件。

东方汽车部件生产公司与供应商之间也是通过 KANBAN 方式下单的，只要在订货系统中进行操作，便能发行 KANBAN。

对于用 KANBAN 下单的方式，不少人将其误解为“大客户为难承包商的手段”，但其实并非如此。KANBAN 的初衷是带来方便、实现双赢。但在现实情况中，由于一些大型车企和二级制造供应商之间夹着像东方汽车部件生产公司这样的一级制造供应商，导致 KANBAN 横跨多个企业，一旦某个环节出现问题，就会非常麻烦，于是产生了上述误解。究其原因，KANBAN 数量的大幅变动往往容易导致问题，这种问题被称为

“长鞭效应”[1]，越是靠前的工序，其所受的影响就越大。所以说，倘若产量不均衡，那么供应商便会受到巨大影响。

这种现象就像挥动长鞭，鞭子前端的振动幅度要比根部大得多。后道工序发行的KANBAN数量一旦发生巨大变动，前道工序的生产难度就会随之增加。因此，在向供应商发行KANBAN时，最好让KANBAN数量保持在一个较为稳定的范围内。

武内君和吉竹班长决定再次确认零部件库存及成品生产状况。此时加班时间已经结束，工人们都去休息了，而他们俩则依然在检查生产现场的零部件。

两个人在埋头作业，谁都没察觉松井科长走了进来，他很少来生产现场。

他突然在两人的背后大声吼道：“你们在搞什么东西？！”

武内君和吉竹班长都知道松井科长是什么人，即便向他反映问题，得到的回应也只有质问和责骂。既然如此，还不如先调查好实际情况再报告给他。可他居然因为无法向部长提交文件而大发雷霆，明明不是什么急着要的文件，他却责怪道：“部长都下班回家了，你们却还没把文件弄好！”吉竹班长则淡淡地回应道：“正在弄。”

① “长鞭效应”是一种由于需求信息扭曲而在供应链中传递的现象。当供应链上的各节点企业只根据来自其相邻的下级企业的需求信息进行生产或供应时，需求信息的不真实性会沿着供应链逆流而上，产生逐级放大的效果。——译者注

这是武内君第三次突然被松井科长吼，虽说之前已经体验过，但这种猝不及防的刺激实在太大，半个小时后，他那加速的心跳依然没有慢下来。

后来，在吉竹班长的努力下，总算按照 KANBAN 指示按时交了货，但亟待改善的问题点依然存在。

比如，生产线一侧（生产线旁边之意）的零部件放置处就存在问题——库存数量不合理。究其原因，是因为该零部件供应商的厂址较远。一般来说，下单时的 KANBAN 发行数量应该与实际需求一致，但考虑到距离和物流因素，就会出现上述问题。因此需要“特事特办”，对其酌情增加 KANBAN 的发行数量，便可维持合理的库存。

可见，需要与零部件供应商共同决定 KANBAN 的发行条件，不但需要将供应商的生产能力和运送条件考虑在内，有时还需要对具体情况进行交涉。

总之，如果把 KANBAN 用对用好，不但能使日常的例行程序（包括每天的工作和活动）变得有序和轻松，还能发现之前隐藏的浪费问题，从而搭建“坚强”的生产线。

所以说，KANBAN 是改善活动的工具，是实现可视化管理的工具。因此，在开展改善活动时，设定 KANBAN 是重要任务之一。作为相关负责人，应该正确理解 KANBAN 的规则和作用，并将其灵活运用于实际的改善活动。

但并不是说只要导入 KANBAN 就一劳永逸了，有的企业没有发挥 KANBAN 应有的作用，使其矮化为单纯的“货签”。所以说，关键在于是否让 KANBAN 发挥“后道工序拉动前道工序”的作用。前面也提到过，如今 KANBAN 的形态也在改变，以前都是用需要实际传递的纸质 KANBAN，而现在有了通过网络传递信息的电子 KANBAN。但正所谓“万变不离其宗”，其内容是相同的。

今后，KANBAN 的介质势必会不断进化，而具体操作方式也会更加丰富多彩。

但纸质 KANBAN 的基本主旨（制造业的立命之本）则会历久弥新，绝不会随着时代的发展而落伍。

可见，并不是单纯地导入 KANBAN 就大功告成了，而应该立足于丰田生产方式的基本思想，深入研究将其融入实际生产现场的具体方法。这才是原本应该予以重视的要点。

随便提一下海外较为流行的精益生产方式（LEAN），其源于丰田生产方式，我也实际接触过精益生产方式，并参与过业内的相关讨论。我发现，不少企业和专家太过执着于方法论了。

以美国的工厂为例，不少负责人在开始推行丰田生产方式时，总是把“追赶日本”视为首要目标。在他们看来，不管三七二十一，只要先在生产现场推行日本工厂那一套就行了，于是执着于效仿形式，侧重于学习手段。可以说，直到最近几年，欧美制造业才逐渐开始认识到丰田生产方式的本质。

现场主义 站立观察的精神

"老师您也说了，贯彻'现场实物'需要相应的能力，对吧？"在实际工作中，武内君体会到了什么叫无力感。

"没错，也就是透过现象看本质的能力。"老师答道。

"那要如何培养这种能力呢？"

"先别急，让我给你讲个大野耐一先生的故事。他当年在传授丰田生产方式时，据说曾经在地上画了个圈，然后命令工厂负责人站在里面不准动。有的人不理解他的做法，觉得他过于简单粗暴。但他作为丰田生产方式的始祖泰斗，自然会考虑工作的轻重缓急。正是由于工厂负责人过于繁忙，他才想出了这个办法，为的是让负责人能够专注于生产现场，暂时排除其他杂念。大野耐一先生可谓用心良苦，而我们也能从这个故事中体会到'观察现场'的重要性。"

"说到'简单粗暴'，"老师接着讲道，"我认识一个人，曾受到过大野先生手把手的教导。那人对我提过一件事，让我颇为感慨。当时其所在车间的一台成型机存在问题，机器无法发挥应有的生产能力，但现场负责人却置之不理。你猜大野先生如何应对？他居然拿绳子在机器周围绕了一圈，禁止任何人使用它。这就是我们现在常说的'停产精简'，为的是让机器发挥应有的能力。可对于不理解的人而言，这简直是灾难。那人对我说，当时车间里的人都一筹莫展，因为那台机器如果不开工，就没法向客户交货了。于是工人们想了个歪点子——等大野先生晚上下班回去后，便解开绳子，偷偷地生产。”

“大野先生是什么人，当然知道工人们的把戏，”老师继续说，“但他并没有捅破这层窗户纸，因为他的目的是让作业人员努力解决问题。可见，所谓的‘简单粗暴’只是表象，其本质是激励大家积极开展改善活动。对于上述这种机器的‘慢性病’，人们往往会不闻不问，这源于人的惰性。”

老师一边回味着这个自己年轻时听来的故事，一边感慨道：“那人也是技术人员出身，后来当上了工厂主管，退休后成了一名 TPS 的专业顾问。他说后悔自己当年没能再多学点 TPS，可我当时完全不懂他的意思。”

老师望着远方，回忆起曾经的岁月，接着道：“指导丰田生产方式的老一批专家们都有点‘讨人嫌’，因为不少人都觉得他们‘简单粗暴’。但我的一位前辈曾经说过，在那个时代，那样的‘简单粗暴’是需要的，因为当时绝大部分企业都处于学习丰田生产方式的初级阶段，几乎没人知道何为‘理想形态’，只好摸着石头过河。为此，除了自身不断实践外，就只能督促现场人员不断实践。不过话说回来，时代在发展，如今就不太需要采用那种较为原始的指导方式了。丰田生产方式在制造领域已经广为人知，因此需要指导者认真且有条理的讲解。我有时在一些工厂里还会看到‘简单粗暴’的指导者，他们的言语和动作都很激烈，喜欢大吼‘这就是丰田生产方式’。在我看来，这样的做法已经跟不上时代。更要命的是，他们并没有学到前人的精髓，只是浮于表面地模仿而已。要知道，不管TPS在业内的口碑有多好，倘若指导者无法讲清理论，现场人员是难以信服的，海外工厂尤其如此。这也从另一个侧面解释了为何欧美企业总是侧重于学习丰田生产方式的形式和手段。”

“好了，让我们讲回到‘在地上画个圈’，这叫‘站立观察’。对专门从事改善活动的业内人士而言，**‘站立观察’**已经延伸为一个专业术语。在我看来，它是‘现场实物’思想的鼻祖。如果查看TPS改善技术评价表，往往能够发现一个名为‘站立观察’的项目。我第一次在一堆技术项目中看到它时，也有点摸不着头脑。”

“不用担心，我会把它讲透的，”老师娓娓道来，“‘站立观察’的定义和目的是‘降低设备故障和短时间停止的概率，负责人站在可以清楚观察生产线的地方，以‘现场实物’的方式发现本质问题，从而落实到改善活动中’。‘站立观察’的对象是人、物、设备和品质。对于实践‘站立观察’者，有3点要求——①要有耐心和毅力，不发现本质问题不罢休；②要有始有终，从工人开工观察到工人下班；③要将观察成果落实到改善活动中（付诸行动）。”

“说到观察这个词，”老师接着讲道，“可以体现出丰田生产方式对用字的讲究。在日语中，**‘看’**这个动作叫**‘miru’**，但不同的‘看’，可以使用不同的汉字。比如，纯粹欣赏旅途景色，可以写成‘眺’；去工厂参观学习，可以写成‘见’；对植物等进行定性定量的观察，可以写成‘观’；护士照看和护理病人，可以写成‘看’，而发音则都是‘miru’。而‘站立观察’这个行为则应该用‘看’这个汉字，像护士关心病人那样去关心生产线，这是‘站立观察’的关键所在。作为改善活动的负责人，在站立观察时，应该在心中反复问自己‘为什么’，这个‘为什么’要重复5次。通过这样的自我激励，发现本质问题，并从根源上予以解决。”

探究原因“可视化管理”与“5遍自问”

“TPS中似乎有不少‘文字游戏’，对初学者而言，一大堆术语实在非常难懂。”武内君吐露了自己的疑惑。

“你说得没错，尤其在海外推广TPS时，翻译就成了一个大问题。像上面讲到的‘看’，要想让不懂汉字的欧美人明白个中差别，可不是一件容易的事。为此，指导者往往暂且把术语放一边，而先明确阐释基本概念。有时还需要讲解日语的构词法和写法——比如日语单词既有用汉字书写的，也有用平假名和片假名书写的等等。有时还会直接音译日文词，所以不少世界通用的TPS专业术语都是日文词。”老师一边讲述自己在海外从事TPS指导工作的经历，一边着重讲解“可视化管理”。

对于“可视化管理”，老师讲道：“记得我第一次拜读大野耐一先生的《丰田生产方式》时，非常害怕其中出现的专业术语，每个词似乎都认识，可就是无法记到脑子里去。究其原因，是因为丰田生产方式赋予了这些词丰富的内涵和外延。有的词包含了技术性的内容，有的词在 TPS 的语境中拥有特殊含义。哪怕过去了 30 年，每次接触这些词，我还是会有新的感受和发现。总之，大野先生的这本书贯彻了以人为本的精神，哪怕一开始搞不太懂，也要坚持看完。”

“接下来讲一讲‘可视化管理’，”老师接着说道，“类似的业内说法还有‘可视化’‘可见化’等等。对于**可视化管理**，大野先生曾阐释道（出自其所著《丰田生产方式》（DIAMOND 出版社 1978 年 P217）‘一旦发生异常，根据自働化（后面会讲到）机制，生产线或机器便会自动停止。该思维方式的基础是明确当前状态（何为正常、何为异常）。从品质层面讲，就是让残次问题暴露出来；从产量层面讲，就是让计划按时推进。对于这一切，都要做到一目了然。该要求不仅限于机器和生产线，还包括放置物品的方法、作业人员拿取的数量、KANBAN 的交接方式、作业人员的操作方式等等，可谓涉及生产的方方面面。对于引入丰田生产方式的生产现场，必须贯彻可视化管理’。近几年来，一些专家倡导基于丰田生产方式的可视化管理。在我看来，他们的论述存在问题。我已讲过，可视化管理的基本思想是‘明确何为正常、何为异常’，但在他们所描述的一些事例中，我却看不到本应贯彻其中的基本思想。之所以要采取可视化管理，其目的是便于发现问题，从而改善作业人员的劳动环境。一旦异常变得显而易见，就能及时纠正。反之，如果忽视了这样的基本思想，就会沦为‘为了可视化而可视化’、‘为了管理而管理’的形式主义，只是做个样子给领导看看而已。明明花费了大量时间和精力，却与改善劳动环境的主旨渐行渐远，可谓本末倒置。”

老师继续讲道：“一旦生产现场实现可视化管理，结果会怎样呢？不必说，异常问题会难以遁形，这样一来，站立观察也会变得相对轻松。二者可谓相辅相成。对于‘站立观察’，大野先生还提出了‘5W1H’的基本要求。所谓5W，是指反复自问5遍‘为什么（Why）’，在确定原因后，接着思考‘怎么做（How）’。此外，他还提出了‘真因’的概念，即‘真正的原因’。他认为，‘真因’往往隐藏在表层原因的背后。如果不能通过反复自问来找到‘真因’，便无法制定有效对策，更谈不上付诸行动。可见，只要在现场贯彻观察精神，便能体会到TPS的博大精深。正因为如此，我希望你今后能坚持‘站立观察’，在TPS的改善活动中有所建树，并成为熟悉生产现场的指导者。”

老师的这番教导让武内君受益匪浅，他决定将自身的经验与老师的话相结合，从而更好地理解其本质，并在今后愈发努力地亲身实践。

现场实物 专注第一线之卷

11. 通过“站立观察”来专注于生产第一线 不搞形式主义

武内君负责两条生产线，一条是加工零部件的“机器现场”，一条是组装成品的“装配现场”。在东方汽车部件生产公司的系长中，这种情况并不常见。

为了配合作业人员的出勤状况和产量计划，武内君必须做好统筹安排，这实在非常不易。他经常深入第一线，就像一名普通的作业人员那样，操作机器，加紧生产，有时一干就是半天。由于人手总是不够用，因此他只能不停周转两条生产线的作业人数。

松井科长十分刻薄，非但不予协助，还在暗地里使坏。日本企业里居然有这样的人，听起来有点不可思议，但事实就是如此。据打听，他在其他车间和部门的口碑也很差。

前面提到过，武内君负责的“机器现场”是一个净室，四周是透明的玻璃墙，里面有十几名作业人员，而机器现场的对面便是装配现场。只要一有时间，武内君便会站在两个现场中间，对二者进行“站立观察”。那个位置得天独厚，既能看到装配工人的一举一动，也能看到机器现场的运转状况。

此时的武内君哪里能想到，当他后来又被调至其他部门时，对生产现场和站立观察已经产生了浓厚的感情，甚至有感而发道：“那个直径 1 米的圈，渗透着我的泪水和汗水。”

通过“站立观察”，他不但了解了每名作业人员的工作表现，还发现了许多亟待改善的问题点，从而促使他不断思考。

首先，他发现生产准备阶段的工序设置存在问题，这是东方汽车部件生产公司的通病和弱项。设置工序的人并不关心生产现场，只会一味要求作业人员执行命令。即便是曾经在研发部门待过的武内君，对方也是爱理不理，对其提出的意见并未及时回复。这是东方汽车部件生产公司的体制问题——除非发生影响产品质量的严重问题，否则没人会来小修小补。这让武内君深切感受到未雨绸缪的必要性——**在计划阶段就应该实施 TPS 活动**。

鉴于现实情况，生产部门直接修正问题也好，自己以系长的身份向高层提议也好，几乎都是行不通的。只有从整个企业的体制结构入手，才能解决问题。武内君在心中默默立誓，把“修正体制”作为自己将来的使命。

另一方面，武内君一直是个有心人，他以“新产品投产准备阶段的体制问题”为题，不断记述和整理自己的发现和感受。从研发到量产，他一直没有停笔过。

前面讲过，负责技术开发的专务曾对他承诺道：“你暂时调到生产现场，半年后就能回到原部门。”这也是他整理上述资料的动机——一来可以为将来的研发工作提供参考，二来可以作为提交给专务的工作报告。

在企业中，部门之间的配合往往存在问题。纵观公司的整体流程，会发现各部门自身的运作或许是非常合理的，但整体的运作却并不那么合理。换言之，各部门之间的工作交接存在不少问题，也就是接触面（interface）的问题。在工作流程图或组织图中，各部门之间的交接部分可以用类似“O-O-O”的节点（node）图形来表示。不仅节点需要提升效率，改革业务流程也非常重要（这点在后面会详细阐述）。

即便在生产现场，这种“自扫门前雪”的现象也并不少见。在推进丰田生产方式时，只对自己所负责的部门或工序开展改善活动，对相关部门和相互衔接的工序则不予关心。要想破解这种局面，一是要配置统领全局的负责人，使其能够把握整体、发现问题、指出不足；二是要培养各部门负责人的大局意识，使其能够拓展思维、开阔眼界、协同合作。

说回武内君的“站立观察”，遗憾的是，在观察作业人员的动作时，一些杂念总是在他脑中挥之不去。

自不必说，杂念的根源是他的顶头上司——松井科长。身为负责生产的科长，却对生产现场毫不关心，生产顺利也好，不顺利也罢，似乎与他没有任何关系。这种人凭什么升为科长，又凭什么管理生产现场，这种牵扯公司用人体制的问题姑且不论，但他在实际工作中的作风实在让人难以接受——脱离生产现场，一年三百六十五天，每天就知道写管理报告，有时甚至妨碍部下开展正常工作。在这种情况下，生产现场却没有发生重大问题和事故，这让武内君感到疑惑不解。

虽说日本生产制造型企业的资料负担在不断增加，管理人员需要向上级提交的资料文件也越来越多，但松井科长只是把各生产线的管理资料收集起来，然后选择、复制加粘贴而已，每天都轻松无比。

有一天，武内君突然茅塞顿开，明白了为什么像松井科长这样的管理者会有生存的土壤，答案便是KANBAN。说得偏激一点，正是KANBAN生产方式的便利性，使松井科长变成了可有可无的存在。

纵观东方汽车部件生产公司的所有产品，几乎都基于KANBAN方式生产。KANBAN上写明了诸如月度计划产量、内部指示等基本信息，使工务和生产部门都能做到心中有数。不仅如此，参照从客户那边返回的“领取KANBAN”数量，便能决定每日产量。而且这些信息还实现了均衡化。

具体来说，这种情况下的均衡化，其实是指产品的“量”和“种类”趋于平均。在刚投产时，产品的“量”和“种类”

往往较为零散和不均，而一旦稳定后，便不太会出现太大的变动。

有的客户不采用 KANBAN 方式，但工务部会把每天的出货量以 KANBAN 方式换算，然后向生产部门发行相应数量的 KANBAN。这类客户的订单量往往变动很大，有时需求很少，有时需求又高达平日的 3 倍。这就需要工务部下功夫了，比如设置出货前仓库，在实施缓冲调整的基础上，每天向生产部门发行数量均衡的 KANBAN。

把 KANBAN 作为媒介和手段，使生产和出货流程保持顺畅。一旦建立了这样的机制，日常的生产活动变成了例行程序。

这样一来，只要有负责第一线生产的班长即可，除非碰上需要处理的异常情况，否则连系长都不需要了。同理，不采用 KANBAN 的企业亦是如此，一旦流程稳定，管理者就变得可有可无。

可以说，KANBAN 方式降低了生产管理的难度，即便管理者不在，生产活动也能照常进行。

可一旦生产线出现"KANBAN 掉落"之类的异常情况，就会导致货品滞留，最终迫使客户工厂的生产线停工。这是最为糟糕的结果，必须全力杜绝。

而对武内君而言，这便是心头最大的疑虑。为了避免这种情况的发生，他绞尽脑汁，采取各种方法进行应对。万一真出事，那可不得了。在"机器现场"开展试生产时，就出现过类似的问题，当时搞得鸡飞狗跳，只能靠自己和班长来处理。

而他同时负责的“装配现场”也不轻松，其组装的成品主要用在注重质感的豪华车型上，并将从根本上改变客户的造车工艺。对客户而言，可谓命运攸关。

鉴于此，武内君要做的工作实在太多，而松井科长原本应该有个领导的样子，在各方面指挥和协助他。可现实中的松井科长就知道整天窝在办公桌旁边写报告。不但脱离生产现场，还经常说一些脱离实际的话，简直就是一个活在自己世界里的人。

有一天，吉竹班长终于忍不住爆发了。

月度报表是张贴在生产线旁边的，里面记录着每日生产状况和残次品状况，可谓反映生产现场实际情况的第一手资料。让人难以置信的是，松井科长竟然命令吉竹班长修改月度报表上的数据。

数据即事实。松井科长每次写报告时，都是以该月度报表的数据为准的。可只是因为这次的数据“不太漂亮”，他就越过武内君，直接叫吉竹班长改数据。他的目的显而易见——为了向上级汇报时能完美交差。汇报分月度汇报和周度汇报，以会议的方式进行。他的如意算盘打得非常大胆——虽说生产数据是连续的，但领导根本不可能记得之前汇报的数据，即便篡改也不会被察觉。

对此，吉竹班长坚决反对——如果连月度报表都能随意篡改，那么生产管理的意义何在？换成其他人，可能会就此作罢。但武内君心里清楚，松井科长这种百年一遇的“奇葩”肯定会不达目的誓不罢休。而这样一来，麻烦就大了。

果不其然，过了几天，吉竹班长不来上班了。

一天，在召开晨会之前，武内君接到了他打来的电话。“今天我想请假。”吉竹班长说。

武内君有些愕然，作为系长，他一直倡导作业人员积极使用带薪休假，但为了不影响生产计划，应该尽量提前提出申请，经批准后再休假。班长也应该如此要求班员。可吉竹班长这次居然突然请假，实在有点反常。要知道，他们已经共事了两年。其间，吉竹班长连一次病假都没请过。面对这从未出现的情况，武内君的心里七上八下。

“武内系长，”晨会结束后，助理班长凑了过来，“其实……昨天下午，松井科长叫吉竹班长过去。傍晚，班长他回来时，说打算辞职不干了。”

武内君昨天下午因公外出，所以不知情。

于是他立刻打电话到吉竹班长家里。

“听我说，今天你休息一天算了，但明天必须来上班。”

原来，在看了反映生产状况的A3纸月度报表后，松井科长大为不满，便把吉竹班长叫到办公室，足足训了一下午。据说松井科长一直在吼：“这些数字是怎么回事？！”“你说怎么办？！”……作为一科之长，本应向上汇报真实的生产状况，并对班长的职责和权限予以尊重，可他呢？居然把当月的月度报表当着吉竹班长的面撕个粉碎，并扔进了垃圾桶。

武内君听闻事情原委后，也是大为吃惊。他径直跑到科长的办公室，在桌旁垃圾桶里找到了碎纸片。他把它们拣了出来，并用胶带纸粘好。

事已至此，武内君只能越级反映问题了。他拿着粘好的报表，去找部长商量。讽刺的是，之前没有科长时，他需要定期去向部长汇报情况，而自从松井科长上任后，他已经好久没去找过部长了。结果部长站在科长一边，说科长不可能撕掉报表。在与部长交谈的过程中，武内君得知自己被摆了一道——明明按照部长的要求写好了报告，却卡在了松井科长手里，而部长则以为是武内君迟迟没完成任务。

不仅如此，部长还说吉竹班长之所以想辞职，是因为武内君的管理失误。当听到这句话时，武内君简直不敢相信自己的耳朵。几天后，松井科长又向人事部告状，无中生有地中伤武内君。当然，要不是有人善意“报信”，武内君根本无从知晓。松井科长表面上对武内君一团和气，但其实视他为眼中钉，一直暗中使坏。

俗话说“一粒老鼠屎，坏了一锅汤”，松井科长管辖的其他下属部门也发生了类似的事情——一名班长拥有在美国分厂参与投产指导的项目经验，原本被公司寄予厚望，却突然辞职不干了。相比之下，武内君还算幸运的，因为吉竹班长最终回心转意，答应继续工作。武内君被调走后，他继任为系长。

这件事让武内君认识到了现实的残酷，作为生产现场的管理者，原本应该以人为本，以改善作业人员的劳动环境为己任，可像松井科长这样的人，其所作所为完全与之背道而驰。每当想起这些，他便久久不能释怀。

"浪费"两个字该如何写？

TPS 的专业术语非常讲究，这些术语是 TPS 思维方式的集中体现。

TPS 中最忌讳的是"一叶障目"，即把某个方法论视为 TPS 的全部。不仅是个人，有的相关书籍都存在类似的谬误。以"杜绝浪费"为例，在 TPS 中，它的确是改善活动的重要组成部分，但绝非 TPS 的全部内涵。假如认识有误，便会产生问题。

说到"浪费"，在 TPS 的专业术语中，这两个字的日文该如何写呢？是用平假名、片假名，抑或用汉字呢？

在 TPS 中，对于假名和汉字，其实有一套不成文的选用规则。

平假名往往指无形之物，或者说软件层次的概念；

片假名往往指有形之物，或者说硬件层次的概念。

比如，KANBAN 用平假名（かんばん）书写，而不用片假名（カンバン）或汉字（看板）书写；ANDON 用片假名（アンドン）书写，而不用平假名（あんどん）书写。一旦书写不规范，

会让人觉得很别扭。在一些业内人士眼里，这不仅仅是规范不规范的问题，更是一种原则性错误。

可一旦要把这些术语翻译成外语，新的问题就来了。在中国的一些新工厂里，かんばん已经被统一翻译为 KANBAN；可在不少老工厂里，由于领导没有相应转变意识，用的依旧是汉字“看板”。

倘若能够理解相关概念的本质，那么不纠结译名也没关系，但从另一方面来说，连 TPS 中约定俗成的术语都无法规范使用，即便理解，也是不充分的。

说到 ANDON，它是生产现场的一种告知装置，用于显示生产线的状态。ANDON 分不同种类，而其显示规则通常为“绿色正常，黄色延迟，红色停止”。这好比是工厂的“内部语言”，外部人员有时会看不懂。

ANDON 本身是一种硬件类装置。在欧美工厂里，有的作业人员会把 ANDON 念成 ENDON，要是碰上英语听力差一点的日本指导者，可能一下子还反应不过来，但这倒并不重要，关键在于理解 ANDON 的硬件属性——它是一种显示装置，按照约定俗成的规则来呈现生产线的状态。

之前讲过，所谓 KANBAN，通常是一张放在方形拉锁塑料袋（尺寸约为 20cm × 10cm）中的纸质标签（大小与纸币相当）。有的企业直接使用打印好的纸质标签，有的还会在标签上覆膜。

总之，这样的 KANBAN 是为了实现可视化管理的工具，其中记载着作业方式等信息，与其原意（店铺的招牌）已经大相径庭。

要注意的是，“软件”和“硬件”之间的界限并非泾渭分明，有时存在重叠的情况。

再拿前面提到过的“SHIKUMI（制度）”这个词为例。作为一个 TPS 术语，它很少被写成汉字或片假名，但它也并非单纯的软件概念，而是一种综合性的方法论。简单来说，它的大方向是软件属性，而当落实到具体的工序或作业中时，可能就会附带硬件属性。在实际生产活动中，相关负责人往往使用诸如“某某方面的 SHIKUMI”之类的表述方式，可见其属性的特殊。

再说回“浪费”，在 TPS 中，生产现场的浪费被分为 7 大类，皆写成片假名。它们是：

①生产过多的浪费②等待的浪费③搬运的浪费④加工本身的浪费⑤库存的浪费⑥动作的浪费⑦残次品造成的浪费。

另一方面，也存在将“浪费”写成平假名的情况。顾名思义，这时是指软件层面的浪费。难点在于，上述 7 类浪费也包含了软件属性。倘若要在实际运用中滴水不漏地区分写法，实在过于复杂。

所以关于“究竟是用平假名还是用片假名”这个问题，有时并非黑白分明，而是模棱两可，但这并不是说大家都可以稀里糊涂了事，在学习和实践 TPS 的过程中，还是应该积极思考、努力区分。

首先至少要搞清 KANBAN 是软件层次的概念，ANDON 是硬件层次的概念。前者用平假名书写，后者用片假名书写。由此培养区分软硬件的思维能力，并在实践中不断深入和提高。

12. KANBAN 简化了生产管理?！何为管理人员的职责?

又是一个平凡的工作日，武内君像往常一样，在站立观察。

他将自己的活动范围限定在一个无形的圈子里，圈子的直径大约为 1 米，可他却心不在焉，心中的烦恼挥之不去。至于烦恼的根源，自然是松井科长。“我怎么会摊上如此官僚主义的科长？自己明明打算深入生产现场、改善劳动环境，可在他的阻挠之下，一切只能沦为空想。”武内君愤然自语道。

说实话，每家公司都存在和松井科长类似的管理人员，只是程度有所不同而已。那么问题来了，这类人赖以生存的土壤是什么呢？

直言不讳地讲，KANBAN 其实是造成这种情况的原因之一。凡事皆有两面，KANBAN 也并非只会带来益处的“十全大补药”，它也使一些管理人员人浮于事，即便脑满肠肥、无所作为，生产线还是能够依靠 KANBAN 方式顺利运转。当然，并非仅仅 KANBAN 会导致这种情况，一旦企业能够在一定水准上维持稳定的生产系统，就会出现类似的情况。

前面已经提到，在东方汽车部件生产公司中，KANBAN 生产方式已经扎根，成为整个公司的常识。换言之，这里已经是“KANBAN 的天下”。按照丰田生产方式的评级原则，属于 C 级到 D 级的范畴。关于评级原则，后面会详细讲解。

为了让大家便于理解，我在这里姑且“曲线救国”地引用较为常见的一种观点——KANBAN 仅仅是丰田生产方式的一部分而已。在我看来，这种说法有矮化 KANBAN 的嫌疑，但让我们先求同存异。

此外，有的企业只把 KANBAN 当成货签用，这就不能称其为“KANBAN 的天下”了，按照丰田生产方式的评级原则，连 B 级水准都没有。

而在东方汽车部件生产公司，KANBAN 是生产管理的工具，一切生产活动都围绕着它进行。即便需要设置新的生产线时，KANBAN 也能降低作业难度。当然，前提是公司各部门对 KANBAN 的一条龙管理——从运用到发行，每个环节都兼顾到位。

每天都按照 KANBAN 的指示信息进行生产和出货，只要作业人员遵循规则和流程，就能保证生产线的顺利运转，这便是所谓的例行程序。

反之，倘若由于无法按时交货而导致客户工厂的生产线停工，便是犯了大忌。

鉴于这样的原则，生产部门便形成了一种“按时交货”的意识——绝对不能让 KANBAN“掉落”。换言之，只要

KANBAN 流通顺畅，便万事大吉。当然，这一切都是在保证产品质量的前提下。

但另一方面，这种意识也导致了“顾此失彼”的谬误。一旦确认生产目标，首先考虑的就是“不能让 KANBAN 掉落”，于是往往投入过多的人员或人时，从而导致成本提升。对客户而言，企业不计成本地保障按时交货是好事，但对企业来说，其实成本也是亟待改善的项目之一，倘若只执着于按时交货，其他方面就可能原地踏步。

前面讲过，KANBAN 的确是个好用的工具，一旦其在企业内扎根，作业人员只要按照例行程序办事即可。这样一来，每条生产线似乎只要有班长在就行了。至于科长嘛，不去生产线视察也没关系，整天伏案写报告也没关系。这是 KANBAN 的优势所在。

但其实并非如此，即便在“KANBAN 的天下”里，科长也有许多工作要做。那么问题来了，先不谈一般的日常管理工作，在“KANBAN 的天下”里，作为一名管理人员，又有哪些应尽的特殊职责呢？

我们已经知道，KANBAN 是可视化管理中最为重要的工具。只要 KANBAN 的流通没有异常，那么生产活动就能顺利进行。

为此，需要具备以下前提条件：

KANBAN 设定正确；

把不流通的 KANBAN 放入“KANBAN 保险柜”中保管；

物品必须附带 KANBAN；

使用和处理 KANBAN 时，必须遵守相关规则；等等。

此外，还必须遵循 PDCA 管理循环[①]，即 PLAN－DO－CHECK－ACT。要以 PDCA 管理循环的方式每天对生产现场的 KANBAN 进行检查，一旦发现问题，则应立即整改。

这便是“KANBAN 天下”中应有的可视化管理方式，也是管理人员应尽的职责。

人们经常说，KANBAN 是改善活动中的重要工具。

换言之，改善劳动环境是 KANBAN 的重要作用之一。之所以采用 KANBAN，并非只为了做做样子，而是为了营造更为优良的工作环境。倘若没有树立这样的意识，那么即便导入 KANBAN，也只是浮于表面的空中楼阁，势必会无果而终。即便是像东方汽车部件生产公司这种已成为“KANBAN 天下”的企业，距离“让 KANBAN 深入企业骨髓”，依然有一段很长的路要走。

但现实是残酷的，不少管理人员对于 TPS 和 KANBAN 的认识都存在误区，有的只知道强调“库存过多”，但却不知该如何着手解决。

另一方面，下面的实际执行人员也往往会安于现状，强调

---

① PDCA 管理循环是管理学中的一个通用模型，由休哈特于 1930 年发明，后来被美国质量管理专家戴明博士在 1950 年发扬光大，并广泛运用于质量领域，故又被称为质量环或戴明循环。它是全面质量管理应遵循的科学程序。——译者注

各种局限性，安慰自己“只能这样，别无他法”，从根本上放弃了采取有效对策的可能性。KANBAN 运用也好，改善活动也罢，倘若缺乏积极性，库存便永远不会减少。这个道理同样适用于不采用 KANBAN 方式的企业。

纵观近年来的生产制造型企业，其整体管理水平在不断提高，公司高层希望掌握更多的现场资料和数据，这也导致生产现场管理人员的工作量不断增加。这属于公司体制的问题，管理人员的确不容易。

但话说回来，假如管理人员只会收集数据和汇报情况，那么生产现场是无法获得改善的。前面讲过，在“KANBAN 天下”的企业里，像松井科长之类的“奇葩”管理人员照样能够生存，这是 KANBAN 带来的负面影响。但对下属而言，这样的上司真是令人头痛。因为这种人不会做出任何具有建设性的决策，只会一味要求下属执行命令，而一旦出现问题，则只会一味地责问和怒骂。

几年之后，当武内君回忆起这段往事时，有了较为深刻的反省——“公司当时已经用了许多年的 KANBAN，一切生产活动也算是流畅和顺利，但也就仅限于那样的水准而已，大家都没有想到要朝着更高的目标奋进。”

换言之，他倡导的改善活动并没有触及核心，但原因是多方面的，当一个人力量不足的时候，“天时地利人和”就显得愈发重要。

归根结底，KANBAN 是用于改善的工具，其主旨是提高管理的水准。

实现及时生产方式固然是 KANBAN 的重要功能，但更重要的是以人为本的精神，只有把 KANBAN 当成改善劳动环境的手段，才算是真正把它用好用对了。

形象阐释丰田生产方式的模式图

“老师，什么是及时生产方式呢？”武内君问道。

“之前讲解的内容一直围绕着 KANBAN，但我也提到过，它是实现及时生产方式的工具。既然你提出了这个问题，那我就要讲讲丰田生产方式的两大重要思想了。所谓两大思想，即及时生产方式和自働化。想必你听过这两个概念，不少书籍中也有阐述。它们被称为丰田生产方式的两大支柱，其重要性可见一斑。接下来，我就为你简单讲解一下。”

老师接着说道：“大野耐一先生在他的著作《丰田生产方式》（DIAMOND 出版社 1978 年 P9）中曾指出，丰田生产方式的基本思想是‘彻底消除各种浪费’，而贯彻该主旨的两大支柱为‘及时生产方式’和‘自働化’。所谓及时生产方式，是指后道工序向前道工序领取物品，且只在需要的时候领取需要的物品和需要的数量，被领走多少，前道工序就生产多少；而所谓自働化，是指出现异常时，机器和生产线都能停止。制造业要想确保利润和持续发展，就必须通过‘彻底消除各种浪费’

来削减成本，这是开展生产活动时的首要任务。按照丰田生产方式的理念，要想在工作中彻底消除各种浪费，就必须让员工发挥个人能力、感受劳动价值、提高业务水平。在这种以人为本的主旨之下，丰田生产方式这种兼具正统性和综合性的生产系统便诞生了。在《丰田生产方式》一书出版后不久，就有一个专业团队根据他的基本思想绘制了一幅类似房屋的模式图，对理解丰田生产方式非常有帮助。该图**把降低成本作为目的，把‘彻底消除各种浪费’视为根基，把‘及时生产方式’和‘自働化’当成两大支柱**。形象地体现了 TPS 的基本思想。”（参照图 6）

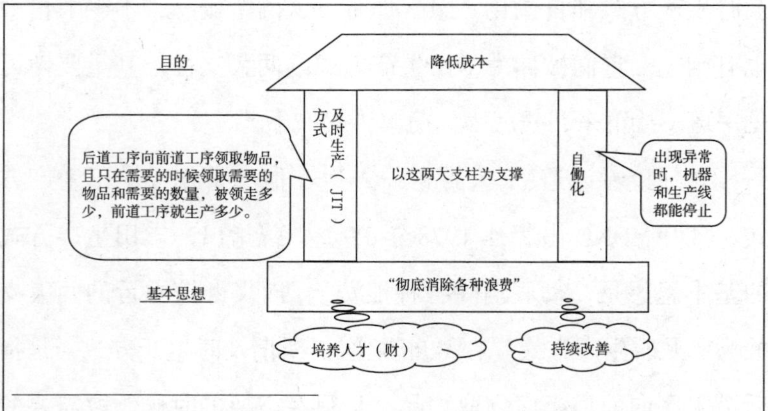

图 6. 彻底消除浪费，从而有效降低成本［出处：武内登著《丰田细胞式生产》（JMAM 2006 P129）］

两大支柱——及时生产（JIT）方式和自働化

“老师，这幅图就像一间房子，非常好理解。”

“没错，近年来，还出现了所谓这幅图的‘升级改良版’，但在我看来，那些改良版要不过于强调及时生产方式和自働化之前的相互关系，要不片面强调某个特定阶段的方式方法，反而是画蛇添足，把原版图搞得愈来愈难懂了。TPS 的确一直在不断深化，其方式方法也在不断进化，但对于初学者而言，我觉得还是应该先从 TPS 的基础形态学起。”

“老师，我也看到过你说的那种升级改良版，在两大支柱以外，还有一级级的阶层结构。”

“没错，那也是‘升级改良版’的一种。我经常在各大企业开展丰田生产方式的指导工作，强调最多的就是这幅模式图。我一直对现场的员工们讲，‘这幅图集中体现了丰田生产方式的重要思想，虽然看起来简单易懂，但其实非常深奥，在弄懂它之前，不必去看更为复杂的升级改良版。就拿我自己来说，最初接触到这幅图时，就觉得自己看明白了，可在数年后，我才真正理解其中的奥妙’。TPS 方法论中的手段可谓多种多样，但要想真正为我所用，就应该一边深入现场、随机应变，一边遵循上图中的基本思想。比如我在前面讲过的 KANBAN，它便是为了实现及时生产而存在的管理工具。”

“老师，‘及时生产方式’和‘自働化’这两种思维方式是如何产生的呢？”

“你提出了一个考据问题，那就先讲自働化吧。‘自动化’是大家耳熟能详的词，但‘自働化’则不同，中间那个字是‘働’字加单人旁。其源于丰田佐吉发明的自动织机，如果去丰田博物馆参观，就能看到它。这种织机在出现断线或缺线等情况时，会自动停止运转。换言之，它并非只会持续运转的‘自动化’机器，而是能够避免制造出残次品的机器，就像拥有人的智慧一样，因此加上了人字旁，于是便有了‘自働化’这个词，后来其逐渐发展为一种制造业的思维方式。”

“我懂了，‘自働化’的思想精髓就在它的人字旁里，对吧。”

“没错，再说‘及时生产方式’，它是丰田喜一郎提出的思想，顾名思义，其目的是为了实现及时生产。据说其灵感来源于美国的超市——对顾客而言，超市的便捷之处在于‘只在需要的时候入手需要的物品和需要的数量’，经过一番思索后，丰田喜一郎决定把KANBAN作为工具，尝试这种全新的生产方式。他首先实现的是‘拉动型’生产方式，从而解决了交货延期的问题，但他并未就此止步，在他看来，太早完成或交货也是一种浪费，因此进一步提出了‘刚刚好（just）’的概念，最后发展为‘just in time’的思想，也就是‘及时生产方式’。大家知道，英文的‘in time’和‘on time’不同，后者一般被翻译为‘按时’，即‘正点、准时’之意，而前者强调的是时机的成熟。前几天我看了一部英语电影，里面有个引爆炸弹的场景，当时里面的一句台词就是'Just in time！'，字幕翻译成'时机已到！'，我觉得非常到位。而在生产活动中亦是如此——'刚刚交货，正好没货了，生产的时机到了'。"

"老师，我懂了。要想通过TPS开展理想的生产活动，就必须基于'及时生产方式'和'自働化'这两种思维方式。在今后的学习和实践中，我不会再一味地单纯效仿，而会努力了解和思考各种概念的背景和意义。"

13. 系长在丰田生产方式中的职责

打入职后，武内君就知道东方汽车部件生产公司采用的是丰田生产方式，但因为他起初隶属于研发部门，与生产现场并无直接交集，因此很难感受到丰田生产方式的存在意义。

但其实丰田生产方式并非止于生产现场，从宏观上来说，哪怕是最高层的企划和研发部门，也包含在丰田生产方式的体系之中，而其工作方式也应该遵循丰田生产方式的相关思想。

纵观日本的生产制造型企业，无论是否采用丰田生产方式，其对作业人员都较为重视。即便在位于海外的分厂，相关负责人也会结合当地实际情况，努力贯彻"尊重一线工人""珍视一线工人"的企业文化，这体现了日本制造业以人为本的精神。但凡事都讲究适应性，在日本行得通的制度，在海外未必行得通。即便在日本本土，传统的企业文化和雇佣关系也在逐渐瓦

解。(参照图 7)

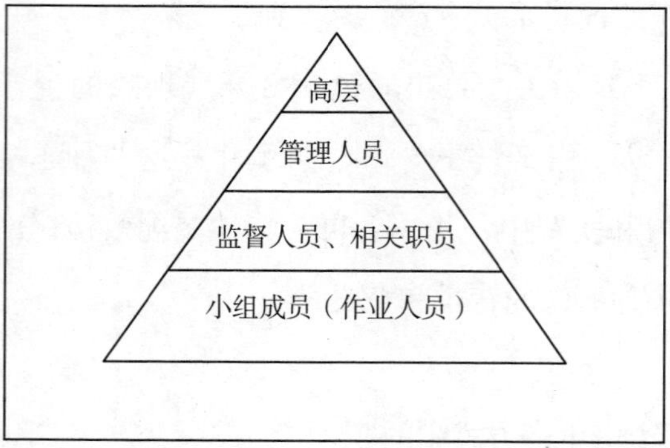

图 7. 细胞式生产现场的人才活用[出处:武内登著《丰田细胞式生产》(JMAM 2006 P186–195)]

如今，不少外国企业依靠奋力追赶和廉价劳力，对日本制造业造成了巨大打击，但竞争越是激烈，就越要坚守传统美德。一旦抛弃以人为本的精神，日本苦心积累的制造优势恐怕就会逐渐丧失。

俗话说“塞翁失马焉知非福”，武内君当年突然从研发部门被调至生产现场，虽说直面了不少困难，但也收获了前所未有的宝贵经验。鉴于东方汽车部件生产公司的生产形态，不少员工不喜欢用“现场”这个词，而改称“生产职场”，但一般来说，“现场”是更为通用的术语，有的欧美国家直接把日语中的“现场”音译为“GENBA”，包括“5GEN 主义(现场、现物、现实、原理、原则)”“现场实物”等概念，都是基于“现场”

的衍生术语。

武内君作为监督人员，既意识到有问题存在，也与丰田生产方式有了“亲密接触”——通过现场经验，不断努力学习，但其理解程度依然停留在初级阶段。

大野耐一先生说过，现场的监督人员（系长、班长）是生产第一线的监督，其责任与中小企业家相当。在他看来，现场监督人员需要具备以下能力：

· 相应的管理能力；

· 监督作业流程的能力；

· 对 IE（工业工程）的初步理解及制作标准作业书的能力；

· 让下属按规定行事的执行力；等等。

武内君以上述几点来要求自己。

他对自己的评价是“不合格”。

另一方面，武内君下意识地觉得小组成员（作业人员）的个人能力似乎应该被重视，他的直觉是正确的。只有小组成员（作业人员）的能力得到充分发挥，才能实现丰田生产方式的主旨——追求理想形态。

作为从事研发的生产技术人员

武内君一直在生产部门辛苦工作，早已放弃了被调回研发部门的希望。

可人算不如天算，由于生产技术开发部门人手不足，他突然被调走，负责研发能够适应环境的新型材料。

时光匆匆，转眼已经过去四年多，武内君也好久没和老师交谈了。

源于一次难得的心灵感应，老师又出现了。

武内君趁机问道："我记得老师说过，在您年轻时，有个人对您说他后悔自己当年没能再多学点丰田生产方式，对吧？"

"没错，我曾经向你讲起过，那人是技术人员出身，后来当上了工厂主管，退休后成了一名 TPS 的专业顾问。我是在一次研讨会上碰到他的，当时他坐在我的身后。在交谈之中，他说自己后悔没能多学点丰田生产方式，可我当时完全不懂他的意思，但现在回想起来，我真是感同身受啊。不仅是管理人员，哪怕是单纯的技术人员，也应该理解 TPS。假如能再早一点接触 TPS 就好了，假如能再快一点理解 TPS 就好了，这样一来，无论是个人眼界还是职业空间，都能变得更为广阔。TPS 的思维方式和方法论适用于各个部门和岗位，包括生产人员、研发人员、设计人员及其他人员。"

"不仅如此，"老师接着讲道，"我刚入职时，听说公司的运营模式基于 TPS，也是似懂非懂，感觉 TPS 只和生产现场有关。后来，由于岗位调动，我不得不在生产第一线开展指导工作，因此开始拼命学习 TPS，经过很长一段时间，我才明白，原来 TPS 是一种思维方式。所以说，要想理解 TPS，先要理解其思维方式。在其基础上，才能有效学习和掌握相关的方式方法。

另一方面，如果仅凭书本知识和道听途说，哪怕学得再早再快，也只能是一知半解，这与我刚才说的‘早点接触 TPS’或许有点矛盾，但事实的确如此。只有通过亲身实践，才能理解 TPS 的思维方式。‘唯有实践才能出真知’，这是不少 TPS 专家的口头禅，我当年对这句话也有所抵触，但到了现在，我不得不心服口服。有些事情，是必须自己去实践的。换言之，只有浸透着自己汗水的知识，才能让人满怀自信地运用。”

技术骨干的责任 学习丰田生产方式之卷

14. 与新进技术人员一起学习丰田生产方式

B 电器公司召集了研发和生产技术部门的骨干分子，对他们进行有关 TPS 的培训。

对于刚入职的员工，B 电器公司都会灌输 TPS 的基础知识。之后，对于积累了一定工作经验的技术人员，则会进行更为专业的培训教育。

此时的武内已经是一名指导老师，他来到 B 电器公司，给技术人员讲课。

经过数天的授课，他在昨天讲完了 TPS 概论和专业案例。

今天的授课内容是“技术人员在 TPS 活动中应有的心态”，等课讲完后，还有答疑时间。

相关职员想知道什么

“我今天要讲的是‘技术人员在 TPS 活动中应有的心态’。”这便是武内今天的开场白。

他接着讲道：“近几年来，越来越多的企业和个人开始接受和理解丰田生产方式中的改善活动。而说到改善活动，人们的传统印象是‘自上而下’的政策推行，并且针对的是既存的生产现场，通过一系列的手段和对策，改善劳动环境，提升生产效率。当然，这种活动是不可或缺的，今后也会在各企业继续开展下去。话虽如此，但倘若一味依靠这种‘弥补式活动’，便违背了 TPS 的初衷。‘在研发阶段实施 TPS 活动’，‘以 TPS 的视角研发生产设备’，通过这种未雨绸缪的方式努力实现丰田生产方式的理想形态，这才是 TPS 的中心思想。换言之，上层部门的‘事先准备’至关重要。结合实际情况便可得知，各企业在推进丰田生产方式时，基本可以粗分为两大‘流派’——‘先行式 TPS’和‘弥补式 TPS’。前者属于搭建生产现场时的准备活动，后者属于应对既存问题时的改善活动。至于它们的具体内容，我接下来会讲到。”

“那么，先讲‘**先行式 TPS**’，”他说道，“它是一种将丰田生产方式植入研发和生产计划的做法。比如，在产品设计阶段，将 TPS 的思维方式融入其中，从而实现与之前截然不同的革新创意，进而激发制造业务部门的技术革新。即便无法取得突飞猛进的效果，至少也能为将来生产现场的改善活动打下良好基础。接着讲**‘弥补式 TPS’**，它是通过改善活动实现‘合理化’和‘效率化’的手段。通过提升生产效率和生产能力来增强企业的竞争力。这也是一般大众对丰田生产方式的认知和印象。在欧美，不少采用丰田生产方式的生产制造型企业将日语中的‘改善’直接音译为‘KAIZEN’，许多丰田生产方式的相关书籍也都会涉及‘改善活动’，可见其深入人心的程度。其实，丰田生产方式的理想状态是‘在搭建生产线时实现各种项目的合理化’，但这在现实中是几乎不可能做到的，因此需要在后期不断完善各个项目。此外，即便在计划阶段自认完美，即便对工序设计非常满意，也势必存在亟须改善的不足之处。这既是现实情况，也是 TPS 的基本思想。所以说，改善永无止境。关键在于，要在全公司分享改善活动的经验和心得。尤其是生产现场的改善活动，必须及时反馈给企业的上层部门。”

他接着讲道：“哪怕‘先行式 TPS’实施到位，‘弥补式 TPS’也必不可少。换言之，‘先行式 TPS’的目的在于加快丰田生产方式的整体布局，而非追求一劳永逸。不少人觉得‘先行式 TPS’过于复杂，但其主旨是为了提前消除各种不稳定因素（环境变化），也可以将其视为一种前馈机制。‘先行式 TPS’不可能做到百分百完美，但其越接近完美，‘弥补式 TPS’的活动限制就越小，各环节的浪费也越少。但古人云‘过犹不及’，倘若在先行式 TPS 上投入过多，也可能造成变相浪费。所以要开动脑筋，尽量减少浪费、提升效率。前面说过，日本制造业中的术语‘改善（KAIZEN）’已然成为世界制造业的通用语言。承认错误，深刻反省，努力改善。这是日本人的美德之一，也是日本工匠精神的集中体现。丰田生产方式要求员工不断自问、深究‘真因’。假如企业各部门都能做到这点，那TPS就算是水到渠成了。”

武内的课上完了，接下来是自由提问时间。

首先提问的是从事设计工作的技术人员，他问道：“**作为从事设计工作的技术人员，应该具备怎样的TPS意识呢**？”

“我姑且把你提到的设计理解为笼统概念，那么作为从事设计工作的技术人员，应该做到以下几点。”武内接着说道，“其一，要配合改善活动。假如在生产现场开展改善活动的相关人员提出了针对设计方面的修改要求，则应尽量予以配合和落实。有时可能还需要兼顾成本和实际情况，在适当妥协的前提下实现对方的要求。改善活动的核心是生产现场，而负责推进的主体是生产责任人。而作为从事设计工作的技术人员，不仅需要思考改善活动的本质，还应该借助其他部门的智慧。同理，生产技术人员作为生产和设计之间的桥梁，也应该灵活机动地发挥作用，配合生产现场的改善活动。但需要注意的是，在配合方面，设计部门是主体。”

“其二，”他接着讲道，“要配合制造环节。有人说，设计决定了制造的90%。作为从事设计工作的技术人员，不要单纯醉心于产品的外形和功能，而应该关心其制造流程和工艺。随着 IT 技术的发展，对制造流程和工艺的评估不再纷繁复杂，但依然要求从事设计工作的技术人员能够关注生产现场、顾及制造环节。换言之，设计部门不能把实现设计的工作全盘扔给生产技术部门和生产部门，而应该在设计阶段就实施 TPS。有的 TPS 导师主张‘改善就是消除散乱’，这是基于生产现场的一种观点。即消除不均、消除负荷、消除浪费，由于这三个词的日文首字母发音都是 M，因此在 TPS 中被称为‘消除 3M 的活动’。而对从事设计工作的技术人员而言，该活动可以具体为‘在设计阶段消除散乱不均、在设计阶段考虑制造难度、在设计阶段杜绝过度设计’。一般认为，保证品质是生产技术部门和生产部门的职责。生产现场在改善活动中发挥的作用的确巨大，但设计品质和水准的高低则取决于设计部门。此外，为了在实际生产时便于装配，设计部门还需要与生产技术部门沟通协作，优化工模和内孔等细节。比如，把原先需要 4 颗螺丝钉的结构简化为 1 颗卡扣螺丝，便是消除了零部件和装配工序的浪费，即 7 种浪费中的‘加工本身的浪费’。随着改善活动在日本制造业中长年累月的开展，这种做法已经变得非常普遍。总之，这类在事先准备阶段开展的改善活动都属于**‘从研发阶段实施的 TPS 活动’**。”

接着提问的是生产技术人员，他问道：“**在搭建生产线时，应该具备怎样的 TPS 意识呢？**”

武内答道：“我刚才提到，有人认为设计决定了制造的

90%。假设该观点是正确的，那么剩下的10%便取决于实际生产。而且，鉴于时间、经营资源等现实条件的限制，完美的设计很难实现。"

武内接着讲道："那么问题来了，如果要将TPS的思想融入生产线，应该在事先准备阶段进行呢，还是在事后改善阶段进行呢？相比之下，哪个是主体呢？假设以事后改善为主体，那么便由生产部门牵头，开展改善工序和设备的活动；假设以事先准备为主体，那么便由生产技术部门牵头，以TPS的思维方式设计工序和研发采购设备。假如能够未雨绸缪地在搭建生产线时考虑到TPS，那么生产线的整体质量势必会大幅提高，并且还能降低事后改善活动的难度。反之，倘若生产技术部门一味期待生产部门的事后改善工作，在搭建生产线和设置设备时马马虎虎，不但会导致生产线的运转难度增加，还会造成诸多不必要的浪费。可见，关键要让生产技术部门和生产部门群策群力，在两个阶段都将TPS落实到位。此外，设备和工序都要考虑到QCD，即品质（Quality）、成本（Cost）、交付（Delivery）。"

又有一名生产技术人员问道："'**在研发设备时融入TPS的思维方式**'是什么意思呢？"

武内答道："生产技术部门在搭建生产线时，需要根据实际环境和条件考虑诸多因素。但追求还是要有的，应该描绘生产线的理想形态，制订各个阶段的实行计划，并以PDCA管理循环的方式切实推进。具体来说，应研究讨论生产线的基本形状、人员配置、规模大小、作业形式、物料流动、生产工序、产品物流等细节。要把“自働化”的思维方式融入生产设备，从而提升各工序的品质。此外，还应考虑成本和灵活性，尽量采用投资成本较低的通用型简化设备，使其能快速简便地安装和拆解，并能在不同的工序中再次发挥作用。但要注意安全第一，这是基本常识，相信不用我说各位也懂。那么，要想在研发设备时融入 TPS 的思维方式，其具体条件是什么呢？关于这个问题，不少专业期刊里都有大篇幅的专题文章来解答，我这里简单提一下。”

“比方说，”武内接着讲道，“在设计生产设备时，有个概念叫‘开口比’，计算公式为‘设备整体宽度 ÷ 产品尺寸’，设备的理想开口宽度应小于产品最短边宽的 2 倍，但不可能做到和产品最短边宽一样。之所以要在设计阶段尽量缩减开口比，是为了减少设备内部的冗余空间。因为冗余空间会导致设备开口宽度过大，而过大的开口不仅会导致作业人员绕机器行走的时间变长，还会导致机器占用的面积过大，从而造成不必要的浪费。可见，在研发设备时基于丰田生产方式的基本思想，不但能够提升效率，还能够减少浪费。大野耐一先生曾说，丰田生产方式有别于美国制造业倡导的 IE（工业工程），而是与降低成本直接相关的‘获利 IE’。不仅如此，该 IE 还是‘与经营直接相关的企业生产技术’。可见，只有降低成本、提升收益，并与企业的生产技术和全局系统相关联，丰田生产方式才有意义。换言之，它要求企业上下动员，共同开展相关活动。所以说，从事设计工作的技术人员也好，生产技术人员也好，对生产活动都起着非常重要的作用。”

接着，一名生产管理人员举起了手，他的主要工作内容是制订海外建厂的可行性计划，并负责总体推进。他问道：“和许多日本企业一样，我们公司也在东南亚建厂和投产。在**推进海外工厂**的过程中，应该从丰田生产方式中汲取哪些智慧呢？”

“如今，越来越多的日企海外分厂也在大力开展基于丰田生产方式的改善活动，我本人拥有相关的指导经验。在实际指导过程中，我深刻认识到统一生产流程的重要性。有的企业会在短短一年的时间内在数个海外分厂启动新项目，有的企业则会快速扩张海外分厂的规模。在这种时候，‘统一性’就显得尤为重要。鉴于此，我基于丰田生产方式的基本思想，制订了《工厂新项目物料流动要点》，并将其作为指导纲领之一。目的是为了打造统一的工厂车间形态。即便有的海外分厂引进的是较为老旧的生产技术，也很难从一开始就打造出较为完美的生产线、设备和工序，因此要在计划和筹备阶段就充分考虑到后期的改善活动，为其创造便于实施的条件。为此，首先要基于TPS思想，设定工厂车间的内部物流。也就是我刚才提到的《**工厂新项目物料流动要点**》，其大致可以归纳为以下几点。

“1. 作为TPS的主管，要统筹安排与工厂车间相关的物流和生产工作。

“2. 要指导物流实施部门的工务、生产实施部门的生产和技术。

“3. 统一决定工厂建筑布局、工厂内部布局和生产线布局。

“4. 在推进 TPS 相关业务时，要基于全局物流和生产制造的视点。包括进货物流、厂内物流、交货物流以及部件生产、装配生产。

“5. 绘制‘物料与信息流动图’。

“6. 绘制‘布局与物流图’，在考虑布局时，应结合‘物料与信息流动图’，决定各类仓库、置物场所以及生产工序、搬运流程。

“7. 设定好各类票据。

“8. 制订推进上述项目的日程计划表。

“9. 选定推进上述项目的实施人员。

“10. 根据实际需要，以“项目小组”的方式推进计划。”

“该活动也属于 TPS 中的‘事先准备’范畴，即从筹备阶段就植入丰田生产方式的思想。”武内总结道。

“答疑时间到此结束，”武内说道，“我最后想给大家一些建议。”

“这么多年来，我在研发和生产岗位上参与过许多项目和工作，其中不少都是我不太愿意干的，当时觉得一个人的生命有限，却不得不做自己不想做的事情，实在是吃亏。但现在回想起来，这些工作给予了我宝贵的经验，让我非常受用。至少能让我有所思考，有所收获。所以说，即便碰到不愿意做的工作，也要认真完成，切忌敷衍塞责。

“纵观当今各企业的生产技术人员，不管对于上层部门还是下层部门，其往往都缺乏高瞻远瞩的眼力和切实有效的执行力，从而无法在TPS活动中发挥应有的重要作用。这里的上层部门是指研发和设计部门，下层部门是指生产制造部门。作为连接二者的桥梁，生产技术人员在这样的组织结构中如何处事，将直接影响到整个公司的TPS活动效果。

“此外，要想在激烈竞争中生存，企业必须拥有较强的生产技术研发实力。

“企业的核心元素是什么？企业的核心技术是什么？这些都是生产技术人员永恒的课题。不少人认为这属于研发部门的职责范围，但在我看来，生产技术部门也必须参与其中。

“不少企业在召开内部会议时，会谈到生产制造及相关弱势，有的技术弱势甚至会在将来给企业带来灭顶之灾。如今，不少日本企业为了增加现金流和提升竞争力，不断将制造工厂迁至海外，但倘若没有核心技术，则依然很难长久。放眼将来，势必只有极少数的企业能够单纯依靠装配和代工来维持发展。

“作为生产制造型企业，要想在竞争中不被对手赶超，就应该理解丰田生产方式的思想——不懈追求理想形态。作为隶属上层部门的研发和技术人员，无论是负责产品的研发设计，还是负责生产技术和设备研发，都应该努力理解有关实际生产线的一切。

“此外，企业在实施诸如VA（Value Analysis价值分析）和VE（Value Engineering价值工程）等成本优化活动时，也可以参考和融入丰田生产方式的思想。结合对后道工序和生产第一线的认真观察，思考能够收获何种成果。这样一来，不但能使各部门和人员的分内工作成效卓越，还能使整个公司的TPS活动落实到位——通过在功能和形式两方面贯彻丰田生产方式，逐渐接近‘造物之法’的真谛。”

15. 要学习丰田生产方式的作用

在全球化竞争的大背景下，许多日本的生产制造型企业专注于产品和品质，而这便是丰田生产方式的用武之地。而在这之前，必须理解丰田生产方式的思想。首先，要老老实实地努力做好基本工作，这是进一步改善的前提条件。可骄傲和懒惰是人的本性之一，越是理所当然的基本道理和工作，就越容易被忽视和怠慢。

武内曾做过一次演讲，听众有从事产品策划和设计工作的技术人员以及从事市场营销的工作人员等，他演讲的题目是《日本的制造业》，内容以概论为主，涉及丰田生产方式中有关“造物之法”的观点和思想。演讲稿全文如下：

与丰田生产方式的邂逅

想当初，我根本没料到自己与丰田生产方式居然会结下如此深长的渊源。

从大学毕业后，本着“希望用技术创造产品”“希望探求‘何为制造’”的一腔热情，我加入了东方汽车部件生产公司。作为社会的一分子，作为从事产品研发的技术人员，我知道自己通过“造物”，在为社会做出实实在在的贡献。而何为“造物之法”，则是应该持续思考的课题。

为了领悟造物之法的真理，我开始学习丰田生产方式。当我还在象牙塔里时，就接触过大野耐一先生撰写的 IE（工业工程）类教科书。起初只看了前言，对内容也是似懂非懂，但我依然能感受到大野先生的卓越智慧。而在踏上工作岗位后，我才切身感受到，唯有结合实践，才能真正理解他的真知灼见。

有人说，丰田生产方式简直就是一种宗教信仰。

这听起来像是一种讽刺或调侃，说这种话的人或许认为丰田生产方式总是要求人们无条件地相信和服从。

事实真的如此吗？我们知道，佛祖从不要求世人相信他的话，而是强调每个人都应该依靠自己的力量，不断精进，不断探求。这种客观辩证的态度，俨然是一位博古通今的伟大学者。而这样的道理可谓放之四海而皆准，丰田生产方式亦不例外，只有不断听讲、不断实践、不断讨论，才能掌握其真谛。

如果以这样的角度来看，那么的确可以说丰田生产方式也是一种信仰。

以前的指导者的确会向现场人员施压，不断提出“减少库存”等要求，经历过那个时代的人可能会觉得丰田生产方式就是用来难为人的，是没有逻辑可言的。

有意思的是，当我向海外的从业人员提起这些时，他们往往会“维护”丰田生产方式，认为它是有逻辑的理论体系。这在很大程度上要归功于翻译，无数译者的整理和归纳，使丰田生产方式在表述时的逻辑性得以增强。而且在海外，如果指导者不把丰田生产方式的理论体系和相关优势解释清楚，现场人员是不会把你当回事的。

有人说，丰田生产方式非常简单，无非就是 KANBAN 方式、流畅化生产等等。很遗憾，或许是本人才疏学浅，在我看来，丰田生产方式是非常难的。

在被调动到东方汽车部件生产公司的生产现场后，我不但每天接触采用 KANBAN 方式的生产线，还学习相关的理论知识。可一旦需要从零开始搭建全新的生产线时，就突然惊觉自己其实对丰田生产方式一无所知。与此同时，我也渐渐学会了分辨真伪，那些不懂装懂的所谓“TPS 专家”，我一眼便能识破。

另一方面，我也深刻认识到了自己的能力不足，连搭建生产线都做不到，更别提用 TPS 思想来改善既存生产线了。越是仰望高峰，越是深感无力。

有时打算向着目标迈进，可一旦状况有变，则采取的措施也必须随之改变。这也是我在反复实践中总结出的心得之一。具体来说，为了实现某种理想的结果（未来的目标），有时需要先把目标的方向转个90度，完成定型，然后再调正船头，朝着原目标进发。此外，还需要向相关人员明确传达未来的目标，在获得理解和支持后，循序渐进地付诸行动。或许有人觉得这样太浪费时间，但其实这种“曲线救国”的方式不但最为节省成本，而且最终效果往往很好。

可见，状况一变，行动亦变。关键在于明确目标、认准方法、灵活推进。需要注意的是，不要过于执着和迷恋于方式方法，因为其终究只是实现目标的手段而已，遵循原理原则才是最重要的。

就拿我负责的第一条新产品生产线来说，为了让我的发明成果能够实现量产，当时真是费了九牛二虎之力，生产设备好歹还能定制，可指导TPS的合适专家却找不到。

我自己身边没有懂TPS的人，而大多数TPS指导者的主业都偏重于既有生产线的改善活动，和我的需求完全不对口。

我记得有一名外聘的TPS专家前来指导，他当时说了一堆不切实际的理论。因此摆在面前的无非是两条路——要么靠自己的努力学习来解决问题，要么找到能够“对症下药”的理想专家。很遗憾，为了将研发成果转化为实体样品，当时几乎已经耗费了我所有的精力；至于理想的专家，更是大海捞针，根本找不到。

如今回想起来，那条让我几乎心力交瘁的生产线正是我决心认真学习丰田生产方式的契机，不由令人感慨。

后来证明，当时的一些尝试是正确的。包括只依靠引进的生产设备来固化流程、在中间工序设置 Store（店铺，即置物场所）等等。尤其是在设置中间在库时，我恍然大悟——“这和吉竹班长教我的套路如出一辙”。直到现在，在需要做思想实验时，我依然会利用当时积累的经验。

大野先生的著作是必读的，每次重新翻阅时，我都能有新的收获。这些先人的思想博大精深、高瞻远瞩，恐怕是我们永远无法企及的。

前面之所以说了那么多自己的亲身经历，是为了让大家在初学丰田生产方式时尽量少走弯路。

在涉及专业知识和术语时，我尽量做到简单明了，如果能够给大家带来些许启发，我便不甚欣慰了。

在学习丰田生产方式时，相关书籍是不可或缺的工具。市面上的好书的确很多，但有些书的观点和内容似乎过于狭隘片面，给人一种盲人摸象的感觉。

比如，有的书对方法论过于执着，有的书则单纯罗列了一堆案例，这往往让初学者摸不着头脑。虽说案例是很好的参考资料，但如果不明确指出其中的问题和主题等关键要素，案例便只能沦为故事和谈资。

不仅如此，合格的案例还必须注明当时的条件和状况，因为时代在变，当时行得通的办法，现在或许就行不通了。虽说丰田生产方式的基本思想永恒不变，但具体的方式方法则是与时俱进的。所以说，有的案例仅供参考，既不具备很大的实用价值，也无法有效提升学习者的理解程度。

说到这里，其实我自己也无法独善其身。刚才讲的内容中，有不少只有经历过的人才能明白，有的则讲得不够细，如果大家觉得我是“五十步笑百步”，那只能请大家多多包涵了。

为消费者生产 JFU（Just For You 量身定制）的产品

我勉强也算个从事研发工作的技术人员，站在技术人员的立场上，我对大家有如下期望：

倘若非要用一句话概括丰田生产方式，应该是‘追求生产方式的理想形态’；同理，倘若非要用一句话来概括生产制造，则应该是“追求生产制造的终极形态”。那么，何为“生产制造的终极形态”呢？即“顾客即刻要求，厂商即刻交货”。

在未来，能做到这点的企业才能生存。不过正所谓“条条大路通罗马”，要想实现该目标，其途径和手段是多种多样的，但蕴含其中的思维方式则是殊途同归的，这正是丰田生产方式的理念。

换言之，只有尽量生产接近理想形态的产品，才是企业的竞争力之源。当然，这需要企业拥有相应的技术研发能力，从而保证能够不断推出吸引消费者的新产品。我相信日本的制造业能够持续保持这样的优势，因为我从不怀疑日本企业的创新能力。相反，我唯一担心的是日本企业的活力在逐渐衰退。

另一方面，发展中国家的廉价劳动力优势，导致许多日本企业很难维持本土生产的战略，这就需要新的对策。此外，汇率变动对日本制造业的影响也是巨大的，这在今后势必也是各家企业将持续面临的难题。

纵观大趋势，日用品和必需品的基本竞争面依然是成本。

但这并不意味着单纯的价格战，就像我刚才讲到的，关键在于“如何对顾客的需求迅速做出反应”，这点将直接拉开各家企业之间的差距。

如今已经进入电商时代，顾客只要用手指或鼠标轻轻一点，便能选购商品。假如想要的商品不能马上入手，那么顾客就会立刻转投他家。企业要想在这样的时代胜出，就必须把握“商品魅力”和“欲求时机”之间的平衡。前者包括价格、设计、功能等方面，后者包括购买动机、需求等级、迫切程度等方面。二者就像是天平的两边，需要恰到好处地拿捏。此外，顾客的需求日渐多样化，靠单一产品打天下的日子一去不复返了。

纵观我们的日常生活，有的产品之所以能够持续热销，其往往同时做到了两点——1. 为顾客量身定制，2. 在最短周期内交货。

不管是日本还是其他国家和地区，交付时间正日渐成为决定商品竞争力的重要因素。

换言之，这是一个由消费需求推动及时生产的时代。顾客一有需求，企业就立即生产；顾客需要什么，企业就生产什么；顾客需要多少，企业就生产多少；顾客需求急切，企业就立即交货。

这就是我刚才提到的 **JFU**，为了达到这种效果，就必须**打造配套的生产环境**。

我们知道，及时生产是丰田生产方式的重要思想之一，它是指后道工序向前道工序领取物品，且只在需要的时候领取需要的物品和需要的数量，被领走多少，前道工序就生产多少。这与 JFU 其实是相辅相成、相互联系的。

如果用专业术语来说，就是**“缩短生产现场的交付周期”**；如果用改善的观点看，就是优化中间在库的问题。可见，丰田生产方式的主旨并非单纯地降低成本，实现 JFU 亦非常重要。

在我看来，要想让日本的制造业立于不败之地，就必须重视丰田生产方式的思想体系。

为了实现 JFU，从事研发工作的技术人员应该在产品设计阶段就考虑到定制化生产的可行性，努力降低定制化的难度。尽量在最后一道生产工序中提升产品的附加价值，这也是实现 JFU 的前提条件之一。对于顾客而言，自然希望能够直观便捷地选择产品特征（如颜色、外形、材质等），从而获取个性化的定制商品。

而对制造商而言，不管是生产第一线的工人，还是辅助生产的相关人员，都应该以 JFU 为目标，力争在最短时间内满足顾客需求。整个企业都应该以这样的目标来开展生产活动。

朝着“理想形态”迈进

如今，日本的人口和劳动人口都在持续减少。

而纵观综合环境，日元升值、本土产业空心化、周边国家的发展和追赶……可谓三十年河东三十年河西。

此外，商品竞争力、与海外企业的竞争、劳动成本的竞争力……日本在这些方面都逐渐呈现劣势。即便如此，从事制造业的不少有识之士依然抱有信心，他们的观点简单明了——“在日常生产活动中贯彻 TPS，便可切实地获取利润；依靠利润来研发技术、培养人才，从而打造出优秀的产品，进而获取更大的利润。最终实现产业的良性循环”。

从上层部门到下层部门，倘若都能切实开展和配合改良活动，那么该企业便属于优秀企业。让人揪心的是，越来越多的日本企业在逐渐淡忘这种优良传统，有的企业不再努力降低成本、提高利润，而是为自己的失败寻找诸多借口——比如邻国的激烈竞争、汇率的大幅波动等等。其实，最根本的原因还是在自己身上。

纵观日本企业，或许很少有天才般的领导人，但得益于整个企业系统的完善运作，照样能够保持较强的竞争力。可如今这种基于“集体主义”的体系却在日渐松动。由于工作性质，我经常要参观指导各家企业的工厂，在其过程中，我能够明显感觉到这样的消极趋势，实在令我忧心不已。

有的工厂明显存在许多亟待改善的问题，可就是没人去管；有的工厂知道需要开展改善活动，可推进和落实的力量却非常弱。

哪怕是一些业内知名的企业，其工厂照样存在显而易见的问题。我有时也很纳闷，相关负责人究竟是没有察觉呢，还是不知道怎么解决呢？抑或故意视而不见呢，还是说之前的指导者水平有限呢？总之，这种态度是不可取的，要想把改善活动开展到位，就必须孜孜不倦、切实履行。

另一方面，日本企业的传统劣势倒是依然存在。比如过于保守，虽说不少企业整天都在喊创新，但还是把规避风险放在首位，从而导致不少的创意和点子都被雪藏。

在我看来，日本的企业家和管理者既要制订整体计划，也要深入生产一线，只有拥有全局意识，才能构建与公司实际情况相适应的体系。

反之，倘若只会在文件上盖章，就会像温水煮青蛙一样，渐渐陷入官僚主义的思维模式，从而导致企业丧失凝聚力和竞争力。

至于日本企业的生产力，现状也不容乐观。

藤本隆宏在其著作《日本的造物哲学》（日本经济新闻出版社 2004 年）中指出，“不少的日本企业的生产能力羸弱，只发挥了应有水平的几分之一，且对生产现场的经营管理也趋于怠慢。这让人不得不心生疑虑”。

该书在2004年出版，虽说如今又出现了许多新的现实状况——比如汇率问题、中小企业的生存问题等等，但改善生产现场依旧是企业迫在眉睫的任务。

此外，如今的大企业存在“技术分工过细”的问题，这导致研发人员和技术人员的业务范围过窄，难以在工作中把握全局，结果导致企业的产品缺乏“用户思维”。即便企业拥有大批潜力巨大的技术人才，却无法让他们的能力得以充分发挥，也无法让他们的能力创造应有价值。

但既然日本的制造业存在上述问题，怨天尤人是无济于事的，企业只能依靠自己走出困境。

鉴于此，日本企业需要贯彻和落实丰田生产方式。无论经营环境多么恶劣，无论产品研发多么困难，都要加强和巩固生产现场，消除各种不必要的浪费。在遵循该基本思想的前提下，将各种知识与自身实际相结合，在充分理解的基础上，培养积极实践、有效落实的态度和能力。

我坚信，各位从事制造业的同人们只要遵循丰田生产方式，不断追求“制造业的理想形态”，无论环境如何变化，日本制造业都能立于不败之地。

负责策划和研发新产品的上层部门，负责解决技术问题和实现生产技术的中层部门，负责生产制造的基层部门。不管处于哪个层面的部门和员工，都应该坚定保持日本企业的优良传统和文化氛围，并追求各自的理想形态。

越是理所当然的事情，我们越要贯彻落实。

例如团结力、规律性、严谨性和技术力等等，在日本企业，这些似乎是理所当然的素质，但对不少国外企业的员工而言，这些曾经一度是“难于上青天”的要求。如今，海外制造业开始对日本实施赶超，但只要日本企业不忘初心、坚守优点，即便被追平，也不会被超越。

以前，似乎只有日本企业重视丰田生产方式，并积极求变。但如今的情况已大不相同，我经常和欧美的业内人士交谈，他们目前正在把学到的日本模式（精益生产方式）逐渐本土化，其重点倾向于管理层面。

将丰田生产方式扎根于企业管理层面，如果欧美制造业能够确立本土化的体系和方法论，就能够追上日本制造业。我在从事 TPS 的指导工作时，一直抱着和国内外同行积极切磋的态度。在其过程中，我颇有危机感。日本制造业切不可安于现状，一旦放慢脚步，就会被追赶反超。因此，大家必须持续努力、保持优势，即便被追平，也不能被超越。

我非常看重丰田生产方式的“正统性”，因为丰田公司的相关负责人曾教给我许多生产制造方面的精妙思想，让我受益匪浅。

回想我当年第一次负责搭建的新品生产线，假如当时能够对丰田生产方式有更正确的理解，产品的生产效率和品质或许能达到一个更高的层次，也能为社会和世人做出更大的贡献。

可见，丰田生产方式好比是“帮助产品和生产者进行沟通的翻译”，促使企业革新。让企业通过生产活动来为社会做出贡献。

而“不断改善”则是丰田生产方式的首要主旨。

为了让产品的高品质保持不变，就必须让丰田生产方式不断与时俱进。

经营环境在变，时代在变，而TPS的基本思想很简单——环境一变，结果可能也会变。为了让某些东西不变，就必须努力改变另一些东西。这种辩证思维，正是基于丰田生产方式的推导结果，这也是丰田生产方式相关思想的难点之一。

随着全球经济和制造业环境的巨大变化，正确答案已经消失在了往日辉煌的延长线上，因此不能单纯依靠经验论来探求“理想形态”，否则是很危险的。

但一步一个脚印的优良传统不能丢，越是单纯的道理，其实往往越难理解。因此需要回归原点——深入生产第一线，反复自问“为什么”，实实在在地降低成本，并描绘理想蓝图，向着目标前进。无论是有形的产品还是无形的服务，日本企业、日本制造都应该努力保持工匠精神，不断提升自我。

作为生产制造型企业，产品、技术和服务是必有属性，在制定未来产品线和描绘理想蓝图时，要充分考虑这些因素。

近年来，不少原本业绩优良的企业在市场环境的急剧变化下突然走向衰落。为了让企业基业长存，我们都必须在各自的岗位上尽职尽责、追求理想。

活到老，学到老

在本次演讲接近尾声之际，我想分享一下我个人对丰田生产方式的理解。

我之所以投身制造业，是为了寻找"何为制造"这一终极命题的答案，可在经历了漫长岁月后，我才知道答案在 TPS 中。

丰田生产方式究竟是一种怎样的学问呢？有人说它的体系已经完美无缺，有人说它的体系仍待完善。也有人把它视为一套生产管理系统，并进行详细解析，还发表了不少论文著作。当然，这些理论都是有用的。

而在我看来，大野先生的思想最为接近"何为制造"这一终极命题的核心，可谓一切 TPS 相关理论的根基。初次接触他的思想时，会觉得其充满矛盾，可一旦深入理解，便会惊觉其逻辑之清晰、思维之精妙。而且，由于丰田生产方式是一种思想体系，因此势必会存在思想的发散和实际的运用。这些发散和运用或许能形成一种学术体系，但由此再次衍生的方法论则有很大的局限性，充其量只能算是事例的集合。

希望大家和我一起牢记大野先生的"获利 IE"思想。不断追求"造物之法"的理想形态。

16. 探求无止境

学习 TPS 也好，追求理想形态也好，都是永无止境的课题。既然从事制造业，就要不断树立新的目标，不断开展改善活动。这正是从业者的使命所在。

穿越梦境

嗖——

武内君，又来问问题了啊。

尽管提问吧。

只要是我知道的，一定无所保留。

碰到我也不清楚的，咱们就一起思考吧。

我也要活到老学到老。

接下来的主要任务是深入生产现场，要勤于思考哦。

旅途三　实践之　学习推进法

～『改善活动』篇～

在该旅途中，我们的主人公将进入全新的领域，与不同的产品和不同的公司打交道。通过自我实践和成长，逐渐成为一名合格的 TPS 改善活动专家。

在本篇中，为了让各位读者能够把握内容的整体基调，我把主要的故事发生地点设定为较大的组织（如企业部门和自主研究会），该组织掌握了一定程度的丰田生产方式。为了避免让内容流于抽象的理论性阐述，我主要偏重于介绍事例，以便让读者有个具象的大体概念。无论各位读者从事何种工作，都可以在参照事例时结合自身情况。假如碰到难以理解的术语，大可先跳过。

本篇的中心思想如下：

一、改善活动要想取得较大成效，必须有高层领导的支持和相关组织的有效运作。此外，相关负责人自身努力学习和实践的态度也非常重要。

二、从大方向来看，导入丰田生产方式的顺序为：高层领导拍板—工作人员理解—设定项目和成立小组—设定实施对象（生产现场）—实施改善活动—固化制度—扩大对象范围—使改善活动常规化和永久化。

推进改善活动 入门之卷

1. 新的旅途

此时的武内君隶属于生产技术开发部。4 年前，他从生产现场被调到了这里。最近他正在忙着研发能够适应环境的新型材料，该项目已经接近尾声了。

这段时间，总公司的工厂里正在开展自主研究会的相关活动。在高层领导的号召之下，所有间接部门的管理人员被编成一组，共同推进改善活动。

之所以举办这种形式的企业内部自主研究会，是为了加深理解丰田生产方式。这种活动往往限定期限，最后以成果发表会的形式收尾。有的人虽然参加了某个小组，却抱着“走过场”的心态。明明是标榜丰田生产方式的企业，却仍然存在这种态度消极的人，这从整体上拉低了自主研究会的含金量。

回到正题，这种自主研究会往往被略称为“自主研”，但其正式名称为东方汽车部件生产公司的“丰田生产方式自主研究会”，也被称为“社内自主研”或“科长自主研”。

虽然叫“自主研”，但与其说是“研究会”，不如说是以团队为单位的改善活动。所有参加者在每天正常工作时间结束后集合，因此也是一种负担。

“武内科长，”会议结束后，山中君一回到自己座位上，就立刻朝武内君打开了话匣子，“TPS 简直违背人性，我实在无法赞同。”

“呃？！山中科长，你这是什么话啊？ TPS 明明是以人为本的啊。”武内君反驳道，他正在收拾，原本打算下班回家。

山中君所属团队的研究课题是“如何提高生产线的生产力”，其目标是改善作业人员的动作。基层员工出身的他，是头一次接到这种任务。

“我不太了解你们团队所从事的改善活动，”武内君说道，“但我还是要说，丰田生产方式的主旨是关怀作业人员。”

武内君是见识过“KANBAN 天下”的人，拥有在生产现场学习丰田生产方式的经验，但依然属于进阶层次。对于丰田生产方式的整体流程，他仍然只有较为模糊的概念。而对于作业人员在生产活动中的位置，即便他还只是个 TPS 的入门生，也拥有自己的主张和原则。

他刚入职时，曾经在生产现场实习过一段时间，那时他经常听到女工们开心地说道：“今天完成了这么多产量。”不少女工都是近郊的农民，属于临时工。下班铃一响，她们就把自己当天完成的业绩记在生产管理板上。她们所在的生产线采用的是细胞式生产方式，作业人员有数名。生产顺利也好，不顺利也好；产量多也好，少也好；她们都会在下班时用三河方言[①]叽叽喳喳地交谈。

当时的武内君还是个年轻的应届毕业生，看到女工们因为完成了生产指标而眉飞色舞，心中着实有点佩服。对刚走出象牙塔的武内君而言，她们的工作热情和听不太懂的方言口音简直是一种前所未见的“文化冲击”。女工们的这种职业意识让他印象深刻，也让他了解了制造业一线工人的工作状态。

后来，当他以系长的身份负责搭建和运营装配生产线时，在站立观察的过程中，他发现机器和治具不太好用，导致作业人员操作起来很不顺手。这让他心中不能平静，每天思绪万千。

该治具是生产技术部门好几年之前提供的老工具了，于是他以工厂系长的身份，向生产技术部门提出改良的申请，可得到的回答却是“做不到”。对方的解释是，就算难用的治具是生产技术部门的设计失误，但由于工厂规章体制的限制，如今要改良也不可能了。武内君对此非常不满，在心中暗下决心——将来一定要纠正这种不合理的制度。

而且，由于该装配生产线的成品部件要用在客户生产的重

① 日本爱知县东部的方言，由于该地区在古代名为三河国，因此其方言叫三河方言。——译者注

要车型上，因此属于重点生产线，采取特别的管理方式。自不必说，该生产线的女工都属于优秀的熟练工，即便治具难用，她们照样能够出色地完成任务。目睹这一切，武内君的心中更加过意不去——如果能改良治具，那她们的疲劳就能大幅减轻。

工厂的标准人时和生产目标通常由生产技术部门设定。作为从事生产的作业人员，自然希望自己的产量越多越好。实习时接触到的女工、那熟悉的三河方言……这些都直观地证明了这一点。另一方面，假如不合理的工序或工具延误了生产目标，却要怪到作业人员头上，那实在是不合理。而武内君当时面临的并非非常严重的难题，只要将治具稍作改良，即便作业方式丝毫不变，也能提升生产效率。不仅如此，作业人员的作业姿势会轻松不少，操作时的动作也会更加简短利落。错不在作业人员，错在让她们这么辛苦的人，而自己却没有能力改变这一切。在站立观察时，他暗暗自责道。

抛开一些细节，在力图改善作业人员的动作时，需要从“尊重人性”的角度入手。“尊重人性”即以人为本的思维方式，简单来说，就是体恤作业人员。

因此，在开展改善活动时，要力图减轻作业人员的负担。在旁人看来，通过改善活动而优化的标准作业或许依旧单调枯燥，但却在本质上减轻了作业人员的劳动负担。

反之，倘若以改善活动的名义强行增加作业人员的负担，则等于是犯了大忌。要想提高生产效率，不能单纯地催促作业人员加快速度，而应该想办法减少作业环节中的各种无谓浪费——比如不必要的动作等。相关负责人不仅要积极征求作业人员的意见，还应该经常设身处地地思考——假如作业人员是自己的家人，自己会怎么做？

随着科技的发展，不少人的工作和岗位似乎正在被机器取代，但许多制造业中的机器和工序依然无法做到百分百全自动运转。在生产活动中，除了成本因素外，灵活性和应变性是人类独有的优势。越是机械化生产的时代，作业人员就越要发挥这种优势。这既是对机器局限性的补充，也是对企业生产成本的优化，更是一种人文关怀的展露。

这也是武内君会对山中君说“丰田生产方式的初衷是尊重人性”的原因。

“为了提高生产效率，强行增加作业人员的负担，这种做法大错特错。”武内君的语气之所以如此肯定，或许源于他在生产现场的心得体会。

尊重人性 何为“作业人员”

老师又出现了。

“武内君，说到作业人员，有一段点评非常到位。内容出自武内登的著作《丰田细胞式生产》（JMAM 2006 年 P124），书中是这么说的。”

站在管理立场的人，容易把人当作人时来看待。另一方面，生产线上的员工在工作时，也往往会觉得“自己不过是大机器上的一个齿轮”。

曾经有一次，当笔者在讲解什么是标准作业时，一名外国的管理人员说“Like a robot（就像机器人一样）”。笔者当场就否定了他的说法：“如果机器能完成这样的作业，那全部搞机械化就行了。就是因为机器做不到，才需要用人的灵活性（Flexibility）来弥补，人绝对不是机器人。”

我们人类具备很多了不起的能力，就算能全面推行机械化，也要花费相当高的成本。从长远角度看，或许有一天机器将代替人的所有工作，但目前仍需要依靠人的灵活性来补充完成机器无法做到的事情。尤其是劳动密集型产业，今后势必依然需要依靠外国的廉价劳动力。

或许也可以换个角度看问题——因为目前没有相应的技术实力，所以才不得不劳烦大家做这么机械化的单调工作。正因为如此，才更应该尊重人性，对于辛苦付出的人，应该支付相应的酬劳——笔者认为这样的思维方式非常重要。

此外，作为一名管理人员，为了不让作业人员出错，确实会考虑让作业更为简单化和流程化，这都是为了避免生产出次品。究竟是采用需要熟练技能的作业方式，还是采用简单化、流程化的作业方式，作为管理人员，总会在这两种选择之间反复摇摆。

根据作业内容的不同，作业人员有时被称为“Worker”，有时又被称为“Operator”。据说，“Worker”包含“发挥原有技能”的概念；而“Operator”的意思是“使生产线有效运转”“操作各种机器设备，使其高效运行”。在国外，似乎还有其他各种不同的叫法。不过笔者本人喜欢用“Team Member（团队成员）”来称呼他们。虽说外国企业往往只把作业人员单纯地视为生产现场的劳动力，但笔者希望他们能够获得职业成长，从“Team Member”晋升为“Team Leader（组长）”，乃至进一步挑战自我、提升自我。

“以上便是《丰田细胞式生产》一书中对作业人员的集中阐述，”老师接着说道，“为什么要人来从事生产活动，因为有的事情机器做不到，而有的事情还是由人来做更好。随着全球化竞争的日益激烈，把作业人员单纯视为人时的企业文化正在逐渐抬头，越是这种时候，作为制造业的从业人员，就越要互相尊重。人与机器并非互相替代的对等关系，我相信，只有尊重人性，才能打造理想的生产现场。”

2. 又是突然调动 这次是主管丰田生产方式的部门

董事会领导突然找武内君谈话，领导说道：“研发适应环境型材料的项目已经接近尾声，你算是完成了公司交给你的任务。

接下来，公司打算让你加入主管丰田生产方式的部门，时间暂定为两年。”

要说生产技术部门里谁最懂丰田生产方式，那肯定非武内君莫属，这么关键的“战斗力”，居然要调走了。因此对于该人事决定，公司上下也是议论纷纷。而武内君哪里知道，这是他学习丰田生产方式的新征程。他在日后所积累的宝贵经验，进一步加深了他对丰田生产方式的理解。

至于这次调动的缘由，其实源自公司内的选拔活动。当时，主管丰田生产方式的部门向上级提出建议，希望“在公司里培养出能够指导丰田生产方式的人才”，而武内君则成为培养对象之一。

于是，他以科长的身份，成了东方汽车部件生产公司的第一届 TPS 研修生。第一届科长研修生总共 3 人，他是生产技术部门中唯一入选的人，其他两名科长来自工厂。董事会领导对武内君说：“学习时间是三年，不过你在两年后就得回到生产技术中心，到时候会给你安排任务，需要你把学到的丰田生产方式灵活运用到工作中。”

既然是领导的意思，那武内君只能照办，于是在特设部门拼命学习丰田生产方式。两年过后，他根本无法完全理解和掌握，培训体系和指导老师的水平姑且不提，面对博大精深的丰田生产方式，武内君未能触及其核心。另一方面，诸如 KANBAN 之类的实际运用手段其实并不难掌握。这些毕竟只是方法论，在丰田生产方式中属于较为浅显的层次，只要去学，就能了解一二。

只要自己努力，做个有心人，公司里还是有不少地方可以学到东西的，所以要积累经验是没问题的，但要理解丰田生产方式的本质的话，就没有那么容易了。当时，社会上充斥了各种冠以“丰田生产方式”的学说，不少专家都自称掌握了丰田生产方式的真髓，丰田生产方式也一度被神化，有的人甚至靠半桶水的知识牟取利益。实践证明，冰冻三尺非一日之寒，要想真正理解丰田生产方式，是需要时间积累的。

具体做法其实也不复杂，无非就是多看书、勤实践、增经验。在该过程中，就会逐渐发现，大多数的书籍无非是经验之谈，其内容不过是作者在自身的认知范围内对大野耐一先生的思想所作的注解。

总之，这次突如其来的调动，让武内君学到了不少东西，也发现了新的问题。几年后，当他回顾这段经历时，是这么说的：“围绕丰田生产方式的理论学说可谓五花八门，而它们常常会让我想起‘盲人摸象’的寓言。因此我认为不应该单纯执着于手段和方法，它们终究属于丰田生产方式的细枝末节，而应该抓住主干和根本，即丰田生产方式的本质。倘若无法理解其本质，便只能流于表面化的模仿，难以取得成效……”

3. 推进活动的方法 TPS 的统一性组织

前面提到，东方汽车部件生产公司的“KANBAN 方式”已经运作了许多年。当初的热情已经消退，进入了 KANBAN 生产方式的“倦怠期”。当初负责引入 KANBAN 的员工大都已退休离职。眼下，公司面临艰巨的改革任务——“摆脱对丰田生产方式的单纯模仿，让公司的 TPS 迈向更高层次”。为此，培养相关人才是当务之急。

武内君被调至主管丰田生产方式的部门时，正值该部门扩大规模之际。该部门原本名为“生产调查室”，此时则“废室立部”，成了“生产调查部”。

该部门的职责是统一管理各工厂的 TPS 推进室，类似于事务局的工作，可谓全公司的统一性组织，拥有统筹整体的功能。在引入丰田生产方式的 KANBAN 之前，该部门主要负责 IE（工业工程）的相关活动。刚引入 KANBAN 时，该部门成了牵头组织，而部门内的 IE 专家——多贺正宪先生发挥了重要作用。他不但要统领总公司事务局，带头开展导入丰田生产方式的工作，还要担任指导丰田生产方式改善活动和培训活动的讲师。可以说，不管是引入 KANBAN 的“蜜月期”，还是呈现停滞状态的“倦怠期”，要是没有他，丰田生产方式根本无法在公司里“开花结果”。

另一方面，各工厂的 TPS 推进室主要负责所在工厂的 TPS

活动，因此实施起来较为容易。

在这样的现实情况下，公司亟须能够“拿下接力棒”的年轻力量，尤其要培养精通丰田生产方式的新主管，让其在将来统筹整个公司的TPS改善活动，从而发挥生产调查部应有的作用。

为此，公司决定先培养一批科长级别的骨干，而武内君成了入选者。

其实早在半年前，各工厂和生产技术部门的相关领导已经开始接受相关培训，他们才是真正意义上的“第一期生”。而这次等于增加了3名科长级学员，培训包括教室授课的理论内容和生产现场的实践内容，目的是提高学员实施TPS改善活动的技术和水平。

之前的培训对象也并非没有科长级的员工，但培训的内容并不系统，也没有固化为研修生制度。原则上来说，学员在培训结束后都要回到原先的岗位上，但偶尔也会有留在生产调查部门的情况。

按照丰田生产方式的思想，相关负责人必须自我成长、积极实践；如果想让改善活动出成果，自然少不了高层领导的支持和相关组织的得力协助。

围绕“日本制造业的优势”这一课题，目前存在各种分析和评价，但总体来说，“组织”、“管理”和“人才”这三大要素是绕不开的。除此之外，不断强化生产现场是重中之重，因为它与制造直接相关。

由此便引出了一大课题——“如何构建开展改善活动的组织”以及“如何培养开展改善活动的人才”。

不仅是丰田生产方式的改善活动，改善劳动环境的“5S”活动亦是如此。有关“5S”的具体案例有很多，不少专业期刊都有介绍，也可以参考其他公司的成功案例。这些案例体现了日本人在企业组织中的集体精神和协调性，在初级阶段，大可参照和效仿，但如果要做到“神形兼备”，就需要时间的积累了。

至于开展 TPS 改善活动的组织，则有多种形态。

下面大致介绍一下活动组织。

需要注意的是，以下内容以具体事例为主，以组织理论为辅，为的是让各位读者能够对从事 TPS 改善活动的组织有个大致的概念和印象。在现实中，由于各企业情况不同、规模不同、所处的环境不同，因此相关组织也会有所不同。换言之，事例仅供参考。

在丰田生产方式的体系中，“丰田生产方式自主研究会”是一个关键性组织。它也是一个负责培养人才的“改善活动组织”，积极为企业提供能够开展改善活动的对口人才。有的企业还有名为“改善道场”的组织，其与自主研究会稍有不同。（参照照片）

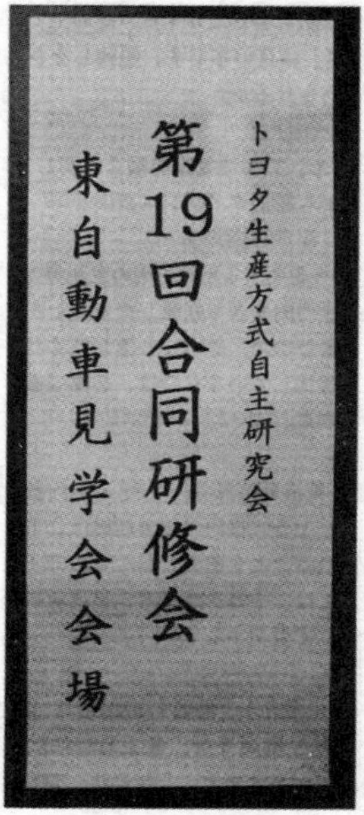

照片　自主研究会会场看板

丰田生产方式自主研究会常常被略称为“自主研”。

不过，有的指导者对略称十分反感，会要求学员把全称讲清楚，要是学员使用“丰田方式”或“自主研”之类的说法，就会予以批评指正。因为研究会的主旨并非单纯的改善活动，而是为了追求更为理想的丰田生产方式，并且让学员在相互交流和认真钻研的过程中实现自我成长，进而成为企业所需的 TPS 领域的人才。

前面讲过，在东方汽车部件生产公司，主管丰田生产方式的部门对外叫“生产调查部（室）”。

光看这个名字，可能会产生“这个部门只管调查”的误解。为此，该部门的英文名特意写得清楚直接——“Operations Management Consulting Division（OMCD）”，表明了该部门的职责——咨询、指导、实践。

对于这种存在于公司内部的TPS支援组织而言，只有获得高层领导的支持，才能成为“神形兼备”的高效组织。

多贺先生一直是生产调查部门的顶梁柱。早在年轻时，他就已经是IE领域的专家，经常亲临第一线，指导生产管理和生产技术方面的问题，从而积累了丰富的经验，尤其擅长手持秒表评估作业效率，可谓无人能及。此外，他对作业人员的评价也非常到位，可谓眼光锐利。

多亏了多贺先生，武内君得知了东方汽车部件生产公司刚导入丰田生产方式时的许多故事。

多贺先生认为，在推进丰田生产方式的过程中，应该更多地以IE（工业工程）的角度看问题，既然要培养掌握丰田生产方式的人才，当然要把IE的方法论也融入其中。另一方面，多贺先生对丰田生产方式仍心存疑虑，由于TPS的着眼点是如何减轻现场作业人员的负担，因此在他看来，其不像IE那样逻辑分明。

而且，在与多贺先生交流的过程中，武内君发现IE方法论中的关键要素与丰田生产方式的思想有所不同。多贺先生还向他极力推荐了《IE的基础》这本好书，说这本书是必读的。

多贺先生作为培训工作的总指导员，授课是家常便饭。一天，他对武内君说道：“武内，我来给你讲讲推进 TPS 的组织吧。”

在讲解之前，经验丰富的多贺先生还给他吃了“定心丸”。

“我要讲的内容包括组织及生产调查部的功能，有些内容可能过于专业，没有相关工作经验的人是很难听懂的，不过不用担心，不懂的大可先跳过。尤其是我注明的一些项目，以后需要的时候可以用作参考。”

“我先讲东方汽车部件生产公司内部的 TPS 推进组织，它作为公司内从事改善活动的组织，其立命之本是丰田生产方式。”

多贺先生首先拿出了一幅图，图上注明了丰田生产方式的推进组织如何在企业内定位。（参照图 8）

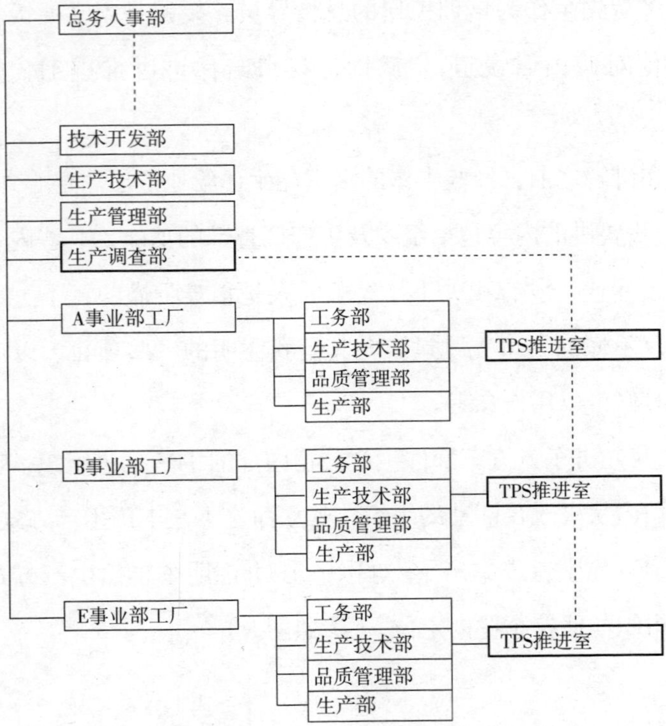

图 8. 具体实例：在推进丰田生产方式时，活动推进组织如何在企业内定位

“说到推进丰田生产方式的组织，生产调查部负责统筹公司全局，TPS 推进室负责统筹所在工厂。二者各有属于自己的事务局，前者叫 TPS 推进事务总局，后者叫 TPS 推进事务工厂分局。”

多贺先生接着说道：“由图示可知，当各工厂牵头推进 TPS 活动时，生产调查部的职责是提供指导和支援。而 TPS 推进室则立足于所属工厂，负责具体落实改善措施。在开展改善生产现场的活动时，原则上由班长和系长牵头实施。假如出现无法应对的情况，则可以向 TPS 推进室求助，让 TPS 推进室提供建议和协助实施。而由于 TPS 推进室需要制作用于改善活动的工具和箱子，因此其拥有钣金和焊接等方面的机器设备和技术人员。刚才说过，TPS 推进室负责统筹和落实所在工厂的 TPS 活动，所以该部门自然拥有理解 TPS 的主管和员工，有些是从生产部调过去的。”

4. 负责统筹公司全局的生产调查部

“多贺先生，我大致搞懂了生产调查部在组织中的定位，可生产调查部的职责、或者说功能又是什么呢？”

这是武内君一直疑惑不解的问题，当他作为局外人旁观时，总是搞不懂生产调查部究竟是干什么的。说到“生产”，该部门似乎并不符合制造类部门的属性；说到“调查”，该部门似乎给人一种盛气凌人的感觉，这么说也并不算冤枉，武内君曾经见过生产调查部推进改善活动时的行事风格——有的人的确有点居高临下和简单粗暴。

“关于生产调查部的职责和业务内容，大致有以下几方面。”多贺先生的归纳总结可谓简单明了。

1. 生产调查部的目标

针对生产制造中出现的各种问题，调查其真正原因并出台解决对策，这便是生产调查部门的存在意义。并且作为直属企业经营层的组织，它还发挥着调查企业经营状况、找出经营问题、提出经营对策的作用，在企业开展活动和领导政策立项时，都能提供重要的参考资料。

此外，生产调查部还担负着实现企业全球化制造的任务，如果说生产制造部门是拥有实际行动权力的一线部队，那么生产调查部就好比提出问题和提供支援的参谋部。

2. 生产调查部的对象

按照公司的制度，即便领导不在，高管们也应该发现问题、提出问题。为此，就需要生产调查部来找出经营问题。即便暂时没有明显问题，也要建立预测评估风险的管理指标，以保证企业在开展各类活动时都能做到心中有数和信息共享。而这正是生产调查部需要落实的工作。

当然，前提是企业的一切生产活动都遵循丰田生产方式。

生产部门的管理指标为：

①品质——品质指标；②生产（量）——需求指标；③成本（生产能力）——效率指标；④库存——库存指标；⑤安全——安全指标。

其中，②生产、③生产能力、④库存这三者属于生产调查部主管的项目。

3. 生产调查部的业务

（1）解决经营方面的问题

制定完善的制度和明确的指标，一旦出现与生产能力或生产量相关的问题，能够做到主动发现、及时解决。

（2）推进丰田生产方式

（a）教育与训练

在教育方面，负责制定教育体系，设定培养对象的入选条件。

在训练方面，负责做好与各部门和车间的协调工作，创造便于训练培养对象的环境。

（b）各种基础性的提高活动

在各工厂推进 TPS 活动时，负责设定主审人员的当选条件和相关职责。

负责教育和训练 TPS 主审人员。

（c）自主研究会

负责开发丰田生产方式的具体应用手段，与社内工厂自主研、供应商自主研和丰田生产方式自主研究会进行联动。

4. 生产调查部的职责

（1）主审人员的职责

指导和实践 TPS 活动的先锋。

（2）培养主审人员

从企业职能部门的角度看生产调查

“老师，我对生产调查不是很懂，而公司外部的人似乎比我

更不懂。”面对再次穿越出现的老师，武内君抓住机会问道。（参照图 9）

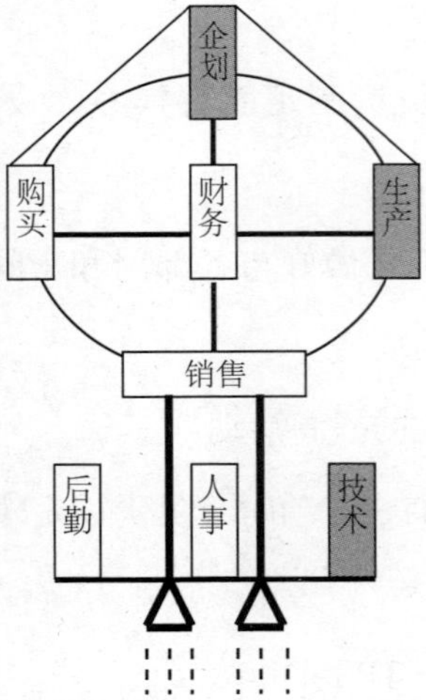

图 9. 组织的五大主要功能及三大辅助功能 ©Noboru Takeuchi.2012

“首先，绝大多数生产制造型企业的部门结构都可以用这张‘火箭图’来表示。图中注明了组织的五大主要功能及三大辅助功能，它们都是企业得以前进的推动力。这是我年轻时随手一画的图，如今看来，觉得还有点意思。生产调查部门在企业导入丰田生产方式的初期发挥着重要作用，可谓是将 TPS 思想扎根于企业的头号功臣。在 TPS 的初级阶段，该部门往往不太被人理解；反之，一旦 TPS 生根发芽、开花结果，该部门的存在感便会日渐削弱。纵观生产调查的各种职责和业务，的确和它的名字‘生产调查’有所出入，但换个角度看，生产调查部门的职能还具有企划性质，与生产和技术可谓关系密切。所以说，或许不应该把生产调查部门单纯视为推进 TPS 活动的主管部门。倘若如此限定其发挥的功能，那么一旦 TPS 在企业内扎根，生产调查部门就成了‘鸟尽弓藏’的对象，这无疑是不合理的。为了不断提高生产水准，需要不断的研究和探索。为此，不但需要保留生产调查部门，而且还需要让其在 TPS 活动中持续发挥领头羊的作用。”

老师的话阐明了生产调查部门在企业组织内的定位问题。对此，武内君表达了自己的感想。

“老师，这么说来，生产调查部门就好比是火箭的助推器。既然目标是飞到较高的轨道，如果有助推器给引擎加一把力，火箭就更容易进入轨道，对吧？”

“没错，”老师接着说道，“其实还可以用军队编制来比喻，但我是个反战主义者，因此不太喜欢与军队有关的一切。但为了加深你的理解，我就勉为其难地讲一下吧。生产调查部门就好比前线的侦察兵、刺探敌情的先遣部队。当出现问题，比如自然灾害等，生产调查部门就会率先派人前往受灾的供应商那里，开展现场调查，并将情况汇报给公司领导。正因为生产调查部门担负着这样的职责，因此才能成为直属企业经营层的组织。换言之，一旦企业面临危机，首先采取行动的便是生产调查部门。另一方面，一旦企业的丰田生产方式趋于成熟，TPS 的思维方式已经渗透至各个部门，那么生产调查部门的作用就不太明显了。说句题外话，在制造业的行话里，往往将物流称为‘后勤部队’或‘兵站’，有的货车上会直接刷上这样的标语。可见，虽然我个人不太喜欢这种比喻，但制造业的确像一场战争，只有胜者才能为社会做贡献。”

5.TPS 活动要以 TPS 推进室为基础，以工厂生产部为主

在工厂开展改善和革新活动时，各条生产线当然是最为基础的“根据地”。假如生产部拥有像“技术室”之类的配套部门，在开展类似活动时，就可以向其寻求帮助。但除了一些业内顶尖的大企业外，绝大多数企业的生产部都不具备这样的条件。由此可见，在开展改善或革新活动时，根据企业规模和状况的不同，其具体实施方式也会有所不同。

TPS 推进组织和具体生产线的相关负责人应该根据实际需要，同心协力地开展相关活动。比如在改善生产线时，就必须这么做。

在东方汽车部件生产公司，TPS 推进室则负责推进整个工厂的 TPS 活动。

在实施具体的改善措施时，生产部和工务部是行动主体。简单来说，前者负责改善生产活动，后者负责改善物流系统。但其他部门（比如品控部门、生产技术部门）也并非单纯的“局外人”。这些部门既有属于自己的 TPS 活动主题，也有支援生

产部开展活动的义务。

前面讲到，由于东方汽车部件生产公司的TPS推进室负责推进整个工厂的TPS活动，因此其自然具备类似“TPS统筹事务局”的功能。换言之，其既要制订整个工厂的TPS活动推进计划并递交给各生产部，也要归总业绩并予以评价。

此外，正所谓积少成多，如果要顺利推进整个工厂的TPS活动，那么类似小创意、金点子等日常的改善活动和小集体活动是不可或缺的“群众基础”。不少专家和书籍都对这种小范围的改善活动有所阐述，其不但不可小视，而且颇有历史。

在开展TPS活动时，生产部和TPS推进室之间的关系十分重要。

工厂需要根据公司的年度方针来设定各种目标的具体指标。生产部负责的年度目标有“①品质、②产量、③成本（生产能力）、④库存、⑤安全”，并需要制订相应的年度实施计划。该计划制订完成后，便需要先后经由生产科和生产系层层落实，再根据该计划制订具体到每月乃至每日的执行进度评价表。

为了达成各种目标，理论上是由整个生产部来开展活动，但在实际操作中，活动的基本单位往往是负责具体生产的各个班和各条生产线。通过“班、系、科、部”这样自下而上的顺序，逐步积累成果，从而完成整个生产部的既定目标。

丰田生产方式可谓包罗了所有的生产活动，但在推进TPS时，还是存在具体分工。譬如TPS推进室负责的项目是“②产量、③成本（生产能力）、④库存”，至于其他项目，则要依靠负责安全和品质的相关部门予以支援。

“提高生产能力”是对工厂的要求，其包括相应的指标和目标。针对该目标，各班和各条生产线需要制订年度计划，因为它们既是改善活动的实施主体，也是改善活动的基本单位，而在实施改善活动时，便要基于这样的年度计划。该计划往往包含减少人时、缩短工时和减少作业人员等，其目的自然是提高生产能力。一般来说，各班和各条生产线的负责人只要完成管辖范围内的目标和指标即可，但现实情况有时并不会如此顺利。一旦遇到较大的困难，假如生产部拥有配套的技术部门，则可以向其寻求帮助。

而在东方汽车部件生产公司，一旦负责实际生产的基层部门需要支援，便会向 TPS 推进室求助。

TPS 推进室为了管理和掌握所属工厂的 TPS 活动进度，会召开 TPS 活动报告会。参加对象为工厂主管以下的人员，该报告会每月定期举办，会议主题包括各部门和科室的年度计划完成情况，以及各条生产线的 TPS 活动实施情况。作为改善活动的基本单位，生产线的 TPS 活动进度关乎整个工厂的计划大局。所以说，该会议既是管理活动进度的手段，也是推进活动的激励机制。

TPS 推进室每个月都会总结现场情况，制作 A3 纸大小的《TPS 活动推进情况报告书》，并递交上级部门。

而各个班和各条生产线的改善情况则以《改善事例发表书》的形式呈现，内容包括计划和业绩，且会被纳入评估进度完成情况的体系之中。

至于各条生产线所着眼的课题则多种多样，有的聚焦于提高生产能力，有的聚焦于提升品质。具体来说，课题范围包括减少作业人时、提升机器的可动率、削减机器所占空间、提升产品良率、减少费用开支等。归根结底，都与生产成本息息相关。

因此，TPS 推进室的支援方式也多种多样。有时甚至会设定贯穿工厂各个部门的大课题，并带头主导实施；有时则会根据具体生产线的实际情况，在选择活动课题的环节便参与其中，比如让该生产线的负责人提出若干备选课题，然后由 TPS 推进室予以删选和敲定；有时为了制订计划，TPS 推进室的员工还会深入生产线，协助调查和掌握现场情况，从而由该生产线和 TPS 推进室共同决定改善活动的大方向，并制订相应的改善计划，计划周期一般在 3 个月左右。

生产线与 TPS 推进室共同开展 TPS 活动，一旦取得成效，便可作为正面典型案例，推广至其他生产线，而工厂生产部原则上是相关活动的实施主体。有句话叫“工厂带头横向开展活动”。

假如活动实施不当，就会招致失败。在 TPS 专业术语中，横向开展活动被略称为“横展”，而跌跤、失败在日语中叫“横转”，因此业内人士经常打趣道“横展搞不好就横转”。

TPS 推进室要想顺利开展改善活动，相应的人才储备是不可或缺的，有时还需要工厂的间接部门提供相应的生产技术支持。

在东方汽车部件生产公司，生产调查部是推进丰田生产方式（TPS）的主管部门，发挥着统揽公司 TPS 活动全局的作用。其负责监督和推行整个公司的丰田生产方式体系，甚至包括供应商和海外分厂。

前面讲过，工厂的 TPS 活动报告会每月定期举行。而生产调查部每个月也有类似的会议，其名为“全公司 TPS 会议及研修会”，在各个工厂轮流举办。会议的目的是统一管理全公司的 TPS 活动状况、促进各工厂之间的相互切磋和交流。对于海外分厂，则会按照区域划分，举办同区域跨国的分厂 TPS 研修会。

生产调查部就像总部指挥，而各工厂的 TPS 推进室就像指挥分部，实际的 TPS 活动还是要依靠各事业部和各工厂自己来实施和开展。为此，生产调查部对部内人员采用了“工厂分包责任制”，即指派特定的人负责特定的工厂。相应的负责人必须与各工厂的 TPS 推进室互相通气、互相协作，一起帮助工厂推进 TPS 活动，对海外分厂亦是如此。

接下来阐述与 TPS 人才培养有关的问题。

一般来说，由生产部或工务部的班长和系长与所属工厂的

TPS 推进室共同决定人选。入选的生产部人员便成为 TPS 推进部的培养对象，在一系列的活动中接受教育和训练，从而成为工厂的 TPS 人才。

生产调查部拥有系统性的 TPS 教育制度——研修生制度，好比是短期的“公司内留学”。通过专业讲师的教室授课和公司内外的实践活动，培养学员对 TPS 的理解和实践能力，使其在原工作岗位上发挥作用。一般来说，学成的学员都会回到原来的工作岗位上，但有时也会在尊重学员个人意愿的前提下予以岗位调动。

东方汽车部件生产公司也力图实现上述研修生制度，从而为企业培养更多有用的干部，但武内君所属的“第一届研修生”总共才 3 人。究其原因，是因为公司还不具备相应的环境，这属于高层领导的问题。

对于通过这种方式培养的 TPS 人才，日后还要在各部门轮番接受锻炼（主要是生产部、工务部、TPS 推进室和生产调查部），从而使其 TPS 实践能力呈螺旋式上升。

在自主研的日子 实践之卷

6. 丰田生产方式自主研究会（自主研）的活动

作为生产开发部的管理人员，武内君和山中君参加了总公司工厂开办的“社内自主研”。其活动内容分为两大块，一块是“工厂科长自主研”，由工厂的管理人员组成团队，协同开展工厂内的 TPS 改善活动；另一块是“特别自主研”，参加者为各职能部门的管理人员，其目的是学习和了解 TPS 的相关知识。该活动主要由总部工厂的 TPS 推进室负责开展。

在东方汽车部件生产公司，这样的“工厂自主研”被称为“社内自主研”。那么问题就来了，既然有“社内”的，那么“社外”的呢？

“社外”有**丰田生产方式自主研究会**。

前面讲过，东方汽车部件生产公司隶属于大型车企，属于集团型企业的一员。而总集团（丰田汽车）主办的“丰田生产方式自主研究会”是提升全集团 TPS 活动水平的重要机构。在丰田公司生产调查部主审人员的指导下，麾下企业的参加者们通过互相交流和切磋，不断提高各自的业务水平。

前面阐述的“社内活动”和接下来要讲的“社外活动”“丰田生产方式自主研究会”其实殊途同归，它们都属于集团型企业开展 TPS 活动的一种手段，企业与供应商之间的 TPS 活动体系亦是如此。

对于没有实际参加过的人而言，自主研是难以理解的神秘组织，可事实并非如此，你可以将其视为推进丰田生产方式的组织，或者说一种推进丰田生产方式的手段。虽说其定义简单明了，但实际内容却复杂多样，这也可以解释为什么很少有专家和书籍对自主研活动有较为详细的阐述。此外，随着时代和环境的变迁，自主研活动也在不断发展变化。为了让大家对自主研的活动方式有个较为具象的概念，我简单举个属于雏形的事例。

该事例引用自岩城宏一所著**《实践丰田生产方式》**（日本经济新闻社 2005 年 P197），书中介绍了昭和五十一年（1976 年）的首届丰田生产方式自主研究会，当时的发起者和参加者总共就十几人。通过了解丰田生产方式自主研究会的始祖，我们既能感受到初期丰田生产方式在新世纪的传承延续，也能体会到前辈们培养人才的用心良苦。

如今，丰田生产方式自主研究会已然发展成为数十家企业共同参与的大型组织，但其主旨和概要并未改变。

（1）自主研的目标

（1）–1 培养人才

（1）–1–1 培养能够推进改善活动的管理人员

· 在短期内落实改善活动的能力

· 打破陈规和制约条件的魄力

· 亲自实践的能力

（1）–1–2 培养开展改善活动的核心人物（提高改善能力）

· 灵活运用改善能力评估表

（1）–2 改善的巨大成果

· 因地制宜的改善活动

· 可持续性的改善对策

（1）–3 深化 TPS

· 开发 TPS 新概念

· 开发具体的手段

（2）自主研的特征

（2）–1 实施成员不能是实施对象

· 实施对象应自觉开展活动

· 实施成员应来自各相关部门

激励实施对象

· 培养实施成员的洞察力

俗话说“灯下黑”，实施成员通过审视其他部门，发现

自己部门存在的问题

（2）–2 实施成员不能光提案，而要亲自实践

（2）–3 实施对象的情况反映了活动的实际成果

（3）自主研的注意点

（3）–1 自主研的活动预算应与实施对象的活动预算分开，二者独立设定和评估

（3）–2 在选拔改善活动的核心人物时，不应考虑职位因素

（3）–3 在活动实施期间，应调整组织制度和职务分工，以便让实施成员能够专注于改善活动

（3）–4 实施必须出成果，切不可只做书面报告之类的表面功夫

（3）–5 自主研的实施对象必须自觉推进改善活动

（4）自主研与普通改善活动的差异

普通的业务改善活动通常基于自身的需求，并以自主的方式实施。与之相对，自主研在实施改善活动时，则拥有上文提到的目标与特征，而改善活动的规模和难度反倒算不上决定性要素。正因为如此，自主研既可实施单一的小课题，也可实施需要联合多个部门的大课题。

7. 丰田生产方式自主研究会（自主研）的组织、课题与参加成员

前面讲过，东方汽车部件生产公司属于“丰田生产方式自主研究会”的成员。该研究会的主导者是丰田汽车公司，因此对东方汽车部件生产公司而言，它属于“社外自主研”，对其他“丰田系”的企业亦是如此。

丰田生产方式自主研究会为丰田集团的下属企业提供了能够实践 TPS 的场所（改善活动的实施对象），不但能促进各企业之间的相互交流，还能为培养人才发挥作用。此外，它也是使丰田生产方式不断进化和深化的研究阵地。由此可见，在提升集团整体 TPS 水准方面，自主研的功劳确实不小。

在评价和分析这种集团总部发起的 TPS 改善组织时，需要将其和各家下属公司的相应组织联系起来，并且要考虑丰田生产方式自主研究会的指导意义。换言之，“社内”和“社外”的 TPS 活动是有机结合的。一手提升“社内自主研”的水平，一手促进与丰田生产方式自主研究会的联动。只有这样，才能让改善活动取得成效。

参加丰田生产方式自主研究会的企业有数十家。

这些企业被编入数个小组，每个小组都有组长、副组长和组员的角色分配，企业按照各自的角色开展活动。小组数量的明细如下：

零部件制造商大约40家，分为6组；车身装配商大约10家，分为2组。

参加的企业还必须登记各自的参加人员信息，如活动总干事、主任、副主任、普通参加者等。

各企业以主任为核心，实施对象为平台，共同研究课题，推进改善活动。对于各企业的自主研参加者，下面简称为“自主研学员”或“学员”。

丰田生产方式自主研究会开展活动的频率原则上为1年1次。

每年年初，研究会便会发布总方针，而各组则据此制订年度方针。为了解决设定的课题，各企业的参加人员花费3个月左右的时间走访各家会员企业，并开展相应的改善活动。

到了年末，便召开全体会议，发表活动成果。车身装配商所属的小组也好，零部件制造商所属的小组也好，其活动总干事、主任和普通参加者会齐聚一堂，进行各方面的年度报告工作。包括总结活动经验、汇报各小组的改善事例等等。

主任级以下的自主研学员人数较多，其在研究会中的活动内容也较为复杂，而且会根据具体情况而变化。

对于选取的课题，丰田生产方式自主研究会的要求颇高。首先要在“社内自主研”中获得充分的讨论和认证，使课题的水准符合相应要求，方能提交。至于课题能否入选，不仅要看课题涉及的改善活动本身，还必须考察实施对象的情况和场地，从而保证自主研学员能获得研修的效果。有的课题没有按时提交给丰田生产方式自主研究会，便失去了入选的资格；有的课题在“社内自主研”的积极活动中已经取得成果，正当相关人员以为大功告成时，却接到了入选通知。面对第二种情况，不少人反而会觉得不知所措——“都已经改善好了，还能再搞出什么名堂来？”

以正、副主任为代表的自主研学员往往都是精通 TPS 活动的老手，他们也是开展改善活动的主力。也正因为如此，不少课题难度较大，甚至连目标和方向都未明确，其目的就是训练学员“从零分析”“抽丝剥茧”的能力。

对自主研而言，所选课题必须“值回票价”，即能够成为值得自主研学员去研究的东西，这点是关键。反之，一些问题连外行都能看出来，却在不加以改善的情况下直接作为课题提交，这就属于滥竽充数了。按照 TPS 的思维方式，这种所谓的“课题”根本不值得研究。

而 TPS 的新概念和新手段，便是自主研的开发成果。

讲到这里，自主研的重要作用可见一斑。与之相对，普通的改善活动不但达不到这个层次，其指导者也会出于种种原因而浮于表面，最多有“改善之形”，而无“改善之魂”。

虽然都统称为“自主研学员”，但其实正、副主任并非单纯的学员，其原本的职责是在社内推进和开展丰田生产方式。但在现实中，由于种种原因，这群人往往忙于社外活动，不少人对社内无暇顾及。这也从另一个角度反映了他们能力出众。

接下来的内容围绕“**开展丰田生产方式的 TPS 推进者**”，并将简单介绍其职责所在。

(1) TPS 推进者的定位

（1）–1 所谓 TPS 推进者，即丰田生产方式自主研究会中的活动总干事及正、副主任。他们也是在社内开展丰田生产方式相关活动的核心人物。

（1）–2 各企业应该致力于开展丰田生产方式的组织活动，并为此制订相关计划、推进必要事项。

（1）–3 各企业应该建立灵活的用人体制，选拔合适的正、副主任，并将其视为培养对象，今后使其担任生产部门的负责人。

(2) 活动总干事的职责

（2）–1 作为领导，参与策划社内外的自主研活动。

（2）–2 亲自开展针对社内生产部门管理人员的培训活动。

（2）–3 有计划地选拔和培养正、副主任，既要让他们认识到自身的职责所在，也要为他们创造便于开展活动的社内环境和组织结构。

(3) 主任的职责

（3）–1 负责社内自主研相关活动的立案、策划、运营，评价活动内容和成果，并向活动总干事汇报今后的活动推进方针。

（3）–2 参与策划社外的自主研活动，并将其中卓有成效的活动内容报告给活动总干事，以作为今后在社内横向开展的项目。

（3）–3 制订用于培训的教材，同时负责策划及运营社内的培训活动。

自己公司的 TPS 水准几何？对 TPS 水准的“5 阶段评价”

“老师，我听过一个词，叫‘TPS 水准’，它是什么意思呢？”武内君的问题虽然单纯，但非常实在。

“在评价一家企业时，TPS 的业内专家有时会说‘（该企业）TPS 水准高’或者‘TPS 水准低’。其实，不管是高是低，凡是能用‘TPS 水准’来评价的企业，其 TPS 活动必然已经达到了一定的水准。接下来，我就具体介绍一下有关 **TPS 水准的评价体系——‘5 阶段评价’**。”（参照表 1）

表 1. 对 TPS 水准的“5 阶段评价” ©Noboru Takeuchi.2012

	TPS 水准	生产现场的状态	具体生产实例
A	按照生产计划开展生产活动	· 管理不到位 · 无从判断正常或异常 · 始于 2S 的水平 · 一切交给负责人处理(个人色彩浓厚),没有通用标准	作业人员和物件呈无序状态,作业人员动作缓慢,物件散乱,很难查找。 无法研究和分析作业内容,观察者无从得知作业人员的行动意义,单纯依靠作业人员的记忆来管理物件和工具。

续表

	TPS 水准	生产现场的状态	具体生产实例
B	低水准的丰田二级制造供应商	·没有实现 KANBAN 管理 ·KANBAN 只发挥了货签的作用	开展生产活动时，不遵循 KANBAN 上的客户信息，而只考虑自身的便利与否；往往采取大批量生产，待交货时，将 KANBAN 贴在周转箱上，等于只是货签而已。
C	·高水准的丰田二级制造供应商 ·低水准的丰田一级制造供应商	·通过 KANBAN 来进行生产管理 ·1 个订单 1 次生产，与客户的需求频率同步	开展生产活动时，遵循 KANBAN 上的客户信息，1 个订单 1 个批次，采取拉动型生产，实现了丰田生产方式的形态。
D	·高水准的丰田一级制造供应商 ·丰田公司的现状	·通过 KANBAN 来进行生产管理 ·灵活运用 KANBAN，将其作为高层次的改善工具 ·与客户的需求保持同步，1 个订单分解为多次生产及多次搬运	通过 1 个订单多次生产的方式来实现均衡化生产；凭借自身的钻研和努力来实现碎片化生产（小批量混流生产）；并通过“多次拉动”的企业内物流来实现工务的同步。 KANBAN 成为企业内的常识，贯穿企业的各个部门。 改善活动实现体制化，并配备支援机构，改善活动不再只是生产现场的任务。
∞	理想的企业	达成理想形态	从企划和开发阶段便充分考虑企业的实际情况，以最为合理的方式推进活动。

老师接着说道：“我的前辈多贺先生是 IE 方面的专家，在和他的一次自由讨论中，我们总结出了上面的 TPS 水准评价机制，这终究是我们的一家之言，仅供参考。他经常去各工厂做评估工作，我也同行过数次。所谓工厂评估，首先需要按顺序检查评估表上的各个项目并打分，然后要把握对象工厂的优点和缺点，最后提出具体的改善项目。但如果是像多贺先生那样

经验丰富的人，哪怕只是大致在工厂转一圈，也能立即掌握不少情况。上面的表格亦是如此，其并非基于详细的数据，而是凭借经验和感觉的宏观判断。要想真正提高 TPS 水准，就需要遵循详细的评估指标，通过实实在在的努力，一步一个脚印地提高亟须改善的各个项目。”

“老师，”武内君又问道，“这么说来，KANBAN 就成了衡量 TPS 水准的重要尺度，可如果没有 KANBAN 的话，那要怎么办？”

“在上面的表格中，为了便于理解，才把 KANBAN 作为基准的。而且，虽说表格叫‘对 TPS 水准的 5 阶段评价’，但其实也可以不用‘TPS 水准’的说法，改称‘生产体系水准’或‘改善活动水准’皆可，甚至还可视其为抽象的生产指标。生产活动归根结底是各种工作结果的集成，不管采取什么角度，不管以什么为基准，在我看来，其评估结果不会有多大差别。”

“我和多贺先生的思路很明确，”老师接着讲道，“把 TPS 水准分为 5 个阶段，分别是‘A. 未进行管理的水准’、‘B. 未及管理水准’、‘C. 初级管理水准’、‘D. 高级管理水准’、‘∞. 理想形态（理想的企业）’。之所以用字母 A 来表示最低水准，是为了与后面会讲到的‘提高 TPS 水准须经历的阶段’相呼应，现状为起点 A，理想则无穷大（∞），这便是 TPS 改善活动的思维方式。之所以用∞这个符号，是因为改善活动也好，企业和个人的成长也好，都是永无止境的。这也是丰田生产方式的根本思想。其实这个道理不仅适用于生产制造，与其他领域也是相通的。就拿体操表演来说，以前的最高难度为C级，就算选手做出比C更难的动作，也属于难度C的范畴。后来则有了'终极C（Ultra C）'的难度系数，如今难度系数最高为G。"

"这么说来，以后的TPS水准可能会出现E级，对吧？"武内君问道。

"对于TPS水准的评价体系问题，大家的意见可谓五花八门，但我赞同你的观点，假如评价标准能够更为细致和明确，在工厂开展改善活动时，就有一个可供参照的基准点，这将使各种交流和讨论变得顺畅。考虑到全球化竞争的不断加剧，我个人觉得'E级'在不久后或许应该出现，但要想从D级提升至E级绝非易事，对于D级的企业而言，不但需要更进一步的努力，还需要各部门协同商议。而对于那些尚处于TPS初级阶段的企业而言，E级则是遥远的目标。话说回来，如果有统一且细致的评价基准，相关负责人不但能知悉自己工厂所处的水准，也能掌握其他分厂乃至竞争企业的TPS水准。这就和电脑或手机的跑分软件一样，通过统一软件的测试，便能对其性能水准一目了然。为此，就应该抓住机会，多去其他企业的工厂参观学习。虽说一下子很难做到正确评估，但只有多多参照同行的工厂，才能逐渐对自家工厂的真正水准做到心中有数。我去过许多家工厂，也经常下意识地给它们评级。有时碍于情面，工厂方面向我征求意见时，我会注意措辞和表达。当然，视察和评估并非靠单纯的走马观花就能一蹴而就的，只有认真听取意见、详细调查研究、全面评估工厂，才能提出对策，从而把视察评估和改善活动真正联系起来。”

8. 自主研的团队组建 大致分为“制造”与“物流”两大类

自主研涉及的课题往往涵盖整个企业或工厂。（参照图 10）

对零部件制造商而言，其前后工序分别有客户和供应商；而对车身装配商而言，其客户即销售商。

而如果要组建开展改善活动的团队，其大致可以分为两类——“制造”和“物流”。根据实际需要和状况，二者还能够进一步细分，从而组成团队。

“制造”可细分为“零部件加工”和“装配加工”团队。

“物流”可细分为负责搬运厂内物件的“厂内物流”、负责供给物件的“进货物流”、负责将产品出货的“交货物流”以及负责在同一企业旗下各工厂之间搬运物件的“工厂间物流”，每一类物流皆可构成团队。

当然，对应的团队并非一定存在，但都属于亟待改善的对象。

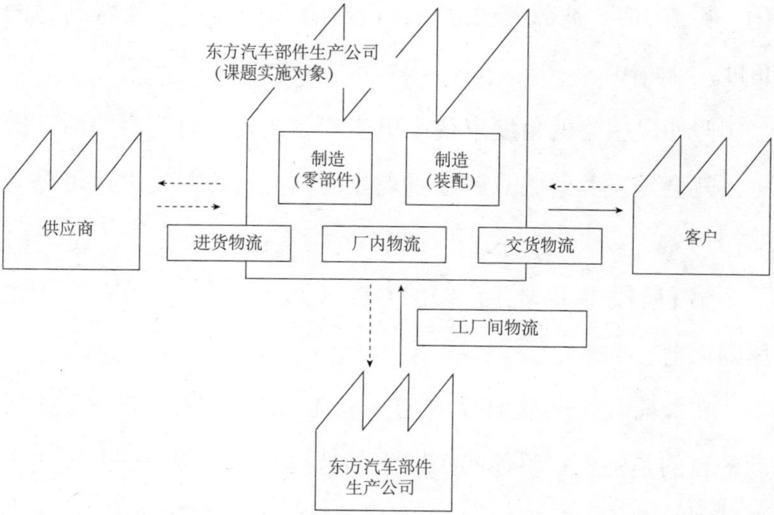

图 10. 自主研修团队的层次差异 ©Noboru Takeuchi.2012

某家企业的高层领导曾在演讲中说过这样的话——"(我)公司一直采用丰田生产方式，也请教过无数的业内专家。在我看来，同时精通 JIT 与自働化的人是不存在的"。此外，他还提出了"制造自働化，物流 JIT"的观点。

其实，生产线是一个错综复杂的现场，尤其是自働化和 JIT，这两种思维方式在其中可谓互相联系、互相交错。因此，说"制造自働化，物流 JIT"是有失偏颇的。换言之，不能把二者单纯割裂开来。

但上面那位领导的话也反映了行业内的一个普遍问题——对 TPS 断章取义的草率观点比比皆是。

但他的话也并非完全错误，从某种意义上来说，"制造自働化，物流JIT”是部分成立的，关键看具体问题以及看问题的角度。

假如以粗略的角度审视丰田生产方式自主研究会的活动历史，就会发现其着眼点和着重点在逐渐变化，并且大致可分为3个阶段。

第I阶段 以提升生产线的QCD（品质、成本、交付）为主体的活动

在该阶段，实施对象的TPS水准为“B”“C”兼有。而活动的目的是把工厂整体的TPS水准都提升至C级——开展生产活动时，遵循KANBAN上的客户信息，采取拉动型生产，1个订单1个批次。活动的先决问题是提升生产线的生产能力和品质，由于作业人员较多，因此改善活动的效果往往较为明显。正因为如此，承载物料流动的生产线便成了改善活动的焦点。基于JIT和自働化的思维方式，开展活动的“改善人员”千方百计地提升生产线的水准，这种针对制造的改善活动较为偏重于自働化。

不少老派的指导者对该领域较为擅长。

第II阶段 以提升工厂的整体物流和体制为主体的活动

通过第I阶段的活动，生产线得到改善，并且TPS水准也逐渐向D级靠拢——通过1个订单多次生产的方式来实现碎片化生产（小批量生产）。既然负责生产的部门已经实现了碎片化生产，如果负责物流的部门依然“老方一帖”——1个订单1

个批次地搬运，那等于前后矛盾了。假如大批量搬运的问题不解决，那么生产部门为了与物流部门同步，可能会倒退至原先的大批量生产，这等于使改善人员和生产人员辛苦构建的先进生产形态付之东流。

因此，该活动的当务之急是改善已然落后的物流体系，其应从制造和库存管理两方面入手。此外，不少改善活动也存在局限性，往往着手的地方是改善了，而前后工序却“改坏”了。这种改善活动并不到位，只能称为“局部改善”。

因此，在第II阶段，应该着眼于工厂的整体物流和体制。既要消除物流过程中的无谓浪费，也要建立针对制造的支援机制。此外，还要建立有助于实现均衡化生产的体制，并开发相关工具，从而使制造和物流水准实现同步提升。

问题在于，能够同时指导制造和物流的专家的确不多。

第III阶段 以适应整体为目标 深化丰田生产方式的活动

通过第II阶段的活动，虽然中途可能有倒退的情况，但工厂的TPS水准基本达到了D级。到了这个水准，既要努力前进，也要维持稳定。此时，制造和物流都实现了碎片化（小批量）。换言之，二者取得了平衡和默契。

这时的压力来自外部市场环境的变化，为了应对日益激烈的竞争，就需要生产出品质更高的产品。高层领导会下达“再次将活动重点放在自働化上”的命令，可谓回归原点。换言之，需要再次在生产线上下功夫，并将其提升至新的高度。

在实际生产现场，自働化的思维方式尤其重要。以“实现百分百良率”为初始目标，进而发展成名为“自工序完结”的全体活动——每名员工都是质检人员，对自己的工作和经手的产品负责，既不单纯依靠品控部门发现问题，也不把问题带到下一道工序中。不仅是直接从事生产活动的部门，就连从事事务性工作的间接部门也要参与其中。通过这种提升工作和产品质量的活动，使全体员工都能学会用丰田生产方式来思考问题。

各个部门和岗位的员工分别设定各自的目标。与此同时，也要考虑工厂和企业的全局，力图开展最适应整体的改善活动。有的改善项目可能适合某个部门或岗位，却不适合整个工厂或企业，这时就要选择摒弃。这说来容易，要做却很难，因为每个人都不愿承认自己的努力是白费。

当前处于第 III 阶段。

可见，丰田生产方式自主研究会的活动体现了其对于丰田生产方式的看法——循序渐进。当然，也存在其他不同的观点和意见。但既然要以螺旋上升的方式不断提高 TPS 水准，“一手抓制造，一手抓物流”的改善方式则是颇为可取的，二者的均衡发展能够实现有效提升。

而在现实中，不少改善活动往往存在“重制造、轻物流”的问题。

JIT 与自働化

“老师，你曾讲过 JIT 和自働化是丰田生产方式的两大支柱，我希望能够加深对二者的理解。”

“市面上有许多书都讲到了这方面的问题，下面做简单说明。”

“先讲 JIT 的思维方式，即后道工序向前道工序领取物品，且只在需要的时候领取需要的物品和需要的数量，被领走多少，前道工序就生产多少。”

“为了实现 JIT，”老师接着讲道，“需要具备 1 个前提条件和 3 个基本条件。”

（1）JIT 的前提条件是均衡化生产（参照图 11）

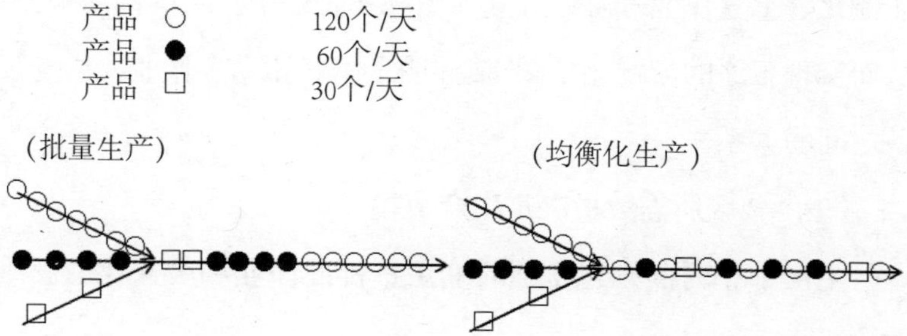

图 11. 均衡化生产的思维方式［出处：武内登著《丰田细胞式生产》（JMAM 2006 P133）］

所谓**均衡化**，是指产品的产量和种类都在时间轴上实现平均化。在英语国家，有时会将其译为“LEVELED”，但该英语单词的原意为“等高”“平均”，缺乏“均衡”的语义，所以有些海外工厂干脆直接使用日语音译——“HEIJYUNKA”。

所谓批量生产，即将同一产品归总生产；而在均衡化生产中，则以生存率为基准，次序却是随机的。由于批量生产是“一股脑儿”地生产各种产品，因此对前道工序的零部件需求变动往往非常大；而均衡化生产则不同，由于给予前道工序的需求信息是均衡的，因此能够消除整体的无谓浪费，从而有助于降低成本。

（2）JIT 的基本原则

（2）-1 **工序流畅化（参照图 12）**

凭借**按工序顺序配置设备**、**“一个流”**、**同步化**、**作业人员多能化**、**站立作业**等思维方式，消除各工序中物料的停滞现象，从而实现工序的流畅化。图 12 注明了物料流动、作业人员与设备之间的关系。

（2）-2 **以所需数量决定生产节拍**

生产节拍时间则包含**适时变更**、**标准作业**和**少人化**的思维方式。

生产节拍时间的概念至关重要。所谓“以所需数量决定生产节拍”是指由顾客（后道工序）所需的物料数量决定生产速度。其理想形态是以最终消费者的购买速度（产品的销售速度）进行生产，即销售速度 = 生产速度。这便是生产节拍时间。

其计算公式为：生产节拍时间（秒）= 平均每天的运转时间（秒）÷ 平均每天的必要产量。如果在开展生产活动时能够遵循该生产节拍时间，就能够应对需求变动。

该思维方式的基础是“需求 = 产量”。通过遵循生产节拍时间，便能杜绝过量生产所造成的浪费。

（2）–3 **后道工序拉动前道工序**

这点在“旅途一”中已经讲过。

以 KANBAN 为载体的“KANBAN 生产”是一种手段，其目的是让后道工序能够更为流畅地拉动前道工序。

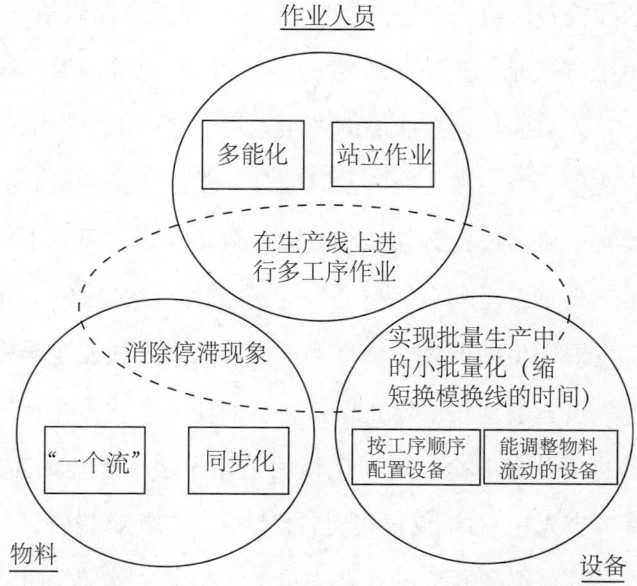

图 12. 工序流畅化的思维方式 [出处：武内登著《丰田细胞式生产》(JMAM 2006 P135)]

“老师，”武内君又问道，“TPS 的专业术语真是种类繁多，我都有点晕乎了。我以后不追求面面俱到，只根据实际需求去学，这样可以吗？”

“你的想法很对。此外，有的思维方式较为深奥难懂，你大可不必性急，慢慢理解就好。记住，要在实践中出真知。”

接着，老师又讲起了自働化。

“前面提到过，所谓**自働化的思想**，是指‘一旦有异常，机器停止，生产线停运’。其目的是确保产品的品质，因此非常重要，需要加深理解。下面讲一下**自働化的两大基本原则**。”

老师接着说道：“其一是‘**在工序中保证产品质量**’。自働化的思维方式是‘防患于未然’，一旦出现异常，生产线便会停止运转，从而杜绝残次品的产生。换言之，为了保证产品质量，应在生产线中嵌入能够及时发现异常的设备和机制。一旦出现异常，机器设备必须能够感知并自动停止。而对于负责装配的生产线而言，则有名为‘**另一种自働化**’的思路，它是‘自働化’发展衍生的产物。一旦手工作业的生产线发生异常，允许作业人员自发地按下停止按钮，从而使生产线停止运转。虽然这种自働化并非全自动，但最为适用于手工作业的生产线。其二是‘**省人**’。对于仅仅实现‘自动化’的机器设备，一旦出现残次品，就需要相应的作业人员关停机器，就像是机器的保姆。如果有一个能够监测和发现问题的装置，就能自动拣选出残次品或关停机器。这样一来，就能把原先‘当机器保姆’的作业人员调到能够创造更多附加价值的工作岗位了。”

9. 通过社内自主研的改善活动 学到了思维和方法

前面已经讲过，武内君参加了总公司工厂开办的“社内自主研”活动。他的参加身份是生产调查部的总公司负责人，而总公司工厂的 TPS 推进室则在活动中发挥着事务局的作用。

活动的课题是“改善 FEN 底盘的生产工序”。

活动的主旨简单明了——改善 FEN 底盘的生产现场，并将其作为下届丰田生产方式自主研究会的会场。至于具体事项，则由生产调查部和 TPS 推进室共同商定。总而言之，必须提升该生产现场的 TPS 水准，使其能够为自主研成员提供有价值的研修条件，从而拥有作为“丰田生产方式自主研究会”会场的资格。

为此，除了日常的改善活动外，还需要生产调查部和 TPS 推进室同心协力，才能有效提升水准。虽然自主研的规模较小，但改善活动可谓任重道远。就拿 FEN 底盘生产现场的职务分工制度来说，虽然亟待改善，但知易行难，这难免让相关负责人心生踌躇。

而对武内君而言，这是他头一次以指导者的身份开展改善活动。既是难得的实践机会，也是宝贵的学习机会。这与他之前在生产现场开展的“试错”型改善活动截然不同，能够使他迅速成长。不仅如此，由于自主研中专家云集，因此能够学到不少与改善活动相关的经验和方法。总之，亲身实践是改善活动的重要前提，也是学习 TPS 的要诀所在。唯有实践，才能出真知。

业内人士经常说：“TPS 学得好，亲身实践少不了。”倘若自己无法做到，那么 TPS 只能是空中楼阁。TPS 培训活动应该把“理论听讲”与“亲身实践”相结合。因此，学员们在学习时大可根据自身水平循序渐进，但切忌在稍稍入门后就自以为掌握了 TPS，不少人会掉入这样的陷阱。

上面说的这种人，武内君就碰到过两次。当时武内君正在海外工厂参与改善活动，话说到一半，在场的欧洲籍员工就忍不住插嘴道：“这个我懂，我来解释吧。”于是开始滔滔不绝地长篇大论。可对方说的内容不但照搬照抄书本理论，而且还存在理解方面的错误。此外，在教室授课环节，在讲标准作业时，有的人稍微听了一会儿，就说“我已经搞懂了什么是 TPS”，然后就自说自话地离席了；有的管理人员则只会卖弄诸如“TPS 活动应该自上而下”之类的核心结论，却缺乏实践能力。倘若 TPS 如此容易掌握，那大家何必这么辛苦钻研呢？

另一方面，业内的有识之士们根据自身的经验和知识，从不同角度著书立说，力图探究丰田生产方式的本质。而作为学习者，则应该在积累实际经验的基础上真正理解作者的思想主旨。换言之，要想理解TPS的本质，绝非一朝一夕之功。既要花费漫长的时间，也会遭遇困难和疑惑。不仅如此，有的知识必须经过实践后才能理解。

至于为何将FEN底盘的生产现场作为TPS改善活动的对象，其实是有现实原因的。

该产品虽然在生产过程中存在问题，但依然实现了较为理想的产量和良率，也为公司创造了相应的利润，可谓核心产品之一。最近，由于客户工厂在逐渐淘汰旧款底盘，其替代品——FEN底盘的订单呈现增长趋势，因此FEN底盘的产量自然也在稳步增长。根据客户提供的消息，3个月后，其需求量会增加将近1倍。为此，必须抓紧时间予以应对，因此组建了开展改善活动的团队。

该生产工序的前道工序是用机器加工零部件并手动装配。

由于客户的需求急速攀升，因此增加设备和人手并非首选策略。不仅如此，按照TPS的思想，越是这种情况，就越要想办法在不增加人手的前提下，通过改善活动来应对提升产量的需求。倘若只知道机械化地增加人手，那么成本就会不断膨胀。因此，只有凭借智慧、推进改善活动，以最少的投资完成任务，才是最为理想的方式。我见过不少以"扩大产量"为目的的改善活动，一旦成功，便能搭建"坚强"的生产线。

改善活动带来的效果涵盖多个方面，比如减少作业人时、提升设备性能、减少各种能源消耗和空间占用等。它们同时也是改善活动的目标所在。

换言之，“改善 FEN 底盘的生产工序”这一活动课题的主旨是在不增加人手和设备的前提下提高生产力，从而应对 3 个月后“产量倍增”的现实需求。

成为“改善人员”晋升专家之卷

10. 何谓生产能力：表面效率和真实效率，稼动率和可动率

前面提到过，改善的根本目的是降低生产成本。为此，凭借 JIT 和自働化的思维方式，消除各种无谓浪费并推进改善活动。而在生产现场，活动内容就具体为“提升生产指标”。

下面，将从 TPS 的角度阐释什么是**生产能力**。

一般来说，可以用“生产能力＝产出（output）÷ 投入（input）”的公式来计算生产能力。假如视一整天的产量为产出，视作业人员为投入，那么生产能力便是每名作业人员每天的平均产量。

而在 TPS 体系中，则有名为“真实效率”和“表面效率”的思维方式。

假设有一条现有产能为“1 天 10 人 100 个”的生产线，通过改善活动，其产能增至“1 天 10 人 120 个”。如果市场需求（所

需量）为 120 个，那么这种效率的提升自然能带来好处；反之，如果市场需求依然为 100 个，那么等于出现了 20 个多余的产品，其结果是材料、人工的浪费和库存的增加。可见，后者虽然也提升了效率，但却无法与降低成本的目的挂钩。

对于这种在需要减产或维持现有产量的情况下超量生产的行为，即便提升了效率，也只能称其为“**表面效率**（仅仅是数据上的效率提升）”。

反之，所谓“**真实效率**”是指减少作业人员的改善成果。再以前述的生产线为例，现有产能为“1 天 10 人 100 个”，通过改善活动，其产能增至“1 天 8 人 100 个”，不但提升了效率，而且维持了现有产量，从而避免了过剩而导致的浪费。

按照 JIT 的思维方式，为了实现“只在需要时逐个生产所需物品”的终极目标，需要相应的生产节拍来控制生产速度。生产节拍时间的计算公式为“每日稼动时间（秒）÷ 每日所需产量”。

在追求生产能力时，往往会过分执着于“每日产量”之类的表面效率值，而“真实效率”的概念则能够起到“拨乱反正”的作用，从而避免过量生产而导致的冗余库存。只有提高真实效率，才可谓从真正意义上提高生产能力，这也是实施 JIT 过程中的一大挑战。

无论是增产还是减产时，都能做到按需生产（销售量 = 产量），这样的体制可谓生产现场的理想形态。这既是相关从业者的奋斗目标，也是今后制造业的现实要求。

此外，改善设备也至关重要。对于机器设备的生产能力，也有与上述"效率"类似的概念。

这便是"稼动率"和"可动率"的思维方式，其隶属于TPS体系。可见，即便在机器现场，也十分重视"按需生产"。

所谓"**稼动率**"，是指"机器设备满负荷运转时的产量与实际产量的比值"。打个比方，假设一台设备的日均满负荷产量为1000个，那么当日产量为900个时，其稼动率便为90%；至于"**可动率**"，则是指"与设备启动后应发挥的生产能力相比，其有效启动的比率"。这的确是一个较为晦涩的概念，为了便于理解，姑且先记住下述结论：

如果设备在需要启动时每次都能正常启动，那么其可动率便为100%。

那么问题又来了，"需要启动时"是什么意思？这个"需要"的源头是"按需生产"，即防止"产量过剩导致冗余库存"的生产方式。打个比方，假设一台设备的日均生产能力为1000个，而所需的日均产量为500个。这样一来，该设备只要运转半天就够了。在设备毫无问题的情况下，只要开动半天，便能达成所需产量（500个），完全实现了有效运转，其可动率便为100%。

反之，假如机器设备无法实现有效运转呢？

比如设备屡次短停而导致大量时间浪费，或者为了避免短停而让设备慢速运转等等，最终使得该设备运转一天的产量为500个，由于其原本的日均生产能力为1000个，因此其可动率便跌至50%。

假如只看表面化的稼动率，那么上述情况就可能被描述为“设备满负荷运转了一天，稼动率为100%，没有问题”。可见，一旦可动率低下，就说明存在能量和资源的浪费。

因此，为了让设备和工序的可动率达到100%，不但必须做好设备的保养维护工作，还必须努力缩短甚至消除换模换线所消耗的时间。

要想有效改善设备和工序、追求真正的生产能力，就必须重视可动率，这也是JIT的思维方式——用可动率为100%的理想设备实现“按需生产”。

但在现实中，大家往往误以为“稼动率就是生产能力”，这种倾向在欧美工厂尤其严重——把稼动率视为机器设备的主要管理指标，不把过量生产当回事。

这种管理方式存在根本性的矛盾——明明应该使用TPM中的综合设备效率OEE[①]思想来“按需调整”设备的稼动时间，但却只把OEE的数值大小作为管理指标。换言之，一旦需求减少，设备的单位时间稼动率就应随之调低，但却因为OEE数值高而不做变动，这样势必导致实际可动率低下。

---

① OEE是“Overall Equipment Effectiveness”的缩写，被译为综合设备效率或全局设备效率，它由可用率、表现性以及质量指数组成。——译者注

在这样的管理方式下，“过量生产而导致的冗余库存”自然成了被忽视的问题。

长此以往，既有设备势必无法发挥应有的生产能力，一旦需要大幅增产，相关负责人不会去改善设备，而只会想到去添置新的，从而造成循环性的浪费。

11. 改善生产线：改善作业①减少作业人员的浪费以及“少人化”的思想等

倘若要改善生产线，首先应该把着眼点放在生产线的三大基本要素上——**作业人员、设备、机制**。

而针对这3要素的改善方式则分别为**改善作业**、**改善设备**和**改善工序**。（参照图13）

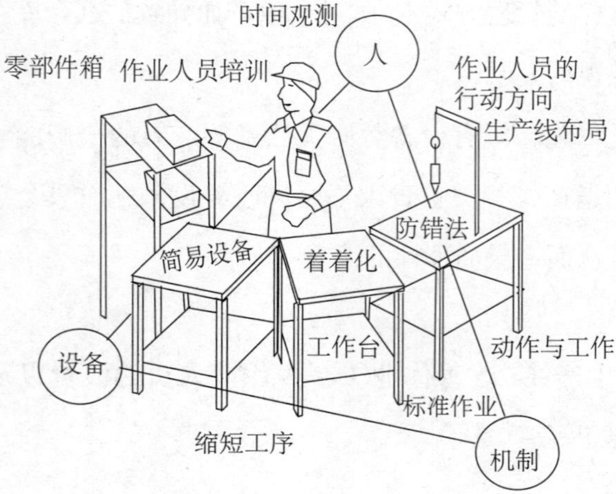

图 13. 生产线的形态
［出处：武内登著《丰田细胞式生产》（JMAM 2006 P81）］

武内君在 FEN 底盘生产线实施“站立观察”，认真注视作业人员的一举一动。

这属于改善活动的第一步，即先着眼于作业人员，观察他们在装配产品或加工零部件时是否存在无谓的动作或低效率的操作。一旦存在，就必须消除。

在实施“站立观察”或审视生产线时，还有一些注意事项。

不但像武内君这种从事改善活动的人必须牢记这些事项，哪怕只是参加一般的工厂参观活动，也必须遵守它们。具体注意事项如下：

首先，必须注意安全。包括穿戴起到安全防护作用的劳保用品（安全帽、防护眼镜、安全靴等）以及遵守现场的安全规定。

其次，不能打扰作业人员。包括不能向作业人员搭话等等。如实在有需要，可拜托现场管理人员或监督人员传话，但不可无谓地聊天。

乍一看，作业人员的工作内容似乎只是单纯的重复，但其实绝没有这么简单。根据熟练程度的不同，其工作成果存在巨大差异，这种差异既体现在品质上，也体现在产量上。

像“定制化产品”之类的非常规产品则无法套用上述“单纯重复”的作业方式，而只能依靠熟练工。此外，一旦需要单人操作较长的工序，也只能依靠熟练工。在制造业的行话中，工序较长也被说成“工序较深”。

反之，在进行大规模量产（单纯重复）时，则必须对应需求和生产节拍时间。单人完成 1 天的总产量自然是最好，假如无法做到，就要追加生产线或者采取**分割方式**（通过分割工序来实现多名作业人员的协同生产）。所以说，一旦碰到“工序较深”的情况，可以按照生产节拍时间进行分工。

细胞式生产中有“单人生产方式”。顾名思义，即由一个人完成整条生产线的所有作业——从加工装配到最终成品。当需要增加每日产量时，便只能增加生产线数量，而首当其冲的问题便是添置设备的成本负担。此外，如果工序较长，就只能安排熟练工。这种熟练工必须是拥有各种作业技能、能够单独负责整条生产线的“**多能工**”。从该意义层面来说，分割方式包含“使作业单纯化”的主旨，其目的是摆脱对熟练工的过度依赖。

接下来讲“**少人化**”的思想，这也是一个对初学者而言较难理解的概念。此外，还有名为“**省人**”的思想（前面提到过），由于“少人”和“省人”在日语中发音类似，为了加以区别，有时把前者称为“没有目字底的那个”。

“少人化”是改善活动中的重要环节，即便改善了生产线的作业内容和方式，倘若没有获得减少实际作业人员的效果，就无法真正实现降低成本的终极目标。

举个例子，假设有一条生产线，其作业量需要6人才能完成，当前配置的作业人员为6名。一旦通过改善活动精简了1人的工作量，就可以只配置5名工作人员，于是便节省了1个人的劳动成本，这就是“省人”。但倘若精简的工作量不到1人，就无法省下1个人的劳动成本。同理，假设作业量需要5.5人才能完成，如果不通过改善活动精简掉0.5人的工作量，就无法实现“5人操作”的目标。

与上述单纯的“省人”不同，“少人化”指的是以产量需求的增减及相应生产节拍时间的变化来灵活调整作业人员数量。

为了便于理解“少人化”，可将其与人时结合——在“少人化”思想中，不以整数方式看待人，而是将小数点考虑在内，由此产生了“**零头人工**”的说法，即“小数点之后的人时数值”。

按照“少人化”的思想，在开展改善活动时，一旦把零头人工凑整，便实现了“省人”的目标。假设有1名工作人员的工作量为0.8人，就应该再给他分配0.2人的工作量，从而凑整为1人的工作量，这被称为“**追求整数人工**”，也是改善活动的关键词之一。

在通过分割方式安排多名作业人员进行生产时，需要注意以下几点：

即便在工序内实行了分割方式，也需要多能工的支持。

分割工序和分配作业人员时，要遵循相应的生产节拍时间，因为它根据每日所需产量计算得来。对于作业人员，最为理想的状态是能够负责**多道工序**甚至所有工序。换言之，要把作业人员从“**单能工**”培养为“**多能工**”，使其拥有承担多道工序的技能。这样一来，便能轻松应对需求变动，从而实现“少人化”。

在分割工序时，有一句话叫“**设置接力区**”。由于作业人员的熟练程度不一，有的人动作快，而有的人动作慢，因此需要设置接力区（互助区），让先进者来填补后进者的瓶颈，通过不断对作业量进行再分配，实现生产线效率的整体提升。需要注意的是，接力区必须与现实情况相适应。一旦设置不当，便会适得其反，比如单纯地让熟练工负责接力区的工作，这样只会徒增其作业量，从而拉低整体的生产速度，掉入“互助反而导致减产”的怪圈，这种情况并不少见。因此在设置接力区时，必须深思熟虑。

在分割工序时，还应注意“**不要出现孤岛**”。所谓孤岛，是指让1名作业人员以近乎隔离的状态独自作业的情况，应该尽量避免这种情况，让他与其他作业内容建立联系，从而能够应对管理人员分配的不同任务，最终实现“少人化”。

武内君在保证不影响作业人员的前提下，从远处仔细观察 FEN 底盘的生产线。

为了与生产节拍时间相适应，该生产线采取的是分割方式，拥有 6 名作业人员，其各自的作业内容以“作业区域规则”的形式固定，包括如何分担、如何操作等等。

通过这种“6 人编制”的标准作业方式，作业人员通过一系列精准的操作来加工和装配产品，从而完成每日所需的产量。

在消除各种无谓浪费的前提下，设备、人工作业和产品（机器、人、物）之间的组合结果便被称作“**标准作业**”。

必须注意的是，作业人员的动作并非全都有用，只有产生附加价值的动作才是真正有用的动作。

换言之，**要把单纯的“动作”升华为真正有价值的“工作”**。可见，作业内容＝工作＋无谓浪费。消除不产生附加价值的无谓动作，让作业人员的动作都变成有价值的工作，这便是改善作业的主旨。

而纵观整个作业过程，作业人员的无谓动作只是各种浪费中的一部分。要想把握全局，就需要理解前面讲过的“生产现场的 **7 类浪费**”，它们是①生产过多的浪费②等待的浪费③搬运的浪费④加工本身的浪费⑤库存的浪费⑥动作的浪费⑦残次品造成的浪费。

对于这7类浪费，光死记硬背是没多大用处的，首先应该练就能够发现这些浪费现象的敏锐眼力。此外，根据生产现场、改善对象及产品性质等实际情况的不同，各类浪费的相互关系、比重及先后顺序也会有所不同。

大野先生也在著书及演讲中说过：“有关‘7类浪费’的提法，出自我自己的书，所以我也不好说这是错的。但其实当初写书时，我想表达的意思是‘浪费层出不穷’。换言之，即便自己认为已经消除了所有浪费，但转眼间又会冒出七八个浪费现象来。”（《大野耐一的改善之魂》P128）

话虽如此，“7类浪费”的概念还是很有用的，不但方便在开展改善活动时归纳总结，还能做成勾选的任务清单，非常便于操作。至于记忆方法，这里推荐两种“抽取首字”的窍门。当然，各位读者也可以采用适合自己的方式记忆。

①生产过多的浪费②等待的浪费③搬运的浪费④加工本身的浪费⑤库存的浪费⑥动作的浪费⑦残次品造成的浪费。

A. ②⑦⑤④①⑥③的日语首字发音连在一起，正好是“超在库活动”。

B. ④⑤⑦②①⑥③的日语首字发音连在一起，正好是“哈萨克铁道”。

武内君留心观察这6名作业人员各自的标准作业。从理论上讲，他们的作业内容应该与标准作业中的规定完全符合，但实际情况如何呢？武内君一边观察他们的动作，一边进行**时间**

观测。

从本质上说，在实际操作时，这种所谓的“标准作业”其实存在无谓的浪费，因此有时被写成“**表准**”。其中的“表（‘表面’之意）”是指当前的实际状况，与之对应的书面材料有“表准作业组合书”及“表准作业书”等。只有改善并消除了“表准作业”中的浪费现象，才能称其为“标准作业”。

换言之，标准一旦制定完成，就注定会成为“表准”，因为改善活动是永无止境的，表准—改善—标准—表准—改善—标准……不断如此循环反复。

武内君力图通过不懈的改善活动来消除作业过程中的各种浪费。好在有不少以前的改善案例，他一边参考社内外的成功事例，一边一步一个脚印地开展改善活动，有时还会请教工厂TPS推进室的前辈。此外，技术方面的支援也必不可少，所以他经常向设计和生产技术部门寻求帮助。（参照图14）

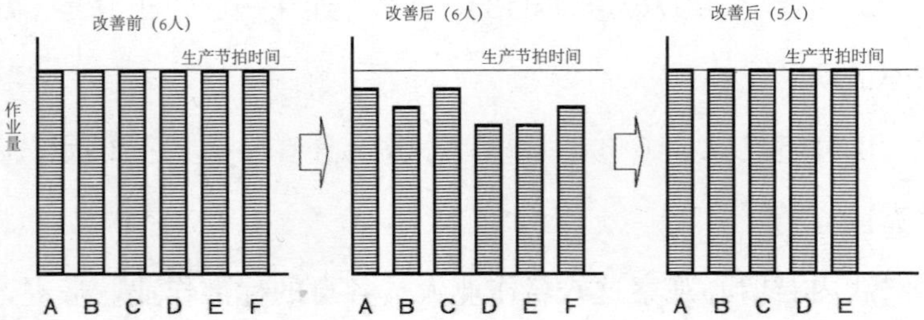

图14. 改善作业的山积表

不管改善作业的具体内容和手段为何，其核心主旨永远不变，即“关怀作业人员，优化劳动环境”。

而对管理人员而言，要想凭借观察作业人员的动作来提升改善能力，就必须经过长时间的训练。要想做到对浪费现象一目了然，是要付出大量汗水和心血的。改善活动的质量在很大程度上取决于负责人的实际经验，因此必须通过“站立观察”来锻炼自己。

武内君亦是如此，通过“站立观察”，努力消除这 6 名作业人员在作业过程中的无谓浪费。

工厂 TPS 推进室拥有名为“改善班”的下属组织，该组织配有“改善室”，改善室有点类似小工作坊，室内有各种金属板材、零部件和相应的加工设备，能够独立制作较为简单的道具。假如需要结构较为复杂的道具，可以把设计图交给专业对口的改善班成员，委托他们制造。

把这 6 名作业人员的人时按照“改善前”和“改善后”的顺序罗列，并以柱状图的形式呈现，这便是“**山积表**”。可以看出，山积表合计了改善后的全体作业总量，幸运的是，经过改善后，根据新的生产节拍时间，人时也相应地调整为 5.0 人的量。换言之，在消除无谓浪费后，通过对关键作业内容的重新分配，将作业量成功平摊到了 5 名作业人员身上，从而节省了用人成本。

所以说，山积表呈现了改善活动的过程和成效，正所谓“不破不立”，只有重新分配作业内容（俗称“山崩”），才能实现“少人化”的排列组合（“山积”）。

武内君便是这么做的，他首先着力于改善每名作业人员的作业过程，基于“少人化”的思维方式，最终消除了相当于“1人份”的人工浪费，从而将该生产线的作业人员从 6 人减至 5 人，实现了“省人”的目标。

既然如此，就有 1 名作业人员要离开该生产线，与传统西方企业的“裁员”不同，在 TPS 方式中，被抽调的往往是该生产线中的熟练工，企业会将其调至其他生产线或部门，赋予其新的工作任务。

而武内君“精简”出的这名熟练工则被调去试生产新产品，由于该岗位急需技术熟练的作业人员，因此那边的分管领导也非常高兴。

12. 改善生产线：改善作业②标准作业

武内君和管理人员一起分割工序，不但将作业内容成功平摊到 5 人身上，还制定了新的标准作业。

标准作业的书面材料分为 3 部分，其被称为“标准作业 3 件套”或“标准作业 3 张表”。它们分别是：**各工序能力表、标准作业组合书、标准作业书**。

在完成上述 3 张表后，就要将其落实为**作业指导书或作业**

要领书，它们是培训教育作业人员的资料。

标准作业的前提条件是非常重要的概念，它们是：

（1）标准作业以人工作业为核心。标准作业不是让作业人员成为机器设备的附属品，其不受机器设备的条件制约。

（2）标准作业是反复的标准流程。倘若每次都有变化，便会失去效果。

（3）标准作业要融入监督人员的意志，监督人员要亲自演示指导，并督促作业人员遵守规定。

此外，**标准作业的3要素**亦不可或缺，倘若没有下列3要素，标准作业便无从谈起。

（1）**生产节拍时间**

生产节拍时间是指制造每个零部件或产品所需的平均时间，其以秒为单位。与下面要介绍的2个要素相比，生产节拍时间显得更为特殊，它是丰田生产方式中的概念之一。与之相比，制造业普遍使用的“生产周期”则是指某个工序所耗费的时间。在多名作业人员进行分割作业的情况下，使用“生产节拍时间”要来得更为简单明了；反之，倘若是1人单独作业，则应先设定合理的生产周期。

（2）**作业顺序**

作业顺序是指搬运物品、安装或卸除之类的操作顺序。

（3）**标准持有量**

标准持有量是指为了能以相同顺序重复作业而必须持有的

基本量。

武内君想通过时间观测来制定标准作业，无奈作业人员的动作每次都不同，这使得他常常遭受挫折感，觉得标准作业几乎无望。一旦发生这种情况，其症结往往来自作业内容本身，不是作业人员有问题，而是工作分配有问题。为此，首先必须对作业内容进行重新评估和分配，从而为制定标准作业创造先决条件，而改善活动自然不可或缺，即“基于标准作业的深度改善”。

试着制定标准作业 理发店的实例

“老师，前几天我去理发店理发，我一边坐在椅子上闭目养神，一边在思考理发店的标准作业，我给你讲讲哦，还挺有意思的。”

武内君把理发师的作业内容进行梳理，试着制定出了标准作业。为了便于理解，其逻辑和用辞都尽量追求简单化，因此可能不太严谨。

首先，为了便于时间观测，将理发师的一系列动作分解为关键作业（作业内容）。

由此可将理发分解为如下九大作业内容。

1. 请客人坐下，盖上围布；

2. 用湿毛巾擦拭客人的头发，并用梳子把头发梳开；

3. 手持剪刀，剪头发；

4. 用刮胡刀给客人刮脸；

5. 给客人洗脸；

6. 给客人洗头；

7. 用吹风机吹干客人的头发；

8. 给客人喷发胶或涂发蜡，使其头发定型；

9. 完成最后的修饰和整理后，拿下围布。

这家理发店的店主是唯一的理发师，他的父母负责接待和收银，而大约 10 名学徒则负责剪头发之外的杂务（如给客人洗脸、洗头等），但没有一名学徒能够独当一面，他们都只拥有部分技能。换言之，学徒们都是单能工，而非多能工。为了能成为一名真正的理发师，他们每天研习到深夜。

如果用生产线来比喻，客人就好比是待加工的物件，而椅子就好比是作业台。

各工序能力表呈现了各道工序的加工能力。

通过该表，可以了解各工序中的瓶颈所在。这些瓶颈往往存在于机器或手工的加工作业中。显然，这家理发店的瓶颈是店主负责的第 3 道工序——手持剪刀，剪头发。纵观后面的工序，虽然也有较为耗时的，但好歹有学徒分担。

如下面的标准作业组合书所示，工序 3 的作业时间为 20 分钟。

理发店一天营业 8 小时，因此店主理论上最多能给 24 名客人理发。

换言之，工序 3 的加工能力为 24 人，1 天最多能接受 24 名客人的预约。

平均每名客人的整个理发时间（生产周期 C.T）为 104 分钟，理发店有 6 张椅子。生产节拍时间（T.T）为 20 分钟，假如 6 张椅子都坐着客人，那么店主满负荷进行剪发作业的生产节拍时间便为 20 分钟 ×6＝120 分钟。可见，在拥有 6 张椅子（工作台）的前提下，才能实现 104 分钟的生产周期。

120－104＝16 分钟，这 16 分钟算是富余时间。严格来说，学徒们在交替作业时也会产生富余时间，这里暂且不提。

观测上述 9 大作业内容所耗费的时间，并填入计算出的生产节拍时间，这便是**标准作业组合书**。（参照表 2）

表 2. 理发标准作业组合书

产品编号	123456-0010	标准作业组合书	编写日期	××/12/20	每日所需产量	24人	—— 手动作业
工序名	理发		组　别	流程	生产节拍时间	20分钟	- - - 自动传送 〜〜 步行移动

作业顺序	作业内容	时间 手	送	步	作业时间
1	请客人坐下，盖上围布				
2	用湿毛巾擦拭客人的头发，并用梳子把头发梳开				
3	手持剪刀，剪头发				
4	用刮胡刀给客人刮脸				
5	给客人洗脸				
6	给客人洗头				
7	用吹风机吹干客人的头发				
8	给客人喷发胶或涂发蜡，使其头发定型				
9	完成最后的修饰和整理后，拿下围布				
净时间（手工作业时间＋步行移动时间）		104			

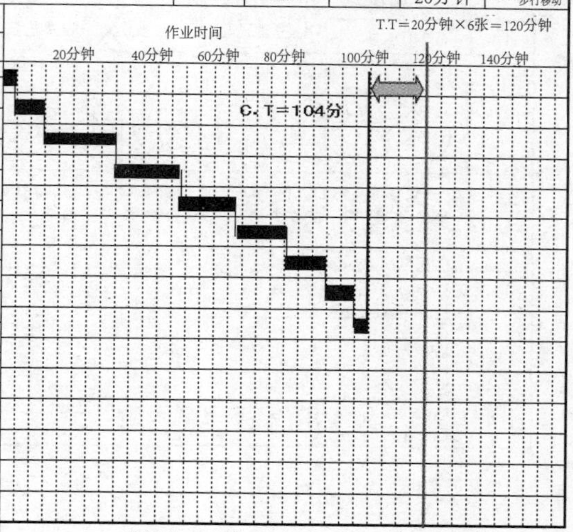

株式会社　　流程

将设备的配置（布局）与上述九大作业内容相结合，这便是**标准作业书**。（参照表 3）

表 3. 理发标准作业书

标 准 作 业 书

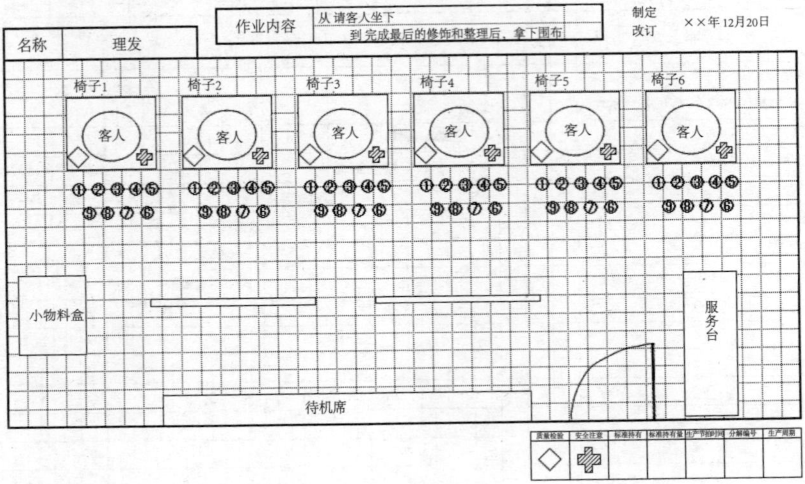

如上，在完成标准作业 3 件套（各工序能力表、标准作业组合书、标准作业书）后，就可以在此基础上制定理发作业指导书，也就是一般人所说的指导手册。

标准作业的重要性

“老师，标准作业为何如此重要呢？”武内君又向老师问道。

“因为它是作业的根本所在，”老师答道，“不少专家前辈都对标准作业的重要性做过阐述。大野耐一先生在其著作《丰田生产方式》中，以现场主义的视角，把‘标准作业’看作实现‘可视化管理’的重要手段。此外，研究丰田生产方式的莱克（Jeffrey K. Liker）等人合著的《The Toyota Way Field Book》（日版书名为《The Toyota Way 实践篇》日经 BP 出版中心）一书中也指出，有关标准作业的流程在丰田生产方式中尤为重要，其在丰田公司的生产手册中占据了三分之一的篇幅。每当负责导入丰田生产方式或实施改善活动时，我都会先开展有关标准作业的培训活动。倘若相关人员不具备制定标准作业的技能，就等于失去了基准，改善活动自然难以取得成效。此外，标准作业也是保障作业安全和产品品质的前提。我曾经担任过全公司生产活动事务局的负责人，这是一个统管‘品质’、‘安全’和‘生产调查’三大部门的机构。通过工作和实践，我深深体会到安全、品质和生产能力是相互关联的。要想对这三者进行改善，就需要制定标准作业，并观测和察觉异常的作业或动作，这点非常重要。换言之，只有制定了标准，才能发现异常。”

标准作业与作业标准的区别

“老师，‘作业标准’是我一直搞不懂的概念，一些专家将其解释为‘为了实现标准作业的手段’，可我还是一头雾水，应该如何理解呢？”

在武内君看来，“作业标准”和“标准作业”似乎和文字游戏一样，让人混淆。

“标准作业包含 3 要素，它们是①生产节拍时间、②作业顺序、③标准持有量。这 3 要素将作业方式固化为标准。通过遵守和执行标准作业，就能以安全、高效的方式制造出品质优良的产品。至于作业标准，是为了实现标准作业的手段，也就是将诸如生产条件之类的作业或管理项目书面化，使其成为有迹可循的规章制度。比如作业指导书、QC 工序表等。不过你的疑惑可以理解，二者的确容易混淆。我建议在‘标准’和‘作业’之间加个‘的’，这样就比较好记了——一个是标准的‘作业’，一个是作业的‘标准’，‘的’的后面是主体。假如翻译成英语，反倒不容易混淆。作业标准是‘Operational Standard’，标准作业则是‘Standardized Work’。但英语也有麻烦的地方，‘标准作业’这个词在英语中有 3 种说法——‘standard work’、‘standardized work’和‘standardization’。至于哪个说法更到位，可以参考《JIT IS FLOW》（PCS Press 2006 年）一书第 231 页的内容，博德克[①]和海格[②]对其进行了讨论和阐述。”

13. 改善生产线：改善设备

在制定标准作业前，武内君不仅着眼于作业人员的动作，还对设备和机制进行了细致的观察，为的是从各个角度提出改善方案，从而解决现有问题。

---

① 诺曼 · 博德克（Norman Bodek）是最早接触和研究丰田生产方式的美国人之一，他把大野耐一的著作译成英语并出版。——译者注

② 埃里克 · 海格（Erik Hager）在该书中担任采访者的角色。——译者注

好在与改善设备相关的案例也有不少，他以这些社内外的成功事例为参考，一边请教工厂 TPS 推进室的前辈，一边向生产技术部门寻求帮助，从而提出改善方案，提升作业的质量和效率。

前面讲过，改善方式有改善作业、改善设备和改善工序，而三者存在先后顺序。换言之，在**改善作业**后，便需要**改善设备**了。

可见，“改善作业”是改善活动的基础，其主要依靠相关负责人的智慧才能，却不太需要花费金钱；接下来为了更进一步，就要“改善设备”，但为了节约成本，尽量不对既有设备“伤筋动骨”；最后则是“改善工序”，其着眼于工序和布局。

大野先生曾说：“改善作业是改善活动的主体，由于其主要依靠智慧，甚至不用花费分文，因此与英语中的‘Improvement（改良）’不同。”鉴于此，在英文版的 TPS 术语中，直接使用了“改善”一词的日文音译——KAIZEN。

倘若在改善作业尚不充分的情况下便去改善设备和工序，则非常容易导致不可逆的失误或金钱的浪费。只有改善作业到位、作业的标准化得以实现，才能接着改善设备和工序，而最终效果绝对不会差。

有的负责人是技术人员出身，有时会倾向于依靠技术和经验，于是会不自觉地开始改造设备；有的负责人为了彰显改善活动的成果，有时会倾向于“面子工程”，譬如让生产线布局焕然一新等，而这些其实都只属于单纯的改造和变更，背离了改善活动的初衷。在开展改善活动时，要时刻提醒自己，避免陷入这样的误区。

在参考相关书籍中相应案例的同时，应以如下方式改善设备。

（1）如果想**提高生产效率**，在改善设备时就应该结合实际需求。

（2）**减小生产批量、简化换模换线**是改善设备的关键。

目的是实现均衡化生产。

“多品种小批量生产”的时代已经来临，一台机器设备必须应对多种产品的生产需求。倘若仍然采取大批量生产，就不得不面对庞大的多品类库存。此外，一旦需要换模换线，哪怕其耗费的时间再少，随着换模换线次数的增加，稼动率和可动率都会随之降低。生产批量越小，换模换线就越频繁，其耗费的总时长就会增加。

要实现均衡化生产，小批量是必须的，理想情况是“卖掉1个生产1个”。为此，就需要加快每次换模换线的速度。于是“改善换模换线”便成了改善设备的重要环节之一。

要改善换模换线，其关键课题是“如何缩短换模换线的时间”。较为理想的情况是在产品和工序设计阶段就把它考虑在内，一旦投入量产，换模换线就很难变动。所以说，要尽量在生产准备阶段就做好相关的工作。

至于**改善换模换线的思维**，可以分为以下几个层次：

a. 最为理想的是“无换模换线”，即通过改变设计或工序来消除换模换线的步骤。

b. 稍稍差强人意的是将“内部换模换线”转变为“外部换模换线”。前者是指需要关停设备才能实施的作业，而后者则不需要关停设备。一旦实现了外部换模换线，就可以让不直接负责该生产线的外部作业人员协助操作，从而不影响生产作业，实现“换模换线”到“开工生产”之间的平滑过渡。

c. 最为现实的是“缩短内部换模换线的时间”。有的生产线投产多年，已经难以改动，这时就需要通过把握现状、制定标准的改善步骤，一步一个脚印地缩短换模换线所消耗的时间。

（3）**减少设备故障**是提高可动率的关键。

不管大小，一旦设备出现故障，就会对 JIT 生产方式造成阻碍。不仅如此，为了应对设备故障所造成的停产，有时还不得不保有多余的库存。自不必说，这样的库存属于无谓的浪费。

（4）基于自働化的思维方式，采用防错法防止设备**由于异常而骤停**。

人的疏忽或马虎所导致的失误被称为“人为错误（Human Error）”。而通过各种设备和装置来杜绝这种错误的一系列措施则被称为“防错法”。在 TPS 中，其广泛用于提升工序质量。至于对应的英文术语，既有直接音译日语的“POKAYOKE”，也有意译的“FP（Fool Proof）”。

关于防错法，也有许多可供参考的案例。

至于防错法的语源，最早其实叫“防愚法（PAKAYOKE）”，由于日语中的“BAKA（笨蛋、蠢货）”是侮辱用语，因此如今已经不再使用，但较老的TPS文献中可能会出现，故在此特意介绍一下。除了“防愚法”外，还有不少已经不再使用的TPS术语，但有时还会在杂志或现场看到和听到它们。再次传播已遭淘汰的“死语”不但有误人子弟之嫌，对从事TPS培训指导的人而言，也会徒增“教学难度”。

14. 改善生产线：改善工序

前面已经讲过，在改善作业、改善设备之后，就需要改善工序及设备的布局（配置）了。在改善布局之前，势必要消除既有的各种无谓浪费，否则就会面临不得不推倒重来的尴尬局面。

此外，在TPS活动中，建立**“有异常即停止”的机制**是关键。

换言之，**不要害怕让生产线停止**（Line Stop）。

在配置生产线的作业人员时，要根据产量需求做到“不多不少”。这样一来，一旦发生异常，问题就会立刻显现。

此外，在将要出现残次品问题时，应该依靠自働化让生产线停止，从而在根本上杜绝残次品的出现，做到防患于未然。

对于设备，则应该设置能够检测感知异常问题的装置。至于手工作业的生产线，则应依靠“另一种自働化”的思路，当发生异常时，作业人员自发地按下停止按钮或拉动拉绳开关，从而使生产线停止运转。为此，还需要配备能够显示生产线状态的 ANDON 系统。

通过这种“主动控制生产线运行和停止”的机制，能够不断积累改善成果，最终打造“坚强”的生产线。

为此，要与作业人员充分交流。

要想通过改善工序来提升产品品质，就需要作业人员的积极参与和配合。

15. 论改善人员的修养

作为亲自开展改善活动的改善人员，武内君以“摸着石头过河”的方式学习 TPS 的基本知识，在实践中不断成长。但随着学到的 TPS 知识越来越多、掌握的实用方法和技巧越来越丰富，他对丰田生产方式反而越发不明白了。他感受到了丰田生产方式的博大精深，觉得自己如同漫步在陌生的异国他乡。

改善人员拥有一套自我评估的体系，其被称为“改善能力评估表”。

表中有与改善手段、方法相对应的评估项目，而且非常详细，改善人员可以用它来评价自己开展 TPS 改善活动的能力水平。有时会出现“TPS 水准年年升，自我评价年年降”的情况，这是由于改善人员对评估基准的理解逐渐深化了。

可能有人会说，那还不如请一个立场客观的人来做评估，这样结果就不会太过主观，但要找到一位既客观又正确的评估者又谈何容易？从这点也能看出 TPS 改善活动的博大精深，其中心思想便是“永无止境”。

在武内君等人（包括生产调查部和工厂 TPS 推进室的同人）的支援下，负责 FEN 底盘生产线的工人们达成了提高生产能力的现阶段目标。

此外，该生产现场也成为下年度丰田生产方式自主研究会的会场。

明年会有 8 家企业的“自主研”成员前来学习。而研究会的主要课题便是 FEN 底盘的生产线。

届时，丰田方面的主审人员及丰田生产方式自主研究会的组长、副组长都会在该生产现场实施改善活动。对生产现场而言，能成为“自主研”的会场其实是一种荣誉，因为它必须具备一定的 TPS 水准，才能对“自主研”成员的学习和实践起到相应的帮助。

而学习和实践的目标自然是进一步提升 TPS 水准。通过“自主研”成员和“东道主”相关负责人的群策群力，打造更为理想的生产现场。

通过“自主研”这种较为特殊的学习交流活动，武内君获得了一定的成长，但公司内的 TPS 活动依然是基础，如果把它开展好了，自身也能取得巨大收获。

但不可能事事如愿，有的活动总干事和高层领导并没有相应的水平，他们要么只会耍嘴皮子，要么只流于形式。

TPS 活动成功与否，很大程度上取决于高层领导的态度和积极性。如果领导坚决将 TPS 进行到底，那么活动就能够如火如荼地开展。对“自主研”人员来说，这点尤其明显。由于不隶属于活动对象所在企业，因此能够以较为客观的视角进行观察和分析。

这点并不仅限于 TPS 活动，无论是常规的改善活动，还是企业的革新活动，高层领导都起到了决定性的作用。

再说回武内君，当初上头的承诺是“在生产调查部学习 2 年后调回原岗位”，可却迟迟未能兑现。

而对于丰田生产方式，他依然没有把握，觉得自己还有许多东西没搞懂。

而本书开头提到的大水灾，便发生在那个夏天。

在一头雾水的情况下，他接到上头的命令，赶赴供应商的工厂，协助其恢复生产。

在该过程中，他深刻认识到了自己能力的不足。

必须提升自我，一股紧迫感涌上心头。

遥想自己当初研发产品时，真可谓意气风发。

而如今，自己在倾盆大雨中手握方向盘，如履薄冰。

前方茫然，视野模糊。

回首又何如，风雨坎坷路。

近年来，东方汽车部件生产公司生产调查部的活动陷入了低潮，但不管周遭环境如何，武内君一直保持着“改善人员”的责任感，不断亲自实践和自我成长。就如同在旱季土壤中积聚能量的种子，默默等待着雨季甘霖的到来。

学习造物之法，看来是永无止境的。

接受改善指导 供应商社长之卷

16. 供应商社长的回忆

“这种要求，根本做不到的！”

我不知不觉开大了嗓门。

对方是东方汽车部件生产公司派来的指导人员。

也就是生产调度部门的所谓“订货指导负责人”。

“你就知道一味地提要求。”我接着抱怨道。

我的确有点激动，但在抱怨的同时，我也在思考身为供应商的职责。

我们公司是东方汽车部件生产公司的供应商之一，而我是公司的社长。我们公司是家族企业，3年前，我从父亲那里继承了它。

我毕业于本地的高中，之后考取了东京的大学。为了让所学的专业发挥作用，我在毕业后进入了一家电器公司工作。

正当我过着自己想要的生活时，老家的母亲劝我“帮父亲打理公司”。

虽然东京的日子让我快乐而充实，我最终还是遵照父母之命，回到了家乡。

去东方汽车部件生产公司“修行”，这是父亲对我提出的第一个要求。

虽然“修行”的时间不长，但获得的经验非常宝贵。我当时被分配到技术部的设计科，从事汽车部件的设计工作，负责的项目是客户生产的 A 型车部件。为了敲定式样和规格，有时我还会去和客户那里的相关负责人接洽。

对我而言，这样的工作大有裨益。

它让我在有限的时间里学到了生产制造型企业的工作方式，这也是我“修行”的初衷。

此外，虽说我隶属于设计部门，但也时常与负责实际制造的生产科进行工作交接和交流。

例如，我会与自己部门的系长一起视察实施装配作业的生产线，并向生产科长了解情况。

生产科长往往会对设计提出一些意见，而我和系长则认真聆听，这样的交流方式能够暴露不少问题。有一次，在讨论实际生产过程中发生的异常时，最终发现是我的设计有问题。

当时在场的还有负责品控和出货的相关人员。虽说错在我，但对大家而言，这也是宝贵的经验和教训。而从他们的发言讨论中，我也学到了他们的工作方式。

虽然我还想多学点东西，但毕竟“修行”的时间有限，在工作了几年后，我回到了父亲的公司。前面说过，我们公司与东方汽车部件生产公司建立了长期的合作关系，对大型车企而言，我们好比是二级制造供应商。

依靠父亲白手起家，如今我们公司已经拥有大约 250 名员工。主营业务是装配加工，也兼营树脂部件的加工成型业务。

在我走马上任后，公司的规模依然在不断扩大，但人才匮乏却是挥之不去的阴霾，这也是当年我从东京回来的原因。

父亲创业初期的“元老级”员工基本上都退休了，他们不但经验丰富，在技术和技能方面也是中流砥柱。目前只能让数量有限的核心人才轮流负责各个重要项目，这种“救场式”的人员统筹着实让人身心疲惫。虽说日本的企业和职场文化已经在发生改变，但大部分人依旧追求“在企业内步步晋升”的职业规划，不太愿意中途跳槽。很遗憾，我虽然想诚聘一些优秀的业内人才，但合适的对象却往往没有意向。

3 年前，由于父亲年事已高，故由我接班，成为年轻的社长兼董事长。辅佐我的是一名专务，他是公司刚成立时便在职的老员工。他不但协助我开展工作，还向我提供不少建议，但他在几年后也将退休，如何把公司的年轻骨干培养成将来的干部，是我所面临的课题之一。

17. 蹩脚的指导 适得其反

“这种要求，根本做不到的！”

开头的这一幕正好发生在1年前。

根据专业和需求的不同，东方汽车部件生产公司拥有数个负责指导供应商的部门。

有时我们会主动提出“希望莅临指导”的要求，但那一次不同。当时，我们公司交付的零部件出现大批量的残次问题，这使得东方汽车部件生产公司的生产线人员怨声载道，虽然还未对最终客户的A型车生产造成影响，但假如放任不管，则势必会出状况。

在这样的情况下，我们迎来了生产调度部门的“订货指导负责人”。

经过排查，发现问题出在装配生产线的机器加工环节，于是问题得以解决。

过了一段时间后，东方汽车部件生产公司生产调度部门的分管领导前来视察。其结论是“生产线存在管理问题”，于是决定对我们开展持续性的指导工作。为此，我们和东方汽车部件生产公司签订了《技术援助协议》。

对于改善活动的指导工作就这样开始了。

我们公司自己也一直在开展改善活动，但终究只是对TPS活动的模仿，且较为零散，所以这算是头一次实施体系化的改善活动。

反观东方汽车部件生产公司，在许多年前便导入了 TPS，可谓经验丰富，想必拥有不少 TPS 方面的专家，因此我当时很是期待。

东方汽车部件生产公司还拥有名为"协力会"的组织，其职责是对各家供应商实行组织化管理。其运作方式基于各家供应商代表的互相选举，由选出的会长负责组织的运营，有点类似于行会。每年召开几次全体会议。

当我们公司正要接受东方汽车部件生产公司的指导时，正值上述会议召开之际。

对于该会议，我之前一直是"开完会就走人"的，但那次会议之后，我参加了接下来的餐会。

之所以破例，是为了向曾经接受过东方汽车部件生产公司指导的兄弟企业"取经"。

"我打算在公司开展 TPS 活动。"我向餐会上的各公司代表们搭话道。

大部分代表都是老前辈了，看起来和我父亲年纪差不多。听说我要接受东方汽车部件生产公司的 TPS 指导，他们顿时炸开了锅。

"搞什么 TPS，我劝你放弃这个念头。"

"那帮指导人员根本不讲道理，就知道劈头盖脸地骂。"

"以前来我们公司指导时，他们吼道'你们在搞什么东西'，还踢翻车间里的箱子。”

“那帮人凶神恶煞的。”

“我们也接受过指导，没什么效果的。”

“我们公司已经放弃 TPS 了。”

他们似乎饶有兴致地讲起了自己的“惨痛经历”，应该没少受 TPS 指导人员的罪。

如今，各大媒体几乎都承认了丰田生产方式的重要作用，因此在我看来，这些老前辈们或许有点小题大做了。但后来，当我大声向指导人员抱怨时，脑中掠过了他们的话语。

至于我为何会如此激动，原因出在东方汽车部件生产公司生产调度部门的分管领导身上。

“你们的库存为什么这么多？”他来我们公司视察时，对我如此问道。

我答道：“有时生产线会因为故障而停止，有时贵公司的订单量会发生巨大变动。之所以库存较多，是为了应对这些情况。”

可他却一味命令道：“反正库存太多是不行的，必须减少。”

不仅如此，他对同行的具体负责人指示道：“你来指导（他们）减少库存，一定要出成果。”

那人同样隶属于东方汽车部件生产公司生产调度部门，主要负责对供应商的指导工作。从那以后，他定期来我们公司指导，每周两次。

可他只知道对我们下命令，并不指导我们该怎么做，却不停地逼问“结果如何了”。

我也拜读过大野耐一先生的著作，对 TPS 也略知一二。我明白，TPS 是一种彻底排除无谓浪费的生产方式，而最大的浪费便是冗余库存。

我也看过呈现库存水准的“池塘水位图”，该图形象地阐明了冗余库存所带来的危害——当池塘水量过多时，水位便会升高，池底的石头就看不到了。反之，一旦水量减少，原先隐藏的石头就会暴露出来。（参照图 15）

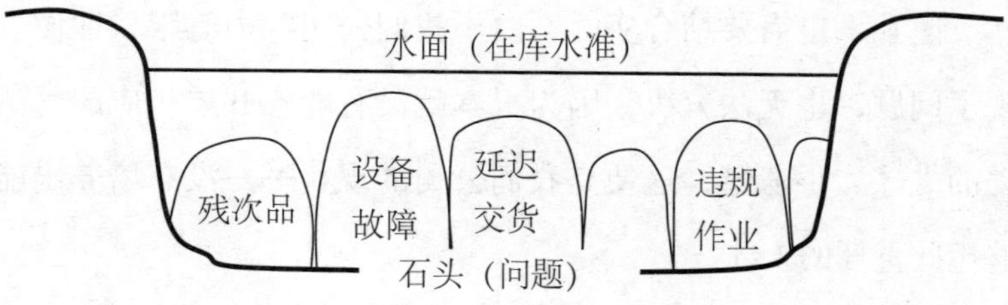

图 15. 库存与问题的关系

可见，水面相当于库存水准，而池底的石头相当于生产活动中的各种问题。

一旦库存过多，诸如残次品、设备故障、延迟交货、违规作业等问题就变得无法察觉。而为了**暴露隐藏的问题**，就需要减少库存。这样一来，问题就无所遁形了。

换言之，“库存即恶”，但另一方面，现实也存在诸多难处。一旦机器设备发生故障，或者出现残次品，就会导致无法按时向客户交货，为了避免这种情况，不得不特意增加库存，以备不时之需。而在我们公司，不管是设备故障还是残次品，的确都是经常发生的问题。

我也知道这些问题亟待解决，可苦于一直无法找到有效对策。我也希望能够消除这种频发的设备故障和残次品问题，或者找到在问题发生后也能够迅速应对并解决的对策。

我明白，为了增强企业的“体质”，其当务之急或许是通过减少库存来暴露之前隐藏的问题。所以说，虽然指导人员的做法让我们压力很大，但我也能够表示理解。

但凡事也需要结合实际，由于我们公司实力有限，即便发现了问题，也无法解决，因为根本就没有能够开展相应改善活动的人才。很遗憾，这便是我们公司的现状——没有培养出能够担此重任的人才。

即便如此，我们还是遵照指导人员“最终实现零库存”的指示，不断减少库存。

他和他的分管领导一样，只强调减少库存，却不告诉我们该如何减少。我敢说，他不是不说，而是他自己都不知道，原因很简单——水平不够。

这下可好，指导人员没水平，我们公司没人才。

“反正你们就给我这么做！”他在车间里颐指气使，工人们则一头雾水地机械执行。这一幕幕，我都看在眼里，听在耳里。

假如我们拥有能够执行改善活动的人才，这样的指导人员或许也是一个不错的催化剂，他能促使我们不再找借口，而是努力思考，拼命理解。众人群策群力，充分消化其命令背后的含义，从而完成达标任务。

指导人员之所以像鹦鹉学舌一样不断说“反正就这么做”，其背后的潜台词是“我不懂如何去实现，但我知道结果应该是这样”。后来，我还真碰到过有指导人员对我如此吐露真言。这样的所作所为难免让人们对TPS产生误解和恐惧——“TPS就是一味命令和压榨的套路”。不管什么公司，只要碰到这种“只知结果，不谙过程”的指导人员，都是活受罪。这帮人没有受过相应的训练，不知道如何解决问题。如果有企业在摊上这种指导人员后依然能够出成果，那就说明其自身拥有相应的人才。即便没有独当一面的人才，也有合适的培养对象，即“准人才”。

再说回那个来我们公司的指导人员，要说他究竟指导了些什么，也就是一句一知半解的“减少冗余库存”，这种教条式的理论知识，随便买本书就能看到。这也给我上了一课——倘若莅临的指导人员自身经验不足，将会对改善活动造成致命影响。

在如此折腾的过程中，我那一直信赖的老专务向我请辞，他说自己“年事已高，希望退休养老”。改善活动一直是我和他在主导实施的，可指导人员的不断催促逼迫，实在令他疲惫不堪。我本希望他能再辅佐我几年，如今失去了这样一位“大将”，对我打击很大。

即便如此，我依然咬紧牙关、坚持努力，按照指示减少库存。可结果呢？公司开始出乱子了。

情况十分不妙。

由于客户订单中的品种和数量要求发生变动，无法按时交货的情况频频发生，不得不延迟交货。为了应对该局面，工人不得不临时加班，有时周末都必须开工。

本以为减少库存能够降低经营成本，可多开的加班工资反而使支出增加，实在让人倍感徒劳。

在我看来，企业要想实施TPS活动，就需要具备相应的实力。假如没有实力，一切都是空谈。而说到“没有实力”，我认为主要分两种情况。

一是“企业自身缺乏实力”。简单来说，即没有能够开展TPS活动的人才。倘若只是小规模的改善活动，或许只要收集到一些有价值的提案便算大功告成；但如果想更进一步，实施活动的人才就变得不可或缺。

二是“缺乏优秀的指导人员”。

前面说过，在东方汽车部件生产公司“修行”时，我从事的是设计工作。很遗憾，当时并没有机会去搞懂TPS活动，虽然读了几本相关书籍，但依然云里雾里，所以如今才需要外援的力量。也正因为如此，我才会向东方汽车部件生产公司求助。

结果呢？来了一个“半桶水”的指导人员，他根本无法把握我们公司的现状。

而我原本满怀期望，以为他能为我们公司正确把脉并对症下药。

后来我才知道，优秀的指导人员能够因地制宜地思考改善活动的推进方式，他们会在脑中描绘出一个长远目标，并结合当前情况循序渐进地指导，而且还会向相关人员耐心解释这么做的原因。

反之，对于那种只会大叫“怎么搞的”“反正就给我这么做”的指导人员，我已经受够了。他根本不明白，如果我们拥有独立思考的水平，那还要他来干吗？

我听闻不少在开展精益生产方式（LEAN）的国外同行也在寻求具体的实施方法，互相询问“有没有什么实用的工具和手段”。可见大家水平类似，都需要实实在在的指导。

总而言之，我们公司既缺乏实力，又摊上一个只知道训人的指导人员，所以 TPS 活动可谓越搞越乱。

他要是能教我们怎样推进 TPS 活动，或者传授实用的改善工具也好。不过话又说回来，即便他肯教，我们也没有能力判断其是否正确。前面说过，我们公司还没有着手培养相应的人才，但我非常看好几名有潜力的员工。也正因为如此，公司更需要高瞻远瞩的优秀指导人员来指点迷津。

人们说，“理想很丰满，现实很骨感”，这段不快的经历几乎把我变成“反 TPS 派”。我知道，正是由于不断推进 TPS，东方汽车部件生产公司才会如此发展壮大，可我也不得不怀疑，自己的公司或许并不适合这种制度。

18. 重新审视改善活动

由于一味地减少库存，拜其所赐，我们公司的单月业绩出现了赤字。当时正好要去东方汽车部件生产公司开会，偶然在大厅碰到了经营企划部门的部长。当年“修行”时，我在工作中受过他的照顾。

我向他反映了我们公司当前的情况。

听我讲完后，他回应道：“我知道了，说到对供应商的指导工作，和我们部门也有所关联，这事情就交给我吧。”

不久后，经营企划部门下属的室主任打来电话，说会带专家来我们公司视察。对方还说，已经和生产调度部门的领导达成了一致意见，决定重新审视改善活动的推进方式。

于是乎，经营企划部门的相关负责人带着生产调查部主审和总公司工厂 TPS 推进室室长一同前来。

我陪着他们一边视察工厂，一边向他们仔细说明情况。

视察结束后，我们 4 人展开了讨论。

主审说：“我这次来，是受经营企划部门之托。放心，生产调查部和总公司工厂 TPS 推进室都会提供支援。”我对东方汽车部件生产公司的组织结构大致有数，知道生产调查部是 TPS 活动的主管部门，但并没有对其抱有多大期待。

他接着说道：“首先要理顺推进活动的体制。”

我指派了公司里的2名年轻员工专职参与活动。此外，东方汽车部件生产公司也指派了2名改善人员常驻我们公司。其中一人是生产调查部的主任，另一人则来自总公司的TPS推进室。

我和东方汽车部件生产公司的主审则担任改善活动的实际负责人。

大家一起建立了完善的活动推进组织，定期展开讨论并推进活动。在主审的指导下，确认了活动的大方向，使得各计划得以具体落实。

对于活动推进组织的行动主旨，主审阐述了4个方面。

1. 组织成员必须拥有相应的改善能力。

2. 组织并非临时机构，应该永久保留。

3. 大幅提升TPS水准，以防倒退。为此，东方汽车部件生产公司会提供支援。

4. 东方汽车部件生产公司在活动中起示范作用，在具体实施的过程中培养人才。

我对此完全赞成。

主审还说道：“我认为，推进活动的体制必须与对象企业相适应。我们的示范只是提供思维和方法，俗话说‘师傅领进门，修行在个人’，要想将其变为真正适合你们自己的模式，需要你们将来自己努力。”我明白，这是他对我提出的要求。

“尤其是海外，”他接着说道，“譬如在一些视跳槽为家常便饭的国家，就更要建立合理的改善组织和机制。”

而我们公司尚处于TPS的初级阶段，因此与那些海外企业可谓半斤八两。

“在开展活动前，你必须有一定的思想准备，”他对我讲道，“任何事都无法一蹴而就，不是说一实施TPS活动就能立刻提升企业实力，流于表面更是徒劳。就拿KANBAN来说，假如在运用时仅限于形式，就无法取得理想的效果，关键在于理解。只有公司上下一致理解TPS的思维方式并将其融入企业文化之中，才算是真正到位。要做到这点并不容易。”

“就拿高层领导来说，”他接着讲道，“比如社长，是否做出了表率？是否贯彻了‘现场实物’的原则？是否和全体员工一起发现问题并予以改善？是否将改善活动定位为持之以恒的任务？而要想做到这些，就需要营造能够激发员工‘改善热情’的氛围，从而使大家都能踊跃提案并积极落实，从自己的岗位做起，从自己的部门做起。可见，优良的企业文化是最为重要的基础，要一步一个脚印地创建它、完善它。”

对于主审的这番话，我当时觉得只是官腔十足的泛泛而谈，很多书上似乎都有。

“我们只是制造供应商，没有相应的人才。”我把一直存在的问题抛给了他。

“社长，我希望你能真正理解TPS。假如连你都不理解，那你的员工们根本无法积极跟进。群众的眼睛是雪亮的，领导是否动真格，员工一清二楚。倘若只知道把 TPS 挂在嘴上，不管怎么强调'改善活动应由上至下'，员工都不会真正理睬。换言之,TPS 是整个公司的活动。作为社长，必须明确认识到这点，要通过实践学习使其为我所用。"他以严厉的语气回应道。

他还说道："实践非常重要，但如果想理解 TPS 的基础，听课则是更为理想的方式，我建议举办丰田生产方式学习会，先从基本知识学起。"

我觉得很有道理，于是决定设立学习班，让生产现场的管理人员和作业人员参加。

主审继续分享着他的经验："在了解基本知识后，自然会萌生开展改善活动的想法。于是在领导的指示下，生产现场开始推进活动，可员工在实践中有时会不着边际、错误百出。究其原因，一方面可能由于相关负责人对目标的阐述不够清晰，另一方面则是由于员工缺乏对 TPS 的正确理解。因此，需要明确目标、正确理解、稳步实践，才能有效改善劳动环境。这句话说起来简单，做起来却很难，再以 KANBAN 为例，业内有不少失败案例。之所以会失败，就是因为误以为'导入 KANBAN 就等于实现了丰田生产方式'。如果不能用好 KANBAN，反而会降低生产能力和产品良率，最终适得其反。此外，有的企业请来所谓的'TPS 重磅专家'，可却收效甚微。要么是专家没教对，要么是员工没理解对。我见过不少存在这类问题的工厂。好的老师会根据实际情况来因材施教，向学员描绘未来的理想蓝图，激发学员的独立思考能力，让学员通过亲身实践来获得成长。指导改善活动的关键在于‘变革’与‘固化’，从而保证改善后的劳动环境能够持续。反之，倘若以‘填鸭式’的手段推进改善活动，即便取得了‘变革’的效果，由于没有深入企业的文化和机制中，因此很容易在一段时间后‘打回原形’。这次的活动亦是如此，不能沦为东方汽车部件生产公司单方面的‘强推’，我们应该是协助方，你们才是主推方，大家的目的是建立一种机制，以便让改善活动能够持续开展，从而不断优化生产现场。”

他接着讲道：“我们会把自己所知道的改善工具和手段一一传授给你们，你们要认真体会和理解它们的目的所在。要用好工具和手段，就必须正确理解它们。而理解它们，便是理解其背后的 TPS 思维。虽然其基本思想万变不离其宗，但必须根据实际情况使用不同的工具和手段。同一个工具，同一种形态，有人能够运用到位，有人却无法发挥作用；有时初始设定良好，后来却越改越差。”

我对此颇有同感，这样的例子的确很多，有不少书籍还把“失败”作为卖点，收录一堆“丰田生产方式的失败案例”。至于那些书中案例的失败原因，有的是因为企业根本不具备开展改善活动的主客观条件，比如相关负责人借口托词、企业领导事不关己等；有的则是因为改善活动的方向错误，比如有的工厂主管不进反退，搞出一系列落后的方针和指示。很遗憾，现实中有不少企业管理者都是技术人员出身，对生产现场不甚了解，因而只会卖弄术语，而且态度强硬，容不下别人的意见。

至此，我完全理解了主审的良苦用心，虽然依然心存疑虑，害怕自己和公司同仁因为无法正确理解 TPS 而使改善活动再次受挫，但我心意已决，总之先通过学习来提升我们公司的 TPS 水准。

根据主审的测评结果，公司当前的 TPS 水准为“B 级”。如何提升水准，成了尤为关键的课题。在接受评测之前，我对自己公司的 TPS 水准毫无概念，而“B 级”的评定，说明我们公司还没能正确运用 KANBAN，属于低水准的丰田二级制造供应商，这给了我当头一棒。

我们向东方汽车部件生产公司交货时，会把对方发行的 KANBAN 贴在箱子上。我原以为，这就是所谓的丰田生产方式了。

而主审却说，这并非 KANBAN 的正确使用方法，而只是把它单纯地当成“货签”而已。

他对我指出：“可能这么说有点难听，但你们的确和完全不用 KANBAN 的公司没多大区别。”

我虽然难以完全接受这句话，但还是打算努力提高，达到他所说的“C 级”TPS 水准。

19.TPS活动的新起点

重新开展改善活动的第一天，在主审的带领下，东方汽车部件生产公司的相关负责人齐聚我们公司。

为此，我们公司也特意提早下班，让全体员工在食堂集合。虽然没有把会场精心布置一番，但这是一次重要的动员大会，旨在让员工对接下来要开展的活动做到心中有数。

换言之，我希望员工们能够“抱有危机感，激发能动性”。

首先，由我仔细阐明了公司目前的经营状况，之后由主审发言，他介绍了自己以及其他在座的东方汽车部件生产公司成员，并向我们公司的员工们简短致辞。

在正常下班时间后，“TPS教育活动”就开始了，参加者都是我们公司的重点培养对象，课程内容是TPS的基本知识，为了抓紧时间，课时浓缩为2天的量。在正常下班后的加班时间上课，我当然也要参加。

俗话说“实践出真知”，但扎实的知识基础是实践的前提，所以我很想充分理解基本知识。

第二天，TPS推进组织的成员聚在了一起。

主审讲解了推进改善活动的基本方式。

“先前的改善活动之所以导致了混乱，是由于在实力不足的情况下强行减少库存。但减少库存本身是有意义的，毕竟冗余库存是导致巨大浪费的‘万恶之源’。需要注意的是，**库存必须**

与实力相符，不能在脱离现实的情况下盲目制订诸如‘库存减半’之类的目标。在我看来，你们公司的确一直存在库存过多的问题。要想对其进行有效削减，就必须采取‘曲线救国’的策略，即首先保证必要的库存量，以便能够按时交货。至于这个量是多少，就需要精确的眼力和计算了，而且还要把客户变动订单的可能性考虑在内，这些数据和变量自然要靠你们平时的积累。另外，假如库存依然过多，那么隐藏的问题就难以暴露。要想让企业上一个台阶，最好是实现可视化管理。每当看到库存总量较少、生产井然有序的生产现场，我就倍感愉悦，因为这说明其生产活动非常顺畅。”

我对此甚为憧憬，希望自己公司的生产现场也能实现可视化管理。否则不仅一片混乱，而且还无从察觉，实在令人身心疲惫。我很想知道推进改善活动的具体方法，于是向他提问。

结果他答道：“用最正统、最常规的方法就行。”并向我传授了几大实施要点。

1. 首先要正确认识现状。公司当前的 TPS 水准为“B 级”，具体来说，在生产活动中并未顾及 KANBAN 上的客户信息，而只是按照自己的计划安排进行生产，而且采取的是大批量生产方式。待出货时，虽然将 KANBAN 贴在了周转箱上，但只是单纯作为“货签”使用。换言之，没有发挥 KANBAN 应有的作用（如管理库存、指示生产等），这也是造成公司库存管理不到位的原因之一。

2. 接着要明确改善目标（将 TPS 水准提升至“C 级”）。要以 KANBAN 为媒介，努力实现丰田生产方式，即把“以 KANBAN 为管理工具”的政策贯彻到底。

3. 然后要具体到生产活动。在进行生产时，要基于 KANBAN 上的客户信息，并采取后道工序拉动前道工序的拉动型生产方式，从而实现 1 个订单 1 次生产，与客户的需求频率同步。

虽然获得了这样的指点，但我依然感到不安，担心无法做到。不过转念一想，我们公司能够获得东方汽车部件生产公司的支援，已经算幸运的了，于是决心努力奋斗、实现目标。由于他们承诺在人才培养方面也会提供帮助，因此我们公司的员工迟早会独当一面，而在那一天到来之前，就需要公司上下共同拼搏。

20. 让 TPS 活动持续化、长期化

推进改善活动的团队还描绘了未来蓝图。

大家把握现状、提出问题，并明确了亟须改善的地方。

首先，通过一系列的现场调查活动，把握整个公司从“进”到“出”的整个流程，从而绘制出当前的《物料与信息流动图》，并标明其中存在的重大问题。并把它作为与改善人员的讨论依据，最终商议出改善的目标，即“理想形态”——用 KANBAN 来管理生产。

为了实现这一目标，就必须将其“落地”为能够实施的具体计划。

因此需要绘制 A3 纸大小的表格文件，标明计划、业绩以及进度状况，这便是《计划实施情况汇总表》。

至于具体的实施项目，则应与相关负责人共同制定（包括实施日程等细节），并绘制能够勾选的任务清单。

上述《计划实施情况汇总表》和《任务清单》应贴在生产现场的告示板上。

为了让全体员工知晓上述推进方式，我决定定期召开会议。

目的很简单，就是为了让大家都能够共享信息、理解活动主旨，通过赋予员工对于活动开展状况的知情权，激发他们的成就感。

在每天的晨会上，各个车间和生产线的负责人都会对下属详细说明活动内容。

此外，每周都会举办改善活动的成果发表会。为了加深管理人员和改善成员的理解程度，主审会亲自进行详细指导和说明。

改善对象为生产现场，内容包括改善品质、改善生产能力和改善机制等。

在改善的过程中，逐步制定相关标准。

通过这种每日推进的活动，逐渐实现生产现场的可视化管理。

如今，作为首个改善对象的楼层车间已经脱胎换骨，接下来会把改善活动横向开展至其他楼层车间。

虽说这样的TPS活动属于“最正统、最常规的方法”，但实际开展起来并不容易。

在活动的实施过程中，我学到了不少东西，可以总结为以下几点：

1.“改善要从2S抓起”。

只要将2S（整理整顿）贯彻到底，哪里正常、哪里异常就变得一目了然。所以说，反复整理整顿是关键。

2. 虽说要“根据KANBAN上的客户信息进行生产”，但客户的需求量也好，需求的品类也好，都是会不断变化的，因此就需要能够“消化吸收”这种变化的机制——待出货产品仓库中的“安全库存Store（店铺）”，其起到了缓冲作用。

3. 从材料采购到产品出货，都要遵循“先入先出原则”。为此，需要相应的机制和工具（例如流动式货架等）。

4. 实行小批量生产。为了做到“1个订单1次生产”，需要生产现场具备相应的实力，因此“提高生产能力”便成了关键课题。既要缩短换模换线的时间，也要改善生产过程中的异常问题（如机器设备由于故障而骤停等）。为此，就需要相关负责人在生产线进行“站立观察”，制定标准作业并贯彻落实，从而推进改善活动。

5. 为了让企业的TPS水准能够不断螺旋上升，就需要持续不懈的改善活动，而其关键在于如何让员工保持热情和积极性。虽说有东方汽车部件生产公司提供指导，但实际开展活动的主体毕竟还是自己的员工。对方就好比是专家顾问，倘若只知道机械地奉命行事，势必无法实现可持续发展。换言之，需要的是主观能动性——不把改善活动当作单纯的任务，而是将其视为实现劳动价值和获得成就感的途径。

我个人非常重视对员工的表扬，一旦受到表扬，便会充满干劲，这是人的天性之一。

此外，在举办改善活动的成果发表会时，我也会公开表彰优秀员工和积极分子，这都是为了激发主观能动性。

通过这样一系列的活动，把单纯的减少库存纠正为消除“由过量生产而导致的冗余库存”。我经常凭着一知半解的知识，在脑中朦朦胧胧地思考——“按照TPS的标准，企业一旦拥有能够实现‘零浪费’的按需生产体制，大概就算是优良企业了吧”。至于我们公司，要走的路还很长。目前我们还无法较为顺畅地应对产量需求的突然增减，亟待进一步的钻研和突破。

如今，我已经能完全接受主审那句曾让我无法释怀的话了——虽说我们有KANBAN，但和没有KANBAN的公司半斤八两。要想解决这个问题，就要基于TPS的基本思维，通过相应的工具和手段构建有效机制，具体到KANBAN上，便是“基于KANBAN的管理方式”。要做到这点实属不易，但这种体制一旦在企业扎根，KANBAN就会变成一个让人事半功倍的好帮手。

我信任主审，在他经验丰富的指导之下，我们公司以较快的节奏开展着改善活动，但心中依然有所疑虑——这样的活动能否实现持续化和长期化呢？毕竟我听说有不少企业半途而废，甚至被打回原形。

究其原因，大致可分为两种。

一种归咎于“接受指导的一方”。指导人员明明说了“指导是循序渐进的”，可企业方面却急于求成，最终中途放弃接受指导。这样一来，机制就无法巩固。当然，倘若企业明白机制长期化的重要性，那只要继续自主开展改善活动即可，但这样的成功案例在现实中微乎其微，绝大多数的结局是倒退。

另一种归咎于“提供指导的一方”。有的指导人员自身能力不足，凭借道听途说的案例和一知半解的知识“强推”工具和手段，固执地认为自己是正确的，殊不知这些工具和手段也许与企业的实际情况并不相符。对企业而言，摊上这样的指导人员实属不幸，但也很难做到独立思考、另起炉灶。所以说，企业要“练好内功”，这也是我们公司努力的目标。

在开展了一段时间的改善活动后，工序内的残次问题大幅减少。以前，我们交付的零部件产品有时会存在问题，从而导致客户的生产线发生异常情况。而现在，这样的投诉已经没有了。可见改善活动的的确确提升了我们公司的产品质量。

库存也随之减少，工厂车间内富余出来的空间越来越显眼。

在开展活动之前，有的品类拥有两到三个月的库存量。如今，所有库存都精简为用于缓冲的安全库存。既消除了人员和空间的浪费。也减少了管理费用的支出。TPS 活动的确为我们公司创造了利润。通过改善活动，我终于明白，误把库存当成“资产”的时代已然过去，提高现金流才是王道。但我们要做的工作还有很多，比如提供给分包工厂的原材料和部件，其库存便未着手改善，我的计划是一步步来。

此外，由于提高了生产能力，因此加班也少了。

根据定期财务决算的结果，公司的利润有了显著提升。

东方汽车部件生产公司和我们平分了多出来的这部分利润。不但能给员工涨工资，而且由于产品质量提升，东方汽车部件生产公司的开价也有所提高。

而最大的收获是员工的成长，在公司上下积极推进改善活动的过程中，员工的能力得以提升，将来前途有望。

对我自己而言，总算是明白了一个道理——要想理解 TPS，不但需要相应的知识和经验，而且还必须对 TPS 水准有所认知。虽然我起初对 TPS 全然不知，但通过上述学习和实践，也算是获得了些许成长。

主审的理念很开放，总是强调“群策群力，共同思考”。

此外，他还说道：“假如 TPS 指导人员把某些理论和手段当作‘金科玉律’，声称‘这种方法绝对正确’，那么等待他的往往是失败。一家公司的成功案例不一定适用于另一家公司，如果‘强推’，只会事与愿违。所以说，指导人员应该明确改善活动的大目标，在脑中清晰描绘出将来的理想形态，并正确把握现实状况，以最为适合的方法开展活动。另一方面，假如过度安于现状、害怕挑战，就无法实现提升 TPS 水准的目标。总之，关键在于循序渐进、持之以恒。”

“TPS 活动能否成功，取决于企业领导的思维和态度。”主审的这句话让我印象尤为深刻。

接下来是考验我们公司实力的时候了。

我依然怀揣着一丝不安。

我究竟还在担心什么呢？

或许是担心改善活动能否一直持续下去吧。

既然有那么多企业都成功了，我们肯定也能行。

要想让改善活动持续化、长期化，还需要加强员工的主人翁意识。从目前来看，不少员工依然把它视为“上头的任务”。前几天，我在装配车间听到一名员工说“（我）其实不想搞什么改善活动，可领导的命令不得不照办啊”，这让我感到非常遗憾。要知道，万一公司倒了，最倒霉的是员工啊。

我想打造一个团队，能够针对改善活动进行思考和决策，可其核心人才仍处于培养初期。

而我自己也有许多工作没有做到位，比如对公司未来蓝图的描绘等等。

今后，我要更加积极地视察生产现场，至少应该多和员工开展交流，从而激发他们的主观能动性。

旅途四　深化之　实现大目标

~『确定方向』篇~

在该旅途中，将描绘武内君作为丰田生产方式指导人员的奋斗历程。

改善生产现场的方法并不是唯一的，作为指导人员，应该把握实际状况、找准未来方向，提供当前最为有效、未来最具潜力的方式方法。在本篇中，将为读者展示发现问题、确立目标及着手解决的整个过程。读者由此能够了解到，为了创造更好的劳动环境，指导人员是如何思考的。

丰田生产方式不但包含各种水准，而且其呈现形式也多种多样。此外，不同的视角、不同的切入点、不同的思维方式都会导致其形态各异。而且有的人还会根据经验主义来以偏概全，认为“自己的经历和经验便是丰田生产方式”，因此很难正确认识丰田生产方式。

鉴于此，在本篇的结尾部分附有“TPS 的形态”图解。既是为了向读者展现丰田生产方式的整体形态，也是为了给读者排疑解惑。

真正的改善顺序 学习之卷

1. 灵光一闪

新年伊始，今年的第二次部门例会在今天召开。

例会在每周一早上召开，部门的主要人员聚在一起，汇报过去一周的工作情况及未解决的问题。或许是部门的性质使然，比起事务性的情况汇报，大家更偏重交流和讨论开展工作时的方式方法，即改善活动的推进方法。

此时的武内君已经是主审，他在聚精会神地聆听干部和员工的讨论内容。

可就在一瞬间，他们的声音似乎渐渐远离，讨论的议题已经转移，但武内君依然在思考刚才的内容，干部此时似乎在说着什么，但他已经充耳不闻了。

从调到生产调查部那天算起，已经是第 5 个年头了。其中的两年先后在经营企划部的成本企划室和业务改革推进室工作，算是小插曲。前者的工作内容是研究成本，后者则是以室长的身份提升间接部门员工（即从事事务性工作的人）的效率，之后又回到了生产调查部。虽说在经营企划部的时候也和生产调查部的成员保持接触并坚持学习，但说到结合实践的系统性学习时间，满打满算也就 3 年。

年初，东方汽车部件生产公司出台了《员工岗位定期调动制度》。元旦长假刚结束，公司里新选拔出了一批“社内研修留学生”，再加上节日的余韵，大家展现出了“新年新气象”的积极状态。

而就在这样的气氛中，武内君却在“神游大地”，他并非心不在焉，而是在深入思考 TPS 的本质。但在旁人看来，他只是在会议上开小差而已。

突然灵光一闪，他茅塞顿开，紧张感也烟消云散。

“原来如此！ 2S 是起点。”

之前在开展 TPS 活动时，他经常听指导人员说“改善要从 2S 抓起”，但只是听过，对其一直没有深入思考过，而就在这电光石火般的瞬间，他突然明白了其真正含义。换言之，从这一刻起，他才真正理解了 2S 在 TPS 活动中的地位。

答案非常简单，但过程却很艰难。正是有了这几年的积累，他才能最终找到属于自己的 TPS 大方向。

业内还有句话叫“5S 是改善之母”，这固然没错，但如果要在实施 TPS 活动时找到改善的大方向，首先就必须从 2S 入手。

这便是他突然领悟到的心得。

自从他入职以来，公司里随处可见写有 5S（整理、整顿、清扫、清洁和素养）的告示。而纵观日本，许多企业都把 5S 活动视为生产革新的活动内容。

为什么要实施 5S？以前面一章讲到的那家公司为例，虽然其初始的 TPS 水准为“A 级”，但只要把 5S 做到位，就能取得不错的改善效果。5S 的各个项目都应该被当成改善活动的指标。因此，一旦 5S 被确立为企业的内部规章制度，那么企业文化都能够得到改善，因此在业内有专门指导 5S 活动的顾问。

另一方面，有的企业虽然 5S 水准较高，但改善的意识却不高。这样的企业忽略了 5S 活动的本质——改善劳动环境，而把 5S 本身当成了目的，即“为了 5S 而 5S”，最终丧失了开展活动的活力。在这样的企业里，5S 成了花钱的“面子工程”，却无法带来实实在在的利润。不仅如此，这种缺乏大方向的 5S 活动让企业如同一艘迷航的大船，在碰到问题时必然不知所措。

要想通过 TPS 活动来改善劳动环境，就必须找到问题所在。

为此，首先要把 2S 做到位。在前一章中，那家 TPS 水准为“A 级”的公司由于管理不到位，根本无法通过可视化管理来把握生产现场究竟是正常还是异常。

而 2S 活动正是先通过整理来舍弃不要的物件，同时通过整顿来实现有用物件的标准化（有序化），从而使正常或异常状况能够一目了然，为可视化管理创造条件。

接着，在如此标准有序的状态下，便能发现“7类浪费”并找出其相应的解决对策。可见，一旦生产现场的2S活动到位，各种问题就能变得显而易见，各种浪费也能得以消除，从而打造“坚强”的生产线。当然，接下来的3S也必须实施到位。

不仅如此，不管是想大幅提升TPS水准，还是想确认实施的对策是否有效，都需要精确把握生产现场的“正常”和“异常”，这自然少不了2S活动。所以说，2S是所有改善活动的起点。不管一家企业的TPS水准有多高，都必须将2S贯彻到位。

武内君后来才知道，不少前辈们都有这种突然灵光一闪的经历。对他而言，这样的“天启”实在来之不易。前面说过，从他正式接触TPS时算起，这已经是第5个年头了。

客观来说，要想真正理解丰田生产方式，使其真正为我所用，的确需要较为漫长的时间，且因人而异。每个人在不同的阶段能够获得不同层次的理解和心得，而在此过程中，对于具体的方式方法也要一并学习。

多贺先生则与武内君不同，他的经验体会可以归纳为“理解有多个层次。TPS的项目繁多且博大精深，不可能一蹴而就，只能在合适的时机逐步领悟其中的部分”。他曾谦虚地对武内君说：“如果说学习TPS有个入门的入口，那我还在入口前面呢。”

作为社内开展TPS活动的负责人，武内君需要不断设定目标、付诸实践，通过这样的经验积累，有一天他突然觉得自己似乎对TPS有所理解了。

与此同时，他也终于能脉络清晰地讲解整个工厂的生产机制了。面对从国内外前来“取经”的参观访问者，他已经能够满怀自信地以现场实物的方式娓娓道来——包括 KANBAN 的周转流程。

关于 5S

“所谓 5S，在日语里就是整理、整顿、清扫、清洁和素养的首字母，对吧？”武内君向老师确认道。

“没错。近年来，5S 已然成为全世界制造业的通用术语。日语中的 KAIZEN（改善）一词亦是如此。比如 TPS 水准为‘A 级’的工厂，只要推进 5S 活动，其劳动环境自然会得到改善。”

“我起初还把第 3 个和第 4 个‘S’的顺序弄反了，记成了‘清洁、清扫’。”武内君说道。

“先有‘清扫’，之后才是保持其‘清洁’的状态。”说罢，老师讲起了与清扫有关的案例——“某国的一个车企的社长有个习惯，喜欢一边在公司内走动，一边捡起看到的垃圾。虽然员工劝他不要这么做，但他依然我行我素。这其实并不奇怪，就拿我来说，在海外工厂从事指导工作时，这样的事情可谓家常便饭。有一次，需要搬掉一个很大的材料货架，现场的科长及其十几名下属围在旁边讨论问题，可却没有一个人去捡旧货架下面积着的垃圾和碎屑。眼看新货架就要直接放在垃圾的上面，我便去拿了个扫把，开始打扫起来。结果一名女清洁工跑过来找我，虽然听不太懂，但她似乎在说‘别用我的清扫工具’。到了下午，我发现她一直跟在我后面。后来我才知道，地面清扫属于她的职责范围。在国外，许多企业都是这样‘上下有别’的，‘高级员工’不能去做‘低级工作’；反之，下属也不能过问上级的工作。对于日本人而言，这是难以理解的。就拿刚才提到的一幕来说，换成日本企业，甭管科长还是下属，早就有人把垃圾打扫掉了。这其实情有可原，毕竟国家不同，文化不同。设想一下，如果一个国家垃圾遍地，你要指望工厂里干净整洁，势必要付出莫大的心血。让人欣慰的是，有的海外工厂还真做到了。随便提一下，有的专家和企业还会提出‘6S’的说法。即在5S的基础上添加了‘习惯’。从本质上来说，其与‘素养’如出一辙。‘素养’是基于管理者和监督者的视角，而‘习惯’则是基于作业人员自身的视角。总而言之，只有重视它们，才能构建良好的企业文化”。（参照表 4）

表 4. 何谓“5S”

5S			要点
1	整理	明确分清需要的和不需要的，扔掉不需要的东西	首先必须做到一目了然，让任何人都能一眼看出哪些是多余的东西。其典型的方法是“红牌策略”。
2	整顿	为了方便使用，应有序摆放有用的东西，并标明记号，让任何人都能一目了然	只考虑形式美观的摆放方式算不上整顿，而只是陈列而已。在自己身边只保留用得到的东西，并对物件的摆放方式采取标准化。其典型的方法是 KANBAN 表示法。

续表

5S			要点
3	清扫	要勤于打扫，从而保持机械、工序和工厂整洁有序	机械设备要在清扫的同时进行检查，要把“清扫检查”作为长期化的规章制度。
4	清洁	要保持整理、整顿和清扫（3S）的成果	一旦设备沾染了油渍或灰尘，就需要将其打扫干净，这就叫“清扫”，而保持这种良好状态的行为叫作“清洁”。
5	素养	要做到4S，养成时刻严格遵守规章制度的习惯	管理者要让员工遵守各项工作规定（如见面问好、穿戴整洁、保持清洁、安全作业等）。倘若员工没有好好遵守，则应本着为员工着想的初衷，对其进行严厉批评。

[出处：武内登著《丰田细胞式生产》（JMAM 2006 P179）]

2. 首先要凭借 2S 来实现可视化管理，这尤其适用于 TPS 水准为“A 级”的企业

有的企业处于 TPS 水准的高位——譬如“C 级”或“D 级”。

这样的企业往往会配备视察工厂的干部，其目的是让 TPS 在企业内扎根。这样的干部被称为“工厂负责人”，每天都要对工厂进行定时检查。

假设有这么一位工厂负责人，不管是对 JIT 还是自働化，一旦涉及具体的实际操作，他不仅做不到游刃有余，甚至可以说是一窍不通。即便如此，他依然基于 2S 的视角，每天给生产现场布置定额任务。面对每天的任务，生产现场无法及时消化和完成所有课题，可他照样不断加码。

2S 活动可谓永无止境。此外，在不同的负责人眼里，其活

动内容也不尽相同。假如碰上上述负责人，那么具体的分管领导是比较辛苦的。就拿科长来说，也只能陪着他视察，一边对诸多“无理要求”暗暗发牢骚，一边硬着头皮设法实施。这样一来，至少2S是到位了；2S一旦到位，那么3S也就水到渠成了。

能做到这种程度的企业，也算是实力较强的了，因为其拥有TPS活动的支援组织。

总之，凡是TPS水准较高的企业，不管具体执行者对TPS的理解程度如何，至少其2S（甚至是5S）活动开展得比较到位。

因为这是TPS的基础——实现可视化管理，从而暴露各个环节存在的问题，而且便于统一大家的思想认识，包括如何改善工厂等。

至于TPS水准为“A级”的企业，就更要彻底实施2S了。

只要把2S做到位，就已经能够节省一部分的成本开支，并消除不少无谓的浪费——譬如寻找物件或工具的时间。

假如不断贯彻2S，便能够对当前状况做到心中有数，从而设定更为美好的前景目标。此外，因为有凭有据，所以即便碰到意见不同的人，大家也能从实际情况出发，实现互助与协作。

反之，假如无法把握现实状况，就无法确定下一步计划，“统一思想”“同心同德”更是无从谈起。在这种一片茫然的低水准下，既无法设定目标，也无法向前迈进。哪怕是有能力的指导人员，也很难发现问题的本质，自然无法提出有效的解决对策。

关于 5S 的具体实施方式，许多书籍都有论述，各家企业可根据实际情况，选取适合自身的可行性方案。

3. TPS 的常规推进方式——描绘理想蓝图

武内君在着手社内及社外“自主研”活动的初始阶段时，首先提出了针对 2S 的改善事项。

该提案包括具体的实施内容、负责人及日程安排等，其本质上是一张《问题对策一览表》，用于公示及改善。

该提案的主旨是“找出生产现场具体负责人所忽视的问题”并“实现可视化管理的步骤项目”，而并非为了单纯美化生产车间观感的“面子工程”。前面讲过，“实现可视化管理”是 2S 的根本目的。反之，不少企业本末倒置，明明已经在推进 5S，却将改善活动矮化为形式主义。

假如“A 级”企业能够通过 2S 活动来实现可视化管理，则其 TPS 水准便能提升至“B 级”。当然，即便企业的 TPS 水准已经达到“B 级”，依然要不断深化开展 2S/5S 活动，从而向着理想形态持续迈进。

此外，如果生产现场的 TPS 水准已经达到“B 级”以上，就可以着手绘制“**现状图**”。之所以要把握现状，是为了描绘未来远景，即**理想蓝图**。换言之，要想有效描绘未来的理想蓝图，就需要拥有“B 级”以上的 TPS 水准；如果是 TPS 水准为“A 级”

的企业，则应把活动重心放在“实现可视化管理”，至于描绘蓝图，可在有余力的情况下试行。

前面章节提到过，TPS 水准由“A 级”至无穷大（∞），接下来将以“**TPS 水准的提升阶段**”为主题，进行较为详细的说明。（参照图 16）

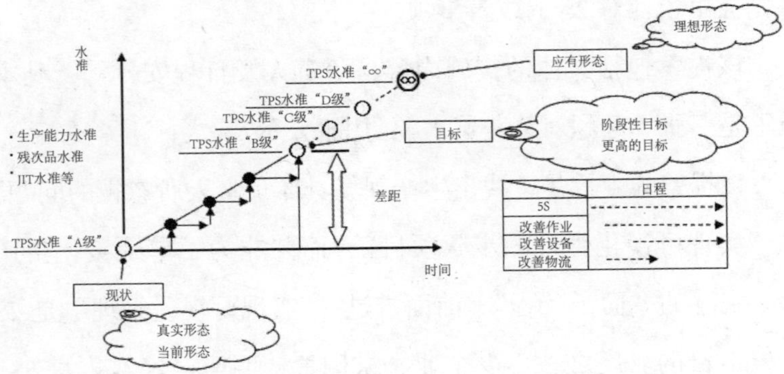

图 16.TPS 水准的提升阶段 ©Noboru Takeuchi.2012
［出处：武内登著《丰田细胞式生产》（JMAM 2006 P175），有部分改动］

上图标明了 **TPS 改善活动的步骤**，从“A 级”到 B、C、D 级，直至“∞”。

至于活动步骤的详细内容，以武内君为代表的 TPS 负责人一般会做如下说明：

步骤 0. 先要搞好 2S

前面讲过，在 TPS 水准为“A 级”的生产现场，“作业人员和物件呈无序状态，作业人员动作缓慢，物件散乱，很难查找。

无法研究和分析作业内容，观察者无从得知作业人员的行动意义，单纯依靠作业人员的记忆来管理物件和工具”。如此一来，便无法开展下一步骤的活动。即便进行“站立观察”，也看不出个所以然，只能先凭借 2S（整理整顿）来实现可视化管理。

步骤 1. 明确现状

调查改善对象（生产现场及生产线）的整个物料和信息流程（从材料采购到产品出货），从而明确现状。

步骤 2. 描绘理想蓝图

与相关负责人讨论生产现场的理想形态，并共同描绘蓝图。使其成为全工厂员工共有的未来目标。而在实际操作中，描绘的蓝图往往会具体为与步骤 3 类似的长期规划。将来的状况会变，目标也会调整，因此绘制蓝图并不容易。需要注意的是，理想蓝图是一种理念，是永恒追求的终极关怀。

步骤 3. 规划目标

所谓规划目标，顾名思义，是指计划在某年某月实现的形态，是较为长期的阶段性目标，相当于激发当下奋斗热情的“里程碑”。既然是计划，那么具体实施日程自然不可或缺。因此必须把计划按期分为若干个阶段，并制定每个阶段的具体目标，使其成为全工厂员工共有的实施目标（其主旨当然是改善劳动环境）。为此，还必须设定最终日程及评估项目的具体数值。在选择评估项目时，应选取那些可量化的（例如生产能力、良率、搬运频率等）。

步骤 4. 明确二者差距（现状与目标的差异）

要把现状与目标之间的差距视为具体课题和问题的集合体，并把相应的改善方案也进行细分。

步骤 5. 制订日程计划

在推进改善方案时，要敲定实施细节（例如实施部署、推进日程等），从而实现有效的进度管理。高层领导应亲力亲为，随时检查进度是否按时完成。

步骤 6. 达成目标之后（返回步骤 1，向更高水准进发）

如上所述，首先要描绘理想形态的“图景”，然后制定达成目标的“故事”，最后按照具体实施的“脚本”，一步一个脚印地开展活动。通过反复实行上述步骤（从步骤 1 到步骤 6），不断提升 TPS 水准。虽然周期较长且循环反复，但的确能够逐步提高（从 A 到 B、C、D 级，直至“∞”）。

其中，武内君比较重视几大基本要点，它们是：

①不要局限于局部改善（只适应于某个车间或部门），而应**考虑整体**。

②对于改善对象，应在结合实际情况的前提下“由点到面”（为了提升水准，先改善具体典型，然后**横向开展**）。为了不让改善对象和成果受限，需要在企业内**全面推广**。

③为了防止出现本末倒置之类的错误，需要认真思考改善活动的目的。

④实施 5S 是首要任务，尤其要贯彻 2S（整理整顿）。

⑤通过落实标准、认真观察，就能够发现亟待改善的新问题。要积极应对变化，仔细审视现状。

⑥要留意物料和信息的整体流转状况。诸如库存停滞等问题不容小视。

⑦基于 TPS 思想，找出解决对策。发现问题，扎实攻坚，直面挑战。

⑧明确说明规划目标和实施日程，使全体员工对改善活动的大方向都能做到心中有数。

一般来说，上述内容已经涵盖了 TPS 改善活动的步骤和注意事项。此外，还需要与上述步骤相对应的具体活动内容，包括统一参加人员思想认识的各类书面文件和票据。

在现实中，由于改善对象（生产现场）的规模不同，改善活动的课题不同，导致相应的改善手段和实施顺序也会不尽相同，这便是难点所在。切忌犯教条主义错误——固执地认为某种方法或手段是永远正确的金科玉律，从而不顾现实地“强推”。对于改善对象而言，如果能碰上高瞻远瞩的优秀指导人员，那自然是莫大的幸运，但有时事与愿违。武内君认为，还是要练好自己的“内功”，不断努力学习、积累经验。

TPS 指导人员各执一词？不同的方法与时机

前几天，一人与武内君交谈，那人所在的企业正在开展改善活动，并在接受某个专家团的指导。交谈中，他问了武内君一个问题，可武内君却答不上来。

问题是这样的——“我发现（请来的）TPS顾问们说的话都不一样，这让我非常不解”。

正因为如此，武内君又去找老师指点迷津了。

老师答道：“这种情况很常见。据我推测，那个人口中提到的专家们应该主要来自工厂，属于改善技术较高的‘实干派’。不同的指导人员有不同的方法，如果被误会成‘各执一词’，的确也是够冤的。”

老师接着说道：“在我看来，那些专家们脑中的理想形态和规划目标应该是一致的。差异在于眼下的临时目标、实施内容以及阶段划分。可对接受指导的一方而言，可能会有‘意见纷纭’的误解。”

“既然如此，劳烦能否具体讲一讲临时目标、实施内容以及阶段划分？”武内君又问道。

“这可以用TPS改善活动的步骤来说明。你问的那些相当于步骤4中‘细分后的相应改善方案’。从①现状到②目标的过程中，有的指导人员会采取短期战略，有的则倾向于长期战略，从而导致他们对各个目标之间的过渡阶段会有不同划分。短则1周，长则数月，更长的甚至是数年。换言之，对于这种某个阶段的‘临时形态’，不同的指导人员可能会有不同认识。为了在将来取得重大成果，有时还不得不‘曲线救国’，走一些看似无用的弯路。当然，这一切的前提是指导人员足够优秀。”

“我还揣测，”老师接着讲道，“那个人所在的企业恐怕还未做到‘全员共享目标’；抑或共享了目标，但彼此却没有真正理解。这就需要大家同心协力，共同研究适用的方法论。另一方面，也可能是指导人员解释不到位。对于指导人员而言，‘如何明确传达自己的意图’一直是个较为棘手的课题。”

数日后，武内君向老师汇报了情况。

“老师，我给了那个人答复。我说，虽然每名指导人员脑中的理想形态和规划目标一致，但眼下的具体实施内容会存在差异，从而导致‘意见纷纭’的误解。他对我的回答似乎较为满意，还说‘明白了，接下来我会纠正错误认识’。”

老师笑着点头。

“虽然大目标一致，但提高水准的方法、手段及阶段划分各有不同。‘你的规划路线是这样，我的规划路线却是那样’，这是指导人员之间常有的对话。而在‘自主研’活动中，也会有类似的讨论。记得我曾经有一次去海外工厂出差，在车间里和一名日本同事讨论问题。后来我才知道，不懂日语的当地员工以为我们当时在吵架。我们只是在安静地探讨生产现场亟待改善的问题及具体目标（规划），可能由于语速过快，让周围人误会了。如今回想起来，还蛮有意思的。”老师回忆道。

老师还说：“最近竞争日益加剧，单纯的现场改善活动已经难以满足需求，因此必须制定合理的长远目标，培养有效的TPS思维方式。这才是让日本制造业保持优势的关键所在。如今，不管是指导丰田生产方式的专家，还是与丰田生产方式有关的书籍，可谓层出不穷，我建议企业‘按病投医、对症下药’。如果碰到优秀的指导人员，那是非常幸运的，因为他会为企业描绘理想蓝图，并采取因地制宜的方法。”

听到这里，武内君问道：“何为优秀的 TPS 指导人员呢？”

“我知道有不少业内人士立志成为优秀的 TPS 指导人员，但我无法明确回答你所提出的问题，只能结合我的经验体会，大致谈一谈。首先是对案例的处理，假如有可以利用的成功先例，就应该加以运用和推广。此外，在思考理想形态时，经验丰富的指导人员会加以指引，这是非常有帮助的。在不知道具体该怎么做的时候，如果指导人员能够传授行之有效的方法，的确犹如雪中送炭。另一方面，如丰田生产方式自主研究会这样的组织会基于 TPS 的基本思想，以提高 TPS 水准为目标，创造出全新的方法和机制。假如指导人员也能够不墨守成规，在指导过程中发挥创新能力，那就最为理想了。”

“任何事物都有正反两面，既然讲了我心目中的优秀指导人员，接下来该讲讲不合格的指导人员了。”老师接着说道，“有的指导人员明明经验有限，却不断‘强推’自认为绝对正确的理念和方法；明明只从事过工厂里某个部门的工作，对一些案列也只是道听途说，却凭借这一知半解的知识开展指导工作。更别提那些‘只知结果，不明过程’的‘半吊子’了，由于没能掌握解决问题的方式方法，因此只能一味强调结果。以 TPS

水准为例，这样的指导人员可能在‘D级’生产现场工作过，一旦前往‘A级’生产现场开展指导，问题就来了。我们知道，要想从‘A级’升至‘D级’，需要花费相当长的时间和精力，可这种人只会讲‘超越D级’的所谓‘理想形态’，完全是空中楼阁。既不懂循序渐进的提高方法，也没受过具体的业务培训，更没有丰富的实际经验。假如摊上这种指导人员，企业的确够呛。”

“既然说到这儿，我干脆把这些反面例子做个总结归类。我并不掺杂个人感情，只是阐述自己的思想而已。”说罢，老师列出了下面几种类型：

① 简单粗暴型

喜欢给人施加压力、言语粗鲁的指导人员。有的会指着空箱子说“这是无谓的浪费”，然后把它一脚踢飞。这种举动出格的指导人员常常会受到降职处分。为了让海外工厂的员工懂得“保持车间清洁”的道理，据说有个“奇葩”的TPS顾问直接往地上吐口水，这人的“光辉事迹”已经成为传说。

② 只顾现场型

只能够在有限的生产现场发挥作用的指导人员。有时会拘泥于某个部门的改善活动，从而忽视了整个企业的运营问题；有时无法明确解释一些改善活动的动机和理由；有时甚至会“变身”为第①种类型。这种指导人员以前很常见。

③ 只知计划型

只擅长制订生产管理方面的计划和机制的指导人员。其往往疏远现场，由于对现场不甚了解，因此提出的改善方案往往脱离现实。

④ 好高骛远型

顾名思义，即好高骛远、只说不干的指导人员。与其当指导人员，不如说他们更适合当企业领导。这种指导人员对长远的理想蓝图有所了解，知道改善活动“最终应该取得怎样的成果”，但对具体的实施方法、解决对策却一窍不通。至于那些拾人牙慧的“半吊子”，也可以被归为这一类型。

“这些就是我总结出的类型。”老师说道，“他们绝大部分是负责实际开展改善活动的顾问，按照丰田生产方式的初衷，他们应该制定战略并在企业内全面推广，但能真正做到的可谓寥寥。武内君，正所谓‘他山之石可以攻玉’，我们既要汲取优点，也要重视前车之鉴；既要抓好计划，也要立足现场；从而成长为真正优秀的指导人员。”

TPS 改善活动的步骤：描绘理想形态

“老师，据我所知，对于‘描绘理想形态’的说法，有的人心存疑问。”

老师点头道：“要想‘描绘理想形态’，必须考虑‘终极目标’，认清长期愿景与现实状况之间的差距。比如以数字量化项目，如果当前该项目的数值为1，就要思考‘数值为10时的情况’‘数值为0.5时的情况’，甚至‘数值为0时的情况’等，从而找出最佳方案及实现条件。换言之，要设定未来的目标值，并将其与现状进行比对，从而明确过去、现在及未来的数值。关键在于清晰描绘大目标、大方向，但更为重要的是认清自身实力及现场情况，从而合理推进改善活动。比如在朝着某个理想形态迈进时，发现导入KANBAN是最佳策略，可如果没能认清现状、建立共识，那么相关活动就无法顺利开展；倘若本末倒置，把KANBAN这一手段当成了目的，则更会离最终目标渐行渐远。换言之，要明确目的，勿忘初衷。”

武内君又问道：“听说不少企业即便在引入丰田生产方式时请了专家，却依然磕磕绊绊、举步维艰，是这样吗？”

“这种情况的确存在，”老师答道，“如果企业既有能力又有热情，却依然无法顺利开展TPS活动，问题就很可能出在指导环节——要么是指导人员的方法有误，要么是企业方面的理解有误。假如属于前者，对努力开展活动的企业而言，就非常不公平了。不仅如此，上述错误还会导致一系列畸形的结果，比如虚有其表的丰田生产方式、对具体手段的过度执着、错误方法造成的错误典型等等。”

老师接着讲道：“这种失败案例一多，‘丰田生产方式并非普遍适用’的理论就会抬头。类似的理论往往会提出诸多理由，其中既有一语中的的，也有以偏概全的。客观来讲，其的确罗列了引入丰田生产方式的难点。但要明白，虽然路途艰险，但前途终究光明。假如抱着上述误解不放，进而认为‘还是不碰丰田生产方式为妙’，那就太令人遗憾了。毕竟还有许多成功案例，选择性失明不可取。”

“老师，不少企业虽然导入了 KANBAN，却流于形式，无法使其发挥应有作用，对吧。”

“没错。石井正光先生的著作《丰田生产方式入门》就讲到了这个问题，该书阐释了丰田生产方式的基础知识和思维方式，是非常优秀的参考书。另一方面，教条主义也是不可取的，机械地理解‘减少库存’，踢飞生产现场的箱子，这并非丰田生产方式的初衷。要知道，库存必须与实际生产能力相符。此外，还必须建立生产部门的有效机制，实现工厂整体生产活动的均衡化。即便产量需求每天上下波动数倍，抑或每个季度大幅震荡，也要能够从容应对。纵观现实情况，成功建立类似机制的企业并不罕见。把人和物作为缓冲机制的要素，进行有效的统筹安排，且不把改善活动局限于生产现场，而是以企业为对象，实现包括系统及手段在内的整体规划。关于这点，下次有机会的话，我会进一步详细说明。”

“那是否存在这样的现实问题，即需求的剧烈变化会影响丰田生产方式的开展？”武内君问道。

“的确如此。尤其是家电产品，其销量往往存在‘旺季’和‘淡季’，且淘汰更新的速度非常快。假如相关厂商无法及时应对市场变化，便难以生存发展。有的企业凭借 TPS，在产品装配环节达到了这样的要求，却在仓库机制和物流系统方面‘掉链子’，实在令人惋惜。哪怕是一些业内知名的大企业，照样存在诸多问题——有的连 5S 都没做到位，有的周转部件良率偏低，有的在出货前的分类集中环节出现瓶颈，等到这些问题解决，该产品的黄金销售期早已过去，可谓恶性循环。由此可见，必须构建能够快速应对的物流系统，从而满足消费者每个季度对产品的新需求。当然，对企业而言，这的确是个重大的课题。”

“此外，有的企业没有将改善活动长期化。”老师接着说道，“究其原因，首先是人才等资源的不足；其次是目标的缺失，不少业内杂志都介绍过类似的反面事例——只知道漫无目的地改善，却没有活动规划和日程安排，这样当然无法长期持续。可见有序的计划是多么重要，哪怕先定一个小目标也好。”

TPS 改善活动的步骤：改善抑或革新？

“老师，你刚才介绍的 TPS 改善活动的步骤，我觉得和解决 QC 问题的方法有些类似呢。”武内君阐述了自己的想法。

“没错。要采取全公司的品质管理乃至经营管理（TQC/TQM）[①] 手段，就必须由公司上下一同推进相关活动。丰田生产方式本身就强调全员参与，在设定目标时更是如此。”老师

---

① TQC 是 Total Quality Control 的缩写，TQM 是 Total Quality Management 的缩写，二者都被翻译为“全面质量管理”，但后者更为深化，可以视为前者的加强版。——译者注

答道。

武内君又问道："之前一直使用'TPS 改善活动'的说法，我对此抱有疑问。在我看来，既然要制定目标、描绘蓝图，难道不该提出'革新性'的对策吗？"

对此，老师回应道："你的想法情有可原。尤其在海外，外国员工往往期待 TPS 活动能够使企业脱胎换骨。换言之，他们希望凭借 TPS 来实现生产革新。这里的'革新'其实可以用'大变革'一词来代替。而 QC 的常用手段是依靠排列图[①] 找出问题发生的频率和顺序，进而从最大的问题入手，其效果非常显著。反之，纵观 TPS 的日常改善活动，其并非一定按照问题的大小顺序依次解决。有的大问题较为棘手，无法在短时间内解决，于是只能先解决容易的，然后再以'农村包围城市'的战略持续改善。换言之，先从解决小问题入手，随着一步一个脚印的积累，问题被各个击破，最终解决最为棘手的难题。人们常说，从量变到质变，从小变到大变，就是这个道理。"

"这其实是一种实用且优秀的方法论。"老师接着说道，"要想解决问题，切忌操之过急，与其冥思苦想'最佳'策略，不如先行实践'较佳'策略。也有人把其比喻为'跑着想问题效率高'，中心思想都是一致的。所以说，不要把问题想得过于复杂，不要把自己吓倒，而应该从身边的小事做起，最终解决

---

① 排列图又被称为帕累托图，以意大利经济学家帕累托（V.Pareto）的名字命名。它把出现的质量问题和改进项目按重要程度依次排列，等于是一种直方图。——译者注

难题。换言之，改善是革新的捷径。即便无法立刻找到解决对策，即便在改善活动中遭遇艰难险阻，只要牢记和发扬‘自主研’的精神，不断思考，不断提高，就能披荆斩棘、破除万难。”

以 TPS 高水准为目标　向前迈进之卷

4. 通过“社外自主研”改善生产的实践活动，了解何为 TPS 高水准

东方汽车部件生产公司隶属于丰田生产方式自主研究会的 B 组，即所谓的“会员企业”。B 组总共有 8 家会员企业，都是零部件供应商，其整体 TPS 水准介于“C 级”和“D 级”之间。

武内君作为主审，起初只是“自主研”中的普通参加者，如今已经升格为副主任了。

各企业所注册的“自主研”研修对象必须是 TPS 水准为“D 级”的生产现场。这样的生产现场已经属于高水准，因此很难一眼看出存在的问题。而各企业的自主研究课题便源于其中。

比如，东方汽车部件生产公司在年初申报的自主研究课题概要如下。

课题名称：建立 FEN 底盘生产工序的 JIT 机制

申报理由（中长期课题）

1. 本公司的零部件生产环节中存在问题，亟须在生产现场树立典型，从而在全公司推广。

· 之前一直把改善活动的重点放在装配工序，使得装配环节的 JIT 水准获得了提升；与之相对，零部件生产环节的 JIT 水准则较为落后。

· 计划缩短整体交付周期（从生产到交货）并推进自働化。

· 在零部件生产环节实现 JIT，即只在需要的时候生产需要的数量。

2. 把本公司的主力产品——FEN 底盘作为建立 JIT 机制的典型。

对象工序概要　略

当前问题

1. 压铸部件的生产批量过大，导致交付周期过长；

2. 设备的可动率较低；

3. 搬运零部件时，未能实现“少量多次”的“碎片化搬运”。

活动目标及着手项目

1. FEN 底盘零部件

· 依靠装配工序的数据信息来提升零部件的生产水准。

· 确立低成本的生产方式。

· 通过消除设备限制和停产精简来提升稼动率。

· 通过优化统筹物料和信息的整体流转状况，缩短交付周期。

2. 压铸部件

· 通过缩短机器时间（MT），提高生产能力。

· 通过缩短准备时间，实现多次生产。

· 推进小批量生产，缩短交付周期。

· 重新审视生产机制（确定合理批量数，实现可视化管理）。

3. 厂内物流

· 通过多次订货、高频物流来缩短交付周期。

· 计划培养能够独立开展改善活动并进行相关指导的 TPS 人才。

活动目标的量化值

1. 成本率：降低 3% 以上。

2. 生产能力：效率（个 / 人 · 小时）提升 20%。

3. 精简库存：实际库存不超过理想库存的 120%。

4. 提高良率：将残次品率降低 50% 以上。

纵观上述内容，可能会给人一种“目标过低”的错觉。但要知道，凡是申报成功的课题，其已经达到了一定的水准，“自主研”成员的任务等于是要精益求精，所以任务其实非常艰巨。以成本率为例，按照生产现场的算法，有时能够获得“削减了百分之几十”的傲人业绩，可一旦将整体成本计算在内，削减的成本率就会变成百分之几。有的成员看到 3% 的目标，可能会感到失望——辛辛苦苦地开展活动，到头来却只能降低 3%

的成本率，似乎有点“不值”，但只要仔细思考一下，就能明白这3%已经是很大的数字了。

按照这样的方式，8家会员企业都申报了各自的研究课题。“自主研”指导主审及各家企业的主任会予以评判，从而决定是否采用。有时申报的课题未能审核通过，便无法进入“自主研”的活动日程。

在改善对象的生产现场，以各家企业的主任为核心，对相应课题开展研究，并实施改善活动。在分配课题时采取“交叉分担”的方式，比如让B公司的主任来负责A公司的课题。

前面讲过，武内君作为主审，如今已经是“自主研”中的副主任了，他代表着东方汽车部件生产公司。“自主研”的参加者们会按照事先确定的日程安排来研究各家企业的课题，日程计划的跨度往往为3个月左右。正、副主任则必须参加各个阶段的重要会议，因此每周会有两三天不在岗，而是待在别家会员企业里。尤其在实际开展“社外自主研”活动时，每周有好几天都会待在其他公司，长期以往，也挺烦人的。

“自主研”要求成员们互相帮助，共同在既定的会场（改善对象的生产现场）开展活动，为提升其TPS水准做出贡献，对正、副主任而言，这自然义不容辞，但人的精力和时间毕竟有限，由于经常不在自己公司，因此会影响到自己的社内考评，这的确是难以兼顾的矛盾。

一旦自己公司需要推进改善活动，正、副主任根本无暇顾及。另一方面，真正能够负责TPS活动的人才并不多，要想迅速察觉生产现场存在的问题，多年的经验积累必不可少。正所谓“欲速则不达”，有时会因为过于仓促而培养出一知半解的改善人员，其开展活动的结果自然无法到位。

作为一名合格的指导人员，必须考虑全面并拥有团队精神。有的优秀指导虽然是技术人员出身，却不会去设法满足自己对于技术的好奇心，而是致力于出成果。当看到改善后和改善前的明显进步时，就是其最为欣慰的一刻。尤其在建立从未尝试过的全新机制时，一旦成功，其成就感不言而喻。

作为主审，从上个月起，武内君每周都要去一次西方汽车部件生产公司。

在“自主研”活动的启动仪式上，确定了西方汽车部件生产公司的研修课题负责人——静冈汽车公司的神山耕辅先生。早在武内君还是“自主研”的普通参加者时，他俩便已熟识。和他关系较近的人都叫他“神先生”。

就这样，在神山先生的带领下，3个团队（装配团队、零部件团队和物流团队）共同开展活动。

武内君是装配团队的领导，而西方汽车部件生产公司也任命了与他同级的负责人。一旦某个阶段的活动结束，所有负责人都会聚在一起开会讨论，包括汇报改善活动的实施进度和方向。

与东方汽车部件生产公司不同，西方汽车部件生产公司申报的课题是“全体生产活动”，即从零部件采购、生产直至交货的整个流程。因此需要各团队的负责人互相沟通、同心协力。所以说，不能光靠装配团队和零部件团队，还必须和物流团队充分合作。

西方汽车部件生产公司的“自主研”改善团队首先调查现状，详细绘制了《**物料与信息流动图（现状图）**》。由于反映的是现状，因此把当前问题点以对话框的形式呈现，以作强调。问题包括“生产批量过大”“未能实现‘少量多次’的‘碎片化搬运’”等。

配套绘制的还有《**物料与信息流动图（目标图）**》，该图注明了本年度结束前的改善目标。

反复评估和修改《物料与信息流动图》是“自主研”活动的内容之一。首先把图绘制完成，然后开展讨论，看设定的目标是否过于乐观、是否有可操作性。

此外，还必须绘制《**物料与信息流动图（理想蓝图）**》，否则便无法确定未来的理想形态。该图一旦完成，不但能够明确具体实施步骤，还能降低走弯路的可能性，防止改善活动沦为虚有其表的“山寨货”。

前面讲过，既有课题申报通过的企业，也有未能通过的企业。不仅如此，有的课题即便通过，倘若在开展“自主研”活动时未能取得原定成果，就会丧失在发表会上定期汇报的资格。这一切都是为了杜绝形式主义，从而让活动真正出成果。此外，有时各公司的TPS活动总干事和社长都会参加发表会，因此别想单纯“走过场”。

在制订计划时，要根据日程安排来设定目标，但计划毕竟只是计划，即便确定了实际操作步骤和目标数值，依然会碰到堆积如山的难题。这就要靠全体“自主研”成员群策群力了。

至于绘制物料与信息流动图的工作，每个小组肯定都有不少人能做。有的人说欧美人绘图逻辑不如日本人，我对此难以苟同。在我看来，问题出在美国人的翻译上，这也导致不少翻译成英文的TPS书籍变得晦涩难懂。就以“物料与信息流动图”一词为例，在英语中被翻译为故作艰深的“Value Stream Mapping”，这个说法已经沿用了十多年。希望有人能重新翻译TPS的相关著作，从而更加翔实地向英语世界介绍丰田生产方式。

此外，不少人会把“物料与信息流动图”中的“物料”写成片假名。这是因为以丰田公司为代表的诸多日企在提及企业经营资源时，会采用“人、物、钱、信息”的说法，而前三者（人、物、钱）都会用片假名书写，从而导致了混淆。前面也讲过，之所以用片假名，是为了表达“有形之物”的概念（譬如产品和设备等），还包括相应的附加价值。

与之相对，在绘制《物料与信息流动图》时，一方面要考虑诸如产品、零部件之类的“实物流动”；另一方面要考虑驱动它们的相关信息。换言之，要把握有形物料和无形信息的具体动向。由此可见，“物料与信息流动图”中的“物料”应该写成汉字。

此外，不要从狭义的角度去看待“金钱”，承载信息的KANBAN是钱，流动的物料也是钱。只有拥有这样的意识，才能逐渐明白缩短交付周期的意义所在。

至于英语中的“Value Stream Mapping”，由于已经约定俗成，因此的确让人感到头痛。如果把流动的一切都视为金钱，那么“Value Mapping”（价值地图）的说法似乎也未尝不可，但“Stream”实在是不恰当，因为各工序的附加价值并不明确，毕竟“物料的流动”不等于“Stream”，后者更为系统和明确。

《物料与信息流动图》体现了丰田生产方式“不断求变”的基本思想，但不管是相关规则还是体系构成，几乎没有什么公开的有用资料。或许是为了避免相关手段沦为泛泛而谈的空论，或许存在其他特别的理由，总之令人遗憾。以前在参观东南亚的分厂时，听过当地负责人讲解《物料与信息流动图》。其理解明显有误，由此可推测日本方面的指导人员存在问题，不免让人感到惋惜。

希望《物料与信息流动图》能够成为TPS活动中的主流，假如能把IE（工业工程）的方法融入其中，便能生成更为有效的体系。而武内君也有类似想法，他一直想找机会递交相关提案。

绘制《物料与信息流动图》并不难，但也需要一定的相关训练，尤其先要培养能够审视生产现场的洞察力。假如指导人员经验丰富、思维清晰，那么实现这一步就更为容易。

作为装配团队的领导，武内君参加了团队会议。

通过《物料与信息流动图》等书面文件，全体成员实现了目标共享，接下来要沿着大方向制定具体的TPS活动内容，这也是会议的主旨所在。

前面提到过，武内君是“自主研”任命的团队领导，与其同级的还有西方汽车部件生产公司任命的相关负责人，那个人是该公司的装配科长。

活动每周1次，武内君每次都会早到，趁会议还没开始，先去装配现场视察。之所以这么做，是为了亲自确认活动的实施进度。

在会议上，包括“自主研”成员在内的所有与会人员都要汇报活动的实施进度，然后在归纳总结汇报内容的基础上，制订当天的活动计划。散会后，大家立即投入现场活动，并各司其职。

有时，各个团队的领导还会举行领导会议，为的是加深各团队之间的沟通，并及时修正活动中出现的偏差。

经过研究讨论，最终在所有装配生产线中选了4条，作为改善对象。

后道工序领走多少，前道工序就生产多少。为了实现这样的理想形态，就需要从提高生产能力入手。

与此同时，大家决定优化厂内的搬运机制，从原先的以 30 分钟为单位提升至以 10 分钟为单位，这就需要优化装配方式来予以配合。假如装配实力不够，就无法跟上 10 分钟一次的成品搬运频率。为此，就必须对隐藏的问题“逐个击破”，而这便是课题的首要目的。

活动每周切实进行，内容包括减少必要人时、缩短换模换线时间、降低“工序瓶颈设备”的生产周期等，并把可动率等要素作为管理指标，在活动推进过程中予以关注。

在该活动中，武内君学到了一个道理——“把‘借口’变成‘理由’”。

在实施 TPS 活动的过程中，往往会遭遇看似无法解决的困难。改善之路原本就不平坦，所以这并不奇怪。这时需要把“做不到的借口”转变为“要改善的理由”。换言之，正是因为非常困难，才更需要予以改善。各位前辈的乐观主义精神成功激励了武内君。

此外，研修课题负责人神山先生的优秀指导也功不可没，其提升了改善活动的成果质量。

“自主研”活动最终圆满结束，最后的成果发表会也顺利召开，余下的课题任务由西方汽车部件生产公司在年前自行完成。在本次活动中，武内君作为团队领导，带领整个团队朝着目标迈进，且在中途的各阶段没有出现偏差，可谓非常宝贵的成功经验。

下面就来简单梳理一下武内君在改善装配现场时的经历。按照丰田生产方式的思维，其改善过程包含了不少深奥的 TPS 内容，需要进行详细说明。

首先是“**领走一个生产一个**”。

由于实际的装配生产以“箱”为单位，而要把每件成品分别打包装箱是非常困难的，因此不可能从字面上实现“领走一个生产一个”。此外，西方汽车部件生产公司在装配车体部件时采取的是混流生产方式，即每台设备生产的品类各不相同，从而衍生出不同的成品。

与这种混流生产相比，更为常见的是“大批量同型号”的单一化生产。

从单纯的生产效率来看，后者似乎更为合理，但面对客户需求的多样化，与其“按顺序依次完成每个品类的产量任务”，不如以“箱”为单位，将任务拆分，从而做到实时应对。当然，这就需要改善换模换线等环节的效率，但依然是值得的。

此外，前者还能较为有效地吸收不同品类之间的人时差异，与大批量生产相比，其生产节奏更为流畅。

换言之，其首要任务是实现生产的均衡化，通过一系列艰苦的改善活动，生产线的班长非常吃惊——高频的混流生产变得十分顺畅。作业人员对此也十分欣喜。

接下来便要缩短换模换线的时间了，根据改善活动的经验，一般需要将其压缩至“有效运转时间的 10%”。

对于多品种生产线，就需要增加换模换线的次数、缩短换模换线的时间（压缩至有效运转时间的10%）、提高变更品类的频率。此外，还应考虑下达生产指示的单位时间等。

通过缩短换模换线时间、防止设备因故障而频繁停运，最终便能够应对客户对品类需求的不断变化，从而实现理想形态——“后道工序领走多少，前道工序就生产多少”。

最后是通过改善活动来合理利用人才，实现“少人化”和“省人化”。

在实施改善活动后，由于提升了效率、精简了人员，因此会出现一批富余的“战斗力”，这时就需要赋予他们新的岗位，让他们为企业做出新贡献，从而帮助企业成长。具体来说，可以让他们从事新业务或急需人手的业务。对企业而言，这种内部调配人才的方式最为合理；反之，倘若一有新业务就匆匆对外招聘，则并非明智之举。

此外，有的企业由于当前业务量不大而纵容员工以效率低下的方式工作，这也是完全错误的。务必铭记：越是经济不景气，越是人才饱和，就越需要开展改善活动。

库存即结果——何谓“一辈子才降低了一次库存”？

“武内君，”老师说道，“看来你已经积累了不少经验，那么我就给你讲讲TPS中的热门话题——库存。”

于是老师接着说道：“库存是我们开展活动的结果。换言之，其反映了建立的体制是否有效。但也不要一味地把库存水准作为唯一目标，搭建‘坚强’的生产线同样重要。”

《丰田细胞式生产》（武内登著 JMAM 2006 P158）一书中，有一篇阐述库存的短评文章值得参考，全文如下：

一辈子才降低了一次库存

当我们说到“库存管理”时，立刻就会谈到“最高及最低库存水准”。这种管理方式并非不可行，要是管理得好自然没问题，但其中往往存在陷阱。

当笔者还是一个新手时，曾接受过有关库存管理的指导。当时的指导老师说：“待评价库存状况时，人们会在前一晚把库存降低，然后第二天又报告说库存太少。这么做毫无意义。”在这种情况下，即便减少了库存，其产生的费用效果也就单单一次。这就叫“一辈子一次的效果”。

先用较少的库存“试水”，如果产生问题，就制定相应对策，改善生产现场，这才是降低库存的初衷。所以有人说“库存无非是结果而已”。换言之，分析库存能够了解生产现场的实力，从而得出“库存过多”或“库存过少”的结论。正因为库存水准能够反映生产线的实力，所以才需要关注库存。

可见，在当前生产线能力不足的情况下，单纯削减库存只会导致混乱。曾经有这样的案例——由于库存无法满足后道工序的需要而断货，但库存报告却说库存保持在安全级别，不存在问题。

所以说，必须保障所需的库存数，并在此基础上不断改善，从而构建能够以最少库存（最终目标为零库存）制造产品的生产线。持有库存的目的应该是缩短交付周期。因此要杜绝生产线的停滞状况、以统筹全局的思维来应对客户的需求，从而打造真正有实力的生产现场。

如今回想起来，那位指导老师或许是想向笔者传达这样的思想——单纯讨论库存并无意义，生产线的真正实力和实际改善活动才是关键。之所以开展降低库存的活动，并不是为了取得“一辈子一次的效果”，而是为了长远考虑——比如相关活动的效果、对现金流的利用等。它们需要时间的沉淀，无法一蹴而就，但也是改善库存的重要目的。

总之，不要拘泥于诸如“库存过多或过少”之类的表面现象，而应努力提升生产实力，低成本、高效率地制造优质产品。只有“追求理想形态”才是库存管理的意义所在。

既然“库存即恶”，那么是否一定要实现零库存?

“老师，有的人对丰田生产方式的指导人员心存意见，据说是因为无法赞同‘库存即恶’的理论，是这样吗?”武内君问道。

老师答道：“假如指导人员不顾现实情况，一味强调削减库存，那的确是企业之不幸。一旦摊上这种没有全局思维的指导人员，接受指导的一方势必焦头烂额。反之，假如库存问题明显是影响生产的症结，那么就必须削减，否则也很麻烦。如果现实情况属于后者，那即便指导人员粗暴地责问缘由并强势推进改善活动，也是无可厚非的。尤其在早期，这种指导人员属于主流，只有在日后体会到了改善活动的妙处，企业才会心存感激。”

“这么说来，在推进改善活动时，降低库存的确是必要的，对吧？”武内君又问道。

老师答道：“按照丰田生产方式的思维，冗余库存即过量生产的产物，它会导致新的无谓浪费，因此是最大的浪费之源。换言之，库存会造成不断浪费的恶性循环。讲到这里，让我想起了那张呈现库存水准的‘池塘水位图’。池塘的石头代表各种问题，包括残次品、设备故障、延迟交货等。水位一高，它们就会被隐藏在水面以下；水位一低，它们就会从水中显现出来。”

“水位即库存水准，”老师接着讲道，“换言之，当库存较少时，诸如残次品、设备故障、延迟交货等问题就会暴露出来。这种让问题显现的方式十分有效，之前由于库存过多，这些亟待解决的问题都被掩盖了。所以说，在削减库存时，应该基于‘暴露问题’的思维。”

“可如果客户的订单大幅变动，没有库存就根本无法应对吧？”武内君又问道。

“没错。凡是出现这种无法靠企业自身实力马上解决的问题和变动，就需要以适当的库存来应对，否则会手忙脚乱。当然，也可以和客户事先商量，共同探讨应对方式，但盲目削减库存的确不可取，必须与实际情况相结合。此外，不仅是库存，对于改善手段亦是如此，倘若一味追求形式主义，就等于违背了丰田生产方式的初衷。应该认真审视问题，对其‘逐个击破’，从而不断向理想形态迈进。换言之，只有为了暴露问题而降低库存才是正确的，这样不但能节省库存费用，提高现金流，还能改善生产现场；反之，倘若脱离了这个初衷，就会沦为‘为了降低而降低’的形式主义。”

“而且，”老师接着说道，“库存水准常常与企业的机制挂钩。前面讲过，库存反映了TPS活动的结果。比如，一旦2S不到位，库存情况就会变得难以掌握。除了2S外，还有一些能够决定库存水准的关键因素。首先是‘生产与搬运的时间差’，如果搬运间隔过长，生产线方面的库存便会增多；其次是‘保养维护’，如果对于机械故障的维修和保养能力不足，就必须保留相应的‘安全库存’，有的企业日夜两班倒，但维修人员只在白班出勤，这就更需要依靠安全库存来应对晚班时的设备故障了。它们既是决定库存水准的关键因素，也是亟待改善的问题点。一旦解决了它们以及其他相关的制约条件，便能构建‘坚强’的生产体系。简单来说，库存的结构为‘**库存=（管理）×（生产批量）×（搬运批量）**’。在开展改善活动时，必须重视这3要素。还是那句话，库存反映了TPS活动的结果。而实现无库存、零库存则是终极目标。按照丰田生产方式的思想，首先要让库存与实际情况相适应，以生产活动为核心，不断改善生产现场，构建‘坚强’的生产体系。换言之，不应机械化地理解和强求零库存，而应把它视为一个远大目标。”

“每当发生重大自然灾害，媒体就会开始唱衰丰田生产方式。由于没有库存，一旦生产线停止运转，一切都只能停摆。”武内君说道。

“是的。以前中越地震[①]时，受其影响，丰田汽车公司立即停产停工，可其竞争对手由于拥有一定的库存，因此还生产了一段时间。从本质上来说，这恰恰暴露了竞争对手的问题——在平时的生产活动中存在如此大的无谓浪费，居然要靠自然灾害来消化库存。此外，在那次地震后，供应链的问题逐渐受到重视。”

“我也亲身经历过类似的事情。”老师又讲道，“当时发大水，为了应对灾害，我前往工厂协助复工。除此之外，我也碰到过许多次由于意外灾害而导致工厂停工的事情，但都没有动摇我的思想。我始终坚信，要以生产活动为核心，不断降低库存，进而构建‘坚强’的生产体系。”

---

① 此处指的是 1964 年发生的日本新潟县中越地震，里氏 7.5 级。——译者注

5. 通过“社外自主研”改善物流的实践活动，了解何为 TPS 高水准

西方汽车部件生产公司的“自主研”活动圆满结束。

接下来的活动对象是神山先生所在的静冈汽车公司。神山先生是该公司生产调查部的部长，他这次作为公司方面任命的总负责人，与其他公司的成员一起参与活动。

而武内君的角色则换成了物流团队的领导。他一边和神山先生开展交流，一边着手解决静冈汽车公司的物流课题。只有把握好整个工厂的“一进一出”，并改善整个流程的各个环节，才能取得成效，并使建立的机制得以巩固。

对于 KANBAN，武内君拥有实际操作经验，那时他还只是个工厂的系长，经常与作业人员一同劳动在生产第一线，因此对 KANBAN 较为了解。即便如此，对技术人员出身的他而言，物流依然复杂难懂。

通过在静冈汽车公司开展的“自主研”活动，他掌握了一些有关物流的知识和方法。

何为 JIT 生产的具体形态？

在刚开始学习丰田生产方式时，武内君的理解非常倾向于生产部门——只要 KANBAN 一到，就立即装配加工。这样的思维并没错，因为其符合拉动型生产方式的主旨。但随着学习的不断深入，其逐渐认识到了物流信息的重要性——以工务物流

为核心的生产体系。

前面讲过，物流主要分为进货物流、厂内物流和交货物流。从组织结构来看，假如以这些物流为核心，则生产活动似乎基于工务部的指示。当然，这只是一种感觉而已，因为生产活动的核心终究还是生产部门。

以生产汽车为例，从零部件生产商算起，一直到完成最终装配的车企，如果把它们的生产线连起来，据说其长度可达数公里。姑且不去深究该数字是否准确，这至少证明，只要够长，单条生产线也可以完成“从零到整车”的生产过程。

20 世纪初，美国的福特汽车公司发明了“福特生产模式”，其通过传送带构建了生产流水线，从而打破了之前“先打造车体，再安装部件”的单件手工生产方式。福特还效仿造船厂，将汽车生产的所有环节集中在一处，通过大批量生产来提升效率，从而降低了汽车的售价。

从理论上来说，如果能把生产线连成井然有序的单条整体，则是最为理想的。

但现实中存在着诸多制约，包括生产分工的细化（许多企业只制造零部件）、员工雇用的困难（全能型人才非常少）、建厂用地的紧张（大面积厂房耗资巨大）等等。这些因素使得福特早期的那种“大而全”的制造实体难以延续，因此要把“传送带”从厂内延伸至厂外（依靠货车、船舶等交通工具来实施搬运），而在厂内，除了传统的传送带外，还添加了诸如手推车等搬运工具。

业内有句行话叫“牵一发而动全身”，其恰如其分地形容了去除中间库存后的生产形态——在客户的需求下，一件件产品秩序井然地经历制造和物流环节，最后送到客户手中。

换言之，整个过程非常流畅，既不存在无谓的库存、无谓的操作，也不存在残次品和设备故障。这样一来，整个流程就如同一条传送带，发挥着生产和搬运（物流）的重要作用，也体现了零部件生产商和最终成品制造商之间“生产线直接相连”的思维方式。

在“自主研”的会员企业中，有不少拥有特殊的工序或设备。也正因为如此，它们才拥有各自的专业领域和竞争优势。为此，有时在规划厂内物流时，就需要采取较为特殊的思路。其基本思想万变不离其宗，但也需要结合实际、努力钻研，这也是“自主研”成员发挥聪明才智的舞台。

由此可见，对于“丰田生产方式中如何实施物流”的问题，要解释清楚可不容易。接下来以工厂内部的若干课题为例，进行简略说明。

说到改善物流，是否需要以“站立观察”的方式来审视“物料的流动”呢？

曾经有名指导人员说：“物料不会开口说话，所以（负责人）只能观察作业人员的动作。”换言之，首先要观察“物料的流动”，因为物料并不会自己动，除了全自动的搬运系统外，其势必有作业人员以某种形式参与其中，所以“人的动作”是观察对象，装配加工和零件加工亦是如此。

鉴于此，相关负责人在实施针对“零部件供给作业”“物品领取作业”等环节的改善活动时，应该时刻紧盯作业人员，观察其是否存在不合理的操作或无谓的动作等，并将改善成果落实为规章制度，成为标准作业。

所谓物流，是否即“物料的流动”“物料的搬运”？

最近，诸如电子 KANBAN 等新事物开始出现。换言之，由于 IT 技术的发展，信息的传送方式也发生了改变，让我们先透过现象看本质。

在丰田生产方式中，“后道工序拉动前道工序”是基本原则。后道工序通过信息载体（KANBAN）向前道工序领取物品，并将物品与相应的 KANBAN 一同搬回后道工序。

因此可以把物流作业人员的工作内容概括为一个“搬运循环”——把 KANBAN 从后道工序拿到前道工序，在前道工序领取物品后，把物品和 KANBAN 再一起搬回后道工序。可见，其工作关键在于“通过递交 KANBAN 来指示生产”，属于传送信息的重要工作。

在电子 KANBAN 出现之前，需要货车司机取回实物 KANBAN，作业人员才能知晓品类明细。一旦通过改善活动实现了均衡化生产，货车每趟来回的间隔和运送的品类就会趋同，但有时照样会突然出现“罕见品类”的情况。

《丰田细胞式生产》（武内登著 JMAM 2006 P150）中，提出了名为"**搬运的 3 要素**"的思维方式。（参照图 17）

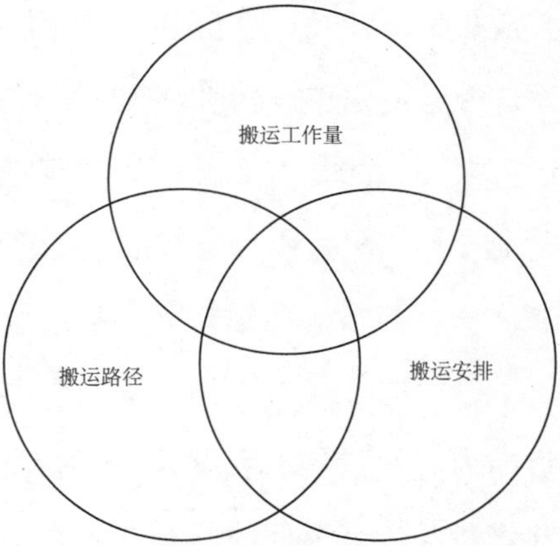

图 17. 搬运的 3 要素
[出处：武内登著《丰田细胞式生产》（JMAM 2006 P151）]

（1）搬运工作量：所搬运物料的分量和个数等，可换算为人时；

（2）搬运路径：搬运的路线、方向等；

（3）搬运安排（时间）：搬运时间表、搬运间隔等。

该 3 要素相互关联。比如，一旦定下了"工作量"，则也就定下了搬运时的移动时间和处理时间。此外，一旦定好了"路径"，由于其与移动时间息息相关，因此时间也会随之变化。倘若时间间隔变长，则其间的物料分量也会增加，进而导致每次平均的"工作量"也会变化。总之，通过这 3 要素，可以实现搬运作业的标准化。

在“自主研”的活动中，往往把10或30分钟作为一个周期，把厂内的**多次搬运**作业作为标准作业。

货车搬运亦是如此，可以套用上述“3 要素”的思维方式。

满箱和空箱是否需要分开搬运和大批量搬运？

在丰田生产方式中，搬运空箱被称为“实空搬运”或“身空搬运”①，意思是“箱子里实质空空如也”。**实空搬运**是“自主研”的重要课题之一，与**多次搬运**相互影响，也是不少企业的薄弱环节。

箱子中的货品为“实”，交货后的箱子为“空”。按照搬运规则，交付了几箱货品，就要回收几个空箱。为此，需要一系列的操作守则，但总体可以归纳为“不以大批量一次性的方式搬完”，而是采取“多次搬运、每次少量”的方式，因为后者更易操作。

为了便于理解，让我们以酒铺的啤酒瓶箱为例。假设有一家老酒铺，随着时代的变迁，改行成了便利店。这家便利店有一辆轻型卡车，每天都要给固定客户（多家饭店）配送酒水。店铺对面就是仓库，里面空瓶堆积如山，由于仓库是半开放式的，因此往来的行人都能看到堆得满满的瓶子。用专业术语来说，这些空箱空瓶属于“滞留库存”。哪怕凭借营业额也无法算出每天会产生多少空箱子。此外，卡车运回的不仅是空啤酒瓶，

① “实空”“身空”二者在日语中的发音相同，皆为“MIKARA”。——译者注

还有一箱箱的空易拉罐。从理论上来说，只要把堆满的箱子予以回收处理，就能立即清空滞留库存，但现实情况并非如此。

姑且不去讨论这些箱子的所有权，只要将实空搬运实施到位，就能把这些碍事的箱子收拾干净。对便利店而言，它们的附加价值几乎为零，应该尽快处理掉才对，可在经过这家便利店时，总给人一种错觉——“或许便利店老板是故意留着这些空瓶和箱子的”。可见此举的荒唐，同时也体现了实空搬运的重要性。

为何生产和搬运都要实现“多次少量”？

“老师，‘自主研’成员经常强调‘碎片化生产’和‘碎片化搬运’。”武内君说道。

“没错。所谓‘碎片化’也就是‘多次少量’的意思。零售商卖出 1 件商品，就立即告知生产商，这种响应速度可以用‘牵一发而动全身’来形容。于是相关零部件便与当天的成品变化相适应，按照按需生产的方式运作。这便是多品种小批量生产，也有人称其为‘变种变量生产’。我提倡以均衡化生产来应对变化，因此视**多品种小批量**为理想形态。具体来说，就是‘一个流’的生产方式，即以‘箱’为基本单位，实施生产和搬运。”老师说道。

“每箱上面都附有 1 张 KANBAN，对吧？”武内君问道。

“是的。把 KANBAN 用作指示生产的工具，基于 KANBAN

上的信息开展生产。原则上以‘箱’或‘捆包’为单位，各附1 张 KANBAN。KANBAN 中有名为‘容器容量’的信息，其记录了每箱放置的物品数。由于 KANBAN 的最小单位为‘1 张’，一旦容器容量较大、放置的物品较小，就成了大批量生产。因此，‘如何减少容器容量（每箱放置的物品数）’也是‘自主研’的重大课题之一。假如把数张 KANBAN 的生产指示‘打包’，采取‘一并生产’的方式，那批量就更大。这是非常不可取的。”

“我明白了，应该以‘一个流’的方式实施生产和搬运，可这么做有什么好处呢？”

“这牵涉到生产与销售的关系，假如生产速度与销售速度同步，自然是最为理想的。而如今的消费需求是不断变化的，因此需要以多品种小批量生产的方式来应对，从而较为便捷地更迭产品品类。而对搬运环节而言，与其按照货车的发车安排大批量搬运，不如把所有品类按照‘多次少量’的方式搬运，考虑到搬运间隔和搬运数量（货物量）之间的关系，后者的作业更为轻松。我曾在东南亚的一家工厂见过这样一幕——几个工人缓慢地搬运着堆积如山的铁质零部件，搬运距离很短，可耗时非常之久。不仅如此，堆积的零部件有时还会崩塌散落，巨大的声响把我吓一跳。遇到这种情况，应该让不同的人分别负责堆货和卸货，并以‘多次少量’的方式搬运。”

老师接着讲道：“之所以提倡生产和搬运都要‘多次少量’，其实还有更深层次的目的。如果生产部门按照每张 KANBAN 的指示实行‘一个流’的变种生产，就必须构建‘坚强’的生产线。换言之，既不能出现残次品问题，也不能出现导致设备停运的故障，否则会立刻影响到生产任务。这样就促进了其开展改善活动的积极性。此处还有一个较为复杂的思维方式——作业人员在搬运 KANBAN 和物料时，其实在发挥着控制生产节拍（生产速度）的作用。通过这种方式，就能构建物流井然有序且‘体质坚强’的生产现场，从而减少生产线的中间库存，提高生产效率。’还是那句话，库存是开展活动的结果。”

丰田生产方式的原则是补充生产？

“老师，”武内君又问道，“我还听说‘丰田生产方式的原则是补充生产’，果真如此吗？”

“前面讲过，‘后道工序拉动前道工序’是丰田生产方式的原则。为此，就需要把待出货的产品仓库设置为‘完成品 Store（店铺）’，而生产线只补充生产被领取的量，这的确属于补充生产。而且，如果能优化物流，使领取环节均衡化，则生产环节也能随之实现均衡化。”

“但结论并没这么简单，”对于补充生产的概念，老师进一步补充道，“设置‘完成品 Store’，从该‘店铺’领走多少，就再生产多少。能完全做到这点的企业，其 TPS 水准肯定不会低，但往往就是这种企业的相关负责人才会说出诸如‘丰田生产方式的原则是补充生产’之类的错误言论。还是那句话，‘后道工序拉动前道工序’才是丰田生产方式的原则。我讲过，丰田生产方式可以概括为‘后道工序向前道工序领取物品，且只在需要的时候领取需要的物品和需要的数量，被领走多少，前道工序就生产多少’。如果把生产方式分为推动型和拉动型，丰田生产方式则属于后者。按照拉动型生产方式，领取量＝生产量；另一方面，如果在领取的瞬间便能提供所需的成品，那自然最为理想，但现实中并不存在如此高效的生产线。因此为了实现拉动型生产，就必须先设置 Store，然后才有补充生产。”

“老师，如果需求变动巨大，甚至每天的出货量都有波动，按照丰田生产方式的思维，具体又该如何应对呢？”武内君又问道。

“同理，这需要在出货处设置产品仓库，并进行有效管理。一旦有产品出货，其相关信息就要以均衡化的方式反馈至生产部门，从而作为指示生产的依据。其具体可以细分为如下几点。”

■ 首先，把接受管理的产品库存移至出货处，使其成为“完成品 Store”。

■ 将该“店铺”的库存作为缓冲库存，并按照需求变动及出货量等条件来设定明细。

■ 把“完成品 Store”视为客户，把出货的产品视为已经售出的产品，并将该“销售信息”反馈至生产现场。

■ 建立相关机制，使该信息成为生产部门实现均衡化生产的依据。

■ 从产品出货的角度看，这样的形态的确属于补充生产；但从整个流程的角度看，这样的形态属于“基于 Store 出货信息的拉动型生产”。

6. 在异国文化中培养审视问题和发现问题的能力

此时的武内君已经从“社外自主研”毕业。

现在的他，专注于自己公司的 TPS 活动。

对东方汽车部件生产公司而言，当务之急是提升供应商及海外分厂的 TPS 水准。武内君作为相关负责人，整天坐飞机奔赴世界各地。

由于无法花时间深入了解各个改善对象的具体情况，因此只能按照日程一家家地巡视。尤其是海外分厂，往往问题较多，有时不得不手把手地进行指导。

武内君的目标是统一海外分厂的生产能力——不管哪一家工厂，其产品的质量和特性都必须一致；即便各工厂之间的条件、设备和厂房存在差异，也必须建立相同的基本机制。换言之，其理想是建立全世界通用的生产基准。

为了让建立相关机制变得较为容易，武内君的想法是“未雨绸缪”，因此他对新工厂的建立尤为重视，他经常和部下一起努力，为的是在建厂投产前就“植入”相应的机制。

如今，不管是新厂厂房还是布局安排，都必须经武内君过目。

有时，他刚从海外出差回来，公司里就有人找到他——“您可算回来了，这个需要您确认一下，不然上面不批”。原来又是新的建厂计划。很遗憾，东方汽车部件生产公司还未出台相关的审议制度，但“需要生产调查部予以许可”已经成了大家默认的规则。原因很简单，直接的分管领导（TPS 推进室的干部）不肯签字。

一段时间后，武内君的指导对象已经涵盖东亚和欧洲地区的分厂，两头跑是家常便饭。

对东方汽车部件生产公司而言，这些分厂属于其同一个事业部的分管单位，因此它们的产品种类和厂房结构都是相同的，但其存在的问题却千差万别。此外，工厂的运营时间也不同——东亚工厂较长，而欧洲分厂则是近年才建成的，因此相对较短。这些差异都会导致其亟待改善的课题有所不同。

“具体该如何进行改善？具体该如何推进活动？”对武内君而言，这些问题经常令他犯愁。

根据他的经验，一般要等到第 3 次视察指导时，才能确立改善的大方向。

“持续观察、探究问题、决心解决”，以这种最为传统的方式，从最能出成效的地方入手。

尤其对欧洲分厂而言，提升盈利能力是当务之急，因此首要任务是消除那些与成本直接相关的浪费。

而对东亚分厂而言，需要建立一个正面典型，使其成为整个东南亚地区的“模范工厂”。

对日本的总公司而言，支援上述分厂是一直以来的长期工作；对总公司的生产调查部而言，提升全球分厂的整体TPS水准亦是当务之急。

而对武内君个人而言，其对于TPS的理解水准也亟须提高。

从总部零部件供给情况到各自所处的客观条件，各个分厂都不尽相同。作为指导人员，需要培养自身审视问题和发现问题的能力，而且还必须着手解决问题和推进改善活动，并在其过程中实施行之有效的指导工作。

自建厂以来，陈先生就一直是东亚分工厂的TPS负责人。

在总公司委派的日本专家的指导下，他一直在学习和成长，尤其擅长装配环节的TPS活动，甚至成为日方的借鉴榜样，可见其水平之高。

其实，指导陈先生是武内君的一项“隐藏任务”。按照上头的说法，东亚分厂的问题依然不少，且改善活动趋于停滞状态，因此亟须进一步提升TPS水准。话虽如此，但毕竟鞭长莫及，武内君无法亲力亲为，只能平均两个月去一次（有时一个月去一次），为的是视察改善活动的进度。

改善活动的课题是“整个物流过程”——从采购零部件材料的“进”，到交付成品的“出”。

选择这样的课题是有原因的——改善对象的生产环节水准

较高，但物流环节却非常薄弱，与同规模的本土日企相比，其TPS水准依然较为低下。当然，二者所处的环境也有很大差别。

比如用于生产的零部件，时不时会出现供应问题，一旦突然缺货，就只能立刻飞到日本去拿，在机场完成交接后，再马上飞回工厂。前面说了，武内君会定期去出差，有时还得充当“人肉快递”，顺路带几箱零部件过去。

此外，其零部件加工（比如成型加工等）较少，主要靠采购。有的从当地供应商那里采购，有的重要成型部件则只能从日方进口。不管是来自当地还是日本，采购来的成型部件都会放入部件仓库。不断会有集装箱从日本那里运来，频率为每周一到两次，每次都重达10吨左右，每次都要开箱拆包后放入仓库，因此不管是部件仓库还是相关的搬运作业，都是必不可少的。

由此可知的问题点有：

■ 出货作业未实现标准化；

■ 部件仓库的拣货作业未实现标准化，无法及时发现缺货问题；

■ 面向生产科的部件供给（配给作业）未实现标准化。

可见，从整体来看，其物流环节虽然制定了作业方式，但却并不合理——“一并搬运”＋“一并放置”，这根本算不上是标准作业。

为了实现井然有序的搬运作业，需要开展以下改善活动：

■ 按照货车车次设置不同的“出货车道（Lane）”，通过“出货管理板”来统筹每条车道的出货作业时间；

■ 重新审视部件仓库的拣货作业，并调整部件货架的布局；

■ 重新审视面向生产科的部件供给（配给作业），包括调整及改造配送用推车、废除中转物流环节等。

这一系列举措的目的是实现“多次少量”的搬运，从而使作业变得可控和有序。预计在 3 年时间内，将厂内生产和物流环节的 TPS 水准一并从“B 级”提升至“C 级”。

说完了东亚分工厂的情况，接下来介绍一下欧洲分工厂。欧洲分工厂的 TPS 负责人是 Mr. John，武内君称他为“约翰先生”，而他则称呼武内君为“TAKE（武）–san（先生）”。

当年，武内君和 TPS 活动总干事一同视察欧洲分厂，总干事对他说：“让他们学会日本工厂的模式。”为了履行该指示，他每隔 3 个月就去一次欧洲工厂，一待就是 3 个星期。在指导期间，他会和被派到当地的日本员工积极交流。当然，他也会和负责分厂运营的社长（社长能说日语）保持沟通。

首要课题是改善 2S。该工厂虽然是“A 级”水准，但属于该级别中的上流水平，其隐藏的问题并不能光靠开展 2S 活动来一一探明。毕竟连车间净室墙壁上都有写着“5S”的大幅标语，而且用英文标注着相应含义。

纵观其问题，一是部件会偶尔缺货，而且有的部件没有及时拆包，可见其管理上的疏忽，但他们并不怎么使用空运，而是以船运为主，交付周期为 8 周左右，因此成本较低，而且储备的库存较为充足。鉴于此，需要提升部件仓库运营机制的精度，但这并非主要问题。

二是生产线的问题，这才是最主要的。与前面讲到的东亚分厂不同，欧洲分厂的症结不在物流，而在生产。

具体来说，其生产能力低下。负责仓储集货的厂内物流作业人员存在操作缺陷，从而导致了问题——明明每天的出货安排较为稳定，可产品仓库的库存却大幅波动。为此，生产科长只能每天计算库存量，然后向生产线下达生产指示，这导致生产指示 KANBAN 形同虚设。

既然找到了主要症结，就需要重新构建厂内物流机制。为此，应从以下几点入手：

■ 重新审视厂内物流作业人员（位于净室内）的动线；

■ 调整生产线 Store 及生产线本身的布局；

■ 重新审视生产指示 KANBAN 在生产线中的作用。

在指导过程中，武内君感受到了文化差异所造成的无形之墙。起初或许较易克服，可一旦到了某个阶段，这道鸿沟就会变得难以跨越。有时他觉得或许应该改变具体的方式方法，从而迂回地实现既定目标。

比如在一些东南亚国家的工厂，如果告诉相关负责人“收货和发货仓库的位置不合理”，对方竟然会说：“（这）是为了风水。”武内君也经历过类似的事情——由于对方“保护风水”的态度坚决，针对新工厂布局的问题，最终只能采取退而求其次的方案。

清扫工作亦是如此，有的作业人员坚持认为清扫与自己的工作无关，虽说5S中有一项叫“素养”，但要想在海外工厂推广，的确阻力较大；另一方面，成功案例当然也有不少。所以说，归根结底还是两个字——规矩，所谓“不以规矩不成方圆”便是这个道理。

有的业内专家长期在海外从事指导工作，按照他们的经验说法，文化差异的根源是宗教差异。换言之，是东西方不同的宗教信仰造成了无形之墙。对武内君而言，由于经验尚且不足，因此无法明确判断这种说法的对错，但在他看来，其似乎也有一定的道理。比如，有的地区文化把劳动视为罪恶，有的则认为劳动不分贵贱。这样的文化差异可谓深入骨髓，其已然融入人类的各种日常行为，无法割裂看待。在推进TPS活动时，也必须面对这样的问题，这的确棘手，但避无可避。

前面说过，丰田生产方式必须“以人为本”。既然如此，其必须具备普适性，否则便难以立足。以海外较为流行的精益生产方式（LEAN）为例，其倾向于方式方法，但究其本质，却有不少值得思考的东西——其是否与丰田生产方式的本质相符，其是否包含日本人的思维方式……这些问题的答案并不容易得出。

有一种可能性，即“日本特色”，虽然不能说日本“独一无二”，但日本的丰田生产方式与欧美的精益生产方式或许不能混为一谈。

究其原因，文化的影响的确不容忽视。在欧美国家，员工跳槽是家常便饭，因此企业的运作机制必须摆脱对个别人才的依赖，而相应的企业文化也势必与日本不同，会较为松散。在实施 TPS 时，为了尽快让企业走上轨道，与所谓“营造氛围”相比，其自然会更侧重于掌握方式方法。

由此可见，在开展 TPS 指导工作时，首先要了解对方的企业文化。

另一方面，切忌“强推”，虽说丰田生产方式是企业的一剂良方，但如果在对方没有理解的情况下实施“填鸭式”指导，其结果只会适得其反。既然制造业是基于人的生产活动，那就必须以人为本，把人的因素考虑在内。

至少不应该一味把“日本模式”强加于对方，或者说，不应该机械地强推日企中的方式方法。

正因为如此，纵观欧美企业，其对于丰田生产方式的深层理解往往只限于“具体手段”。比如“可视化管理”就比较合欧美企业的“胃口”。即便丰田生产方式强调“领导应亲临现场”，可他们的高层领导更喜欢待在办公大楼的高层办公室“指点江山”，因此对“有效的管理方法”更感兴趣。在欧美企业的公司内部 SNS 软件中经常能看到诸如“把 ×× 格式的文件给我”之类的信息，可见他们对手段和工具的痴迷。

说了一堆文化差异，但要想行之有效地开展 TPS 活动，一些原则还是必须遵守的。以具体手段为例，倘若只重视手段，就会出现问题。

丰田生产方式教导我们，手段和方法必须服务于现实状况，且必须思考目的何在。即便重视手段，也应该重视具体手段的适用性和实用性。

时间、地点和对象（作业内容）之类的现实因素一旦改变，其所呈现的结果也会相应改变。此外，即便“目的”和“手段”的顺序颠倒，在某个特定阶段或范围可能并不会出现问题。

以“后道工序拉动前道工序”为例，其“手段”、“方法”和“思维方式”同时成立，可以不区分先后顺序。

另一方面，在本质不变的情况下，其手段和方法有时也会发生巨大变化。以KANBAN为例，传统的KANBAN为纸质，随着货车被带回工厂。如今出现了电子化的e-KANBAN，但其本质未变（依然需要统计“带回”所耗费的时间系数，并将其算作交付周期），变化的只是形式和方法而已。

改善会导致解雇？

老师又出现了。

“武内君，《丰田细胞式生产》（JMAM 2006 P202 武内登著）一书中有一篇短评文章值得参考，全文如下。”

曾经有一本外国人写的书红极一时，书的前言大意为：“推进改善活动的企业会导致人手多余，于是就要精简。换言之，一旦公司要改善，员工就会被炒鱿鱼；反之，如果不改善，员工就能保住饭碗。这实在是啼笑皆非的矛盾。”

笔者当时不禁愕然，海外企业居然有这样的事情发生。在日本，前辈告诉我们，企业经过改善后，应该让富余人员在新的工作岗位上发挥作用。对于精简裁员，简直闻所未闻。由于企业体制等方面的差异，日企和外企或许不该一概而论。但不管怎样，笔者感觉上述思想的确已经在海外制造业从业人员的脑中根深蒂固。

之所以这么认为，是因为在读过那本书后，笔者曾在一家欧美系公司征求过某位生产科长的意见。他说：“我反正不愿意搞什么改善活动，自入职以来，我从未实施过裁员行动（lay-off，意为“为了改革企业经营体系而解雇员工的临时性措施”），以后也不想实施。”笔者听后非常吃惊。

这家公司基本上一直在扩大业务。的确如他所说，在此之前从未进行过裁员，而是不断在招募新员工。有很多车间其实不用增员，只要实施改善活动、有效利用现有作业人员，便能满足产能需求，可他们却没能很好地推进改善活动，只是一味地增加作业人员。

归根结底，改善活动的首要宗旨是“为作业人员创造良好的劳动环境”，从而为企业提供可以灵活利用的人员。倘若违背该初衷，改善活动就会沦为增加作业人员劳动强度的“剥削行为”，这与“以人为本”的经营理念背道而驰。

“武内君，”在介绍完这篇文章后，老师接着讲道，“所以说，当我听到有人‘不愿意改善’时，着实感到震惊。纵观全球制造业现状，改善活动刻不容缓，可却有人把丰田生产方式误解为一种裁员的手段，不但不着力推进改善，反而故意阻挠，导致人浮于事，削弱了企业的竞争力。按照丰田生产方式的初衷，越是这种情况，就越要进行改善，这才能实现 TPS 的真正目标。”

7. 改变形态的丰田生产方式

武内君作为隶属于生产调查部的主审，负责推进海外分厂和日本本土供应商的 TPS 活动。后者有前辈照应，因此不用太过操心。

而前者则不同，许多工厂虽然在建立时基于 TPS 体系，但其实际的 TPS 水准却一直处于低位。这就必须依靠武内君亲自指导改善活动。

尤其对于存在经营问题的工厂，更要集中进行指导。按照一直以来的惯例，应该由海外各地的分公司来主持改善工作。武内君奉 TPS 活动总干事之命，前往欧洲分公司旗下的工厂进行视察。其间，偶尔遇到了分公司的分管领导。那位领导对武内君说：“（既然有你在，）那我可以回去了吧。”要知道，武内君第二天也要回日本了，而且分厂的改善活动理应由分公司牵头。面对如此无理的要求，武内君非常无奈。

“这明明是你的责任。”武内君在心中反驳道。他和那位分管领导早有交集，对方打年轻时起就只会说空话，对于“现场实物”之类的实质性工作根本不感兴趣。

那人总是把“TPS 活动应由上至下”挂在嘴边，说的道理都对，可自己却完全不懂。也就是所谓“只说不做”的指导人员，属于前面提到的第④种反面类型——好高骛远型的“变种”，而且还兼有“简单粗暴型”的作风。作为分管领导，这便是其处世之道。

究其原因，是因为生产调查部无法对海外分公司实行全球统一化的指导管理，但最近这一状况有所改观，统一开展的 TPS 活动渐渐多了起来，这也说明企业的综合实力在不断增强。

记得总公司刚“进军”海外时，明明需要具备统一行动的管理功能，可生产调查部（当时还只是生产调查室）还处于摸索阶段，无法建立统筹全局的 TPS 管理体系，只得屈服于现实。

鉴于此，武内君虽然对上面提到的那位分管领导心怀不满，可任务毕竟是任务，他屡次出差，推进海外分厂的 TPS 改善活动。在那之前，生产调查部并未参与其中，大家也不知该如何着手，更没有人自告奋勇地担负责任。从职能范围上来说，当时的武内君大可袖手旁观，但鉴于经营企划部门的要求，再考虑到生产调查部原本的职责所在，一切似乎成了非干不可的义务。

再说到TPS的形态，真可谓五花八门。

对于拥有一定TPS基础的工厂，一开始反而会觉得愈发无从下手。

可见，需要认真思考着手点，或者说突破口。

为此，就需要回归原点——“造物”的基础。

在实际指导时，需要利用各种“TPS手段”来开展改善活动，因此海外的精益生产方式（LEAN）强调手段。但方法也好，手段也罢，都具有针对性和局限性，一旦状况有变，则方法和手段可能会变得不再适用。假如忽视这点，就会产生问题。譬如前文中已经阐释过的KANBAN，如果在导入时“有形无神”，便只能沦为货签，必须适应现状，做到“神形兼备”。

说到“神形兼备”、说到“注入灵魂”，有人可能会把丰田生产方式误解为一种“唯心主义”。在此需要明确的是，之所以采用这样的说法，是为了让大家明确目的。在使用各种TPS的方法和手段时，首先必须明确其目的，切忌浮于表面的形式主义。

由此可见，丰田生产方式分为不同的水准和阶段，其呈现的形态也各不相同；此外，根据不同的角度、切入点、思维方式，人们对它的理解也会存在差异。有的书籍似乎观点正确，实则存在谬误。比如有的人以自己有限的经验来定义丰田生产方式，导致其狭隘化。

但从整体来看，介绍丰田生产方式的相关书籍还是丰富多彩、内容优秀的，只是它们阐释的范围有所不同。比如有的书侧重于思维方式，有的书则侧重于方式方法。在初学者看来，它们之间就有了天壤之别。

比如莱克（Jeffrey K. Liker）所著的《The Toyota Way》（日经 BP 出版中心 2004 年），它的确是一本好书。其在书中提出了“14 条原则”，并把 Toyota Way 与日本的丰田生产方式相结合，将二者的关系视为“犹如 DNA 般的双螺旋结构”，进而阐述了丰田汽车的生产作业方式。但如果深究 Toyota Way 和大野耐一先生提出的丰田生产方式有何关联，就会让人陷入迷惘。不仅如此，“14 条原则（Principle）”还包含了属于具体手段的内容，对初学者而言，这种既有方针又有手段的原则，实在有点难以理解。

由此可见，面对内容各异的参考书籍，TPS 初学者会有一种无从下手的感觉，进而难以看清 TPS 的整体架构。而本书的主旨之一便是让读者理解 TPS 的整体架构，对于属于具体手段的方式方法，本书则未做详细说明。与 TPS 相关的方式方法各式各样，从普遍的基础到高阶的技能，许多书籍皆有阐释。换言之，方式方法如此之多，一本书很难面面俱到，假如只侧重于介绍手段，难免沦为片面之谈。

但我并非一味反对介绍具体手段，关键是不能缺少前提条件——先阐明目的。

此外，我一直不提倡过度执着于具体手段，毕竟自己思考才是最重要的。

只要遵循丰田生产方式的基本思维，其衍生出的生产系统势必殊途同归。由于所处状况或时期的不同，其当前形态或许会变化，但最终的理想形态是一致的。

说到变化，就少不了 TPS 的形态变化。

不少人都知道要开展改善活动，但却不知具体该如何去做。

武内君在经过数年的实践之后，才突然领悟到“2S 是起点”，从而找到了属于自己的 TPS 活动方针。

改善劳动环境的方法并不是唯一的，关键在于把握现状、找准方向——既能在当下取得成效，也能在未来实现理想，发现问题所在，从而制定目标、着手解决。

解决问题的答案必须以人为本，因为 TPS 活动建立在尊重人性的基础上。为了回归初心、改善劳动环境，思考解决方法的过程亦非常重要。

企业往往要面对许多问题，包括企业伦理。员工本是企业的主人翁，企业活动本应以员工为本。可在追求低成本和高效率的今天，不少企业以“在全球化经济中求生存”为由，背离初衷，不惜牺牲员工的利益和权益。

前面讲过，在离开大学校园、入职东方汽车部件生产公司时，武内君在心中怀揣着一个终极命题——“何为制造”。之后，由于机缘巧合，他进入了丰田生产方式的世界，再加上反复的岗位调动，他最终成了一名 TPS 指导人员。而今他渐渐意识到，企业的体系似乎成了影响他职业发展的桎梏。

当初入职时，武内君曾在心中默默起誓："要（在这里）干到退休。"理由很简单，既然从事技术研发工作，在哪家公司干都一样，而且"没常性"是他年轻时的毛病，必须通过这样的方法来督促自己改正。

可如今，他有了更为远大的目标——"为了日本制造业的发展，不断追求以人为本的'造物之法'"。为了实现该目标，自己不但需要更为广阔的指导舞台，还需要更为丰富的学习机会，因此他最终决定辞去东方汽车部件生产公司的工作，成为一名独立自由的 TPS 指导专家。

条理与体系 TPS 的形态之卷

8.TPS 的形态（球形 TPS：丰田生产方式的体系概念图）

纵观介绍丰田生产方式的相关书籍，有不少存在局限性——只立足于“工厂之外”或“所属企业”，从而导致内容较为短视。此外，就如同前面提到的一样，不少专家和书籍虽然自称“丰田生产方式”，但其实非常片面，让人联想到“盲人摸象”的寓言。

因此，有的人看了不少相关书籍，却依然很难理解丰田生产方式。究其原因，一是由于著书者的立场不同、视角不同、经验不同；二是由于有的著书者纠结于细枝末节（比如某些具体的手段和方法等）。

此外，丰田生产方式分为不同阶段、不同水准及形态；且会根据观察者的视角、切入点和思维方式的不同而不同；这些都会成为让初学者陷入迷茫的因素。

对此，武内君是这么理解的。

“‘造物之法’拥有核心理念及附加原则。人们基于原则的行动和技法会造成实际结果，这些结果即可见的形态。”

而对于“造物之法”的思维，武内君提出了名为“TPS的形态”（或者叫“丰田生产方式的形态”）的概念图。针对“改变形态的丰田生产方式”，该图呈现了其整体面貌。具体如下（参照图18）：

TPS的形态（球形TPS：丰田生产方式的体系概念图）

（1）“造物之法”分为4大层次（要素）

第I层 理念（核心理念）

第II层 原则（附加原则）

第III层 结构（实际的行动、技法）

第IV层 形态（制造业形态）

作为核心的第I层通过第IV层（形态）来具体呈现。

（2）生产要素包含人、物、金钱和信息。

虽然有欠严谨，但为了让说明的内容尽量简洁易懂，姑且采取变换方式，导入宏观的三大生产要素，为了便于读者理解，绘图以平面的象限来呈现，但其实际包含了X、Y和Z轴。

生产要素i. 人的象限：即人。相关因素包括文化背景、企业文化；相关角色包括企业员工、供货商、零售商、公司经营者、公司股东。其包含无形的抽象概念，较难以具象化的形式呈现。

生产要素 ii. 知识、物质的象限：即物。包括技术和物质。其属于有形的具象概念，较易呈现。

生产要素 iii. 管理方面的象限：即金钱。包括组织、管理和信息。

接下来会通过分析生产要素 i 和生产要素 ii 来呈现 TPS 的整体面貌。至于生产要素 iii（管理方面）则需要进一步细分，属于更高层次的问题，故较为复杂，姑且作为以后亟待研究的课题。

（3）丰田汽车公司对外公开的资料有《Toyota Way 2001》和《丰田生产方式》。

前者阐述了全体丰田员工共有的价值观和思维方式，可谓培养制造业人才的基础范本。

后者属于大野耐一先生基于“现场主义”和“人文关怀”思想的部分体系。换言之，他的思想体系中包含了 Toyota Way 的思维方式。

（4）基于生产要素 i（人的象限）和生产要素 ii（知识、物质的象限），梳理第 I 层至第 IV 层的内容。

（5）第 I 层 核心理念

生产要素 i 的第 I 层为“基于经营哲学、价值观和实际操作思路，其明文规定的内容可以概括为‘尊重人性’及‘智慧与改善’，二者是指导行动的支柱，能够构建优秀的企业文化，从而最大限度地发挥个体的创造力和团队协作的优势”。

（人）抽象、无形且难以呈现

共通的价值观

基于经营哲学、价值观和实际操作思路，其明文化的内容可以概括为“尊重人性”及“智慧与改善”二者是指导行动的两大支柱。

构建优秀的企业文化，从而最大限度地发挥个体创造力和团队合作的优势

Toyota Way

行动原则

尊重人性： 尊重各个部门的基层员工，他们是企业的主人翁，并把员工的成长与企业的发展挂钩。	尊敬·尊重
	团队合作
智慧与改善： 不满足于现状，为了追求更高的附加价值，不断开动脑筋。	挑战
	改善
	现场实物

基本行动的思想准备

* 活动要以人为本
* 不要害怕变化，要勇敢应对变化
* 制定长期目标，追求理想形态
* 以“现场实物”的方式贯彻现场主义
* 不断发现问题和解决问题
* 不把问题带到后道工序

改善行动的思想准备（改善是“智慧的结晶”）

* 从需求出发
* 找到“真因”后，不要匆忙应对，而要提出对策
* 制定适应整体情况的对策（通过系统建立合理流程）
* 不断开展“迷你型”改善活动，积少成多（从量变到质变）
* 在改善设备前，先要改善作业（遵守顺序）
* 快能补拙——“慢工细活”不如“快速尝试”等

人　：　思考过程与创新行动

（维持）在日常工作中，能够按要求完成上级布置的任务。
（改善）根据实际状况改变操作方法，实现标准化。
（进化）以长远的眼光作出判断，可以暂时停滞，但绝不可倒退。
（业务流程）站在客户的角度，追求正确的工作方式。
（范围）实施改善活动时，要兼顾后道工序、当前工序和前道工序。
（各阶层的职责）
高层领导：以“现场实物”为纲，亲自指导活动。
管理人员：明确现实与理想之间的差距，制定行之有效的计划。
生产第一线的监督：拥有“企业家”般的责任意识，保证生产现场的正常运转。对于下属作业人员，既要持续发挥他们的个人能力，也要发挥团队合作的优势，从而圆满完成任务。

（知识、物质）具象、有形且较易呈现

TPS思想

以“JIT（及时生产）”和“自働化”为两大理论支柱，通过彻底消除无谓浪费来实现降低成本和确保持续性收益的目标”

TPS的思想与原则

JIT与自働化的原则

JIT： 后道工序向前道工序领取物品，且只在需要的时候领取需要的物品和需要的数量，被领走多少，前道工序就生产多少	前提条件 ◎ 均衡化生产 基本原则 【1】 ① 工序流畅化 基本原则 【2】 ② 以所需数量决定生产节拍 基本原则 【3】 ③ 后道工序拉动前道工序
自働化　： 一旦有异常，机器停止，生产线停运	基本原则 【1】 ④ 在工序中保证产品质量 基本原则 【2】 ⑤ 省人

改善的领域

改善技法（TPS的方式方法）

“改变形态的改善活动循环”

第1阶段：实施2S
它是开展TPS改善活动的前提条件。

第2阶段：发现浪费
通过对于作业和物流的可视化管理，发现异常和浪费，从而找到改善的需求点。

第3阶段：实施对策
通过5个“为什么”来把握“真因”、实施对策。

第4阶段：制定标准
实现生产现场的标准化，彻底实施可视化管理，并横向开展相关活动。

灵活运用信息技术等工具

基本技法（TPS的方式方法）

①	“一个流” 同步化 单人负责多道工序 作业人员多能化 站立作业 按工序顺序配置设备 缩小生产批量	缩短准备时间
②	按需调整生产节拍时间 标准作业 少人化	
③	KANBAN方式 多次搬运	KANBAN 物料与信息的流动
④	检测感知异常问题的机制和装置	自动在指定位置停止
⑤	在作业内容上实现“人机分离”	

生产现场（人·机器·产品）：业务流程与组织行动

初期　生产现场的形态

（组织）各组织部门（包括技术部门、生产技术部门、生产·技术员室等）之间的协作
（人才培养）　由技术·生产技术部门牵头，通过TPS的培训活动开展学习
（活动）　共享信息，搭建基于TPS思想的生产线
· 早在新产品研发阶段，就将TPS思想植入其中
· 筹建新厂时，应基于TPS思想
· 将QCD（品质、成本、交付）理念嵌入设备与工序中
· 基于以人为本的理念，设置“柔性”的设备和工序，从而便于开展改善活动（实现机器的小型化，摒弃“半吊子”的自动化）

改善后　生产现场的形态

（组织）　设立能对改善活动提供支持的组织部门
（人才培养）　培养专业的“改善人员”，并使其在实践中成长（通过改善教育、改善道场、“自主研”活动等手段）
（活动）　使改善活动常态化
· 消除无谓浪费
· 不断开展改善活动
· 不断实施和修改标准化内容
· 依靠各类工具实现每天的进步
· 改善作业及改善物流……

维持及进化　生产现场的形态

（组织）　设立能够灵活开展小规模集体活动的团队组织
（人才培养）　通过OJT（在职训练）、OFFJT（脱产培训）来实现人才教育的长期化（诸如实现作业人员多能化的相关训练和教育等活动）
（活动）　实现按需、低成本、高质量的均衡化生产
· 能够及时把握内在的问题　（能够察觉异常情况）
· 基于良率、生产能力、交货进度等生产指标来实施日常管理
· 将“现场实物”和“可视化管理”实施到位
· 一旦发现异常，就立刻关停生产线
· 彻底实施5S

第I层　理念（核心理念）	第II层　原则（附加原则）	第III层　结构（实际的行动、技法）	第IV层　形态（制造业形态）

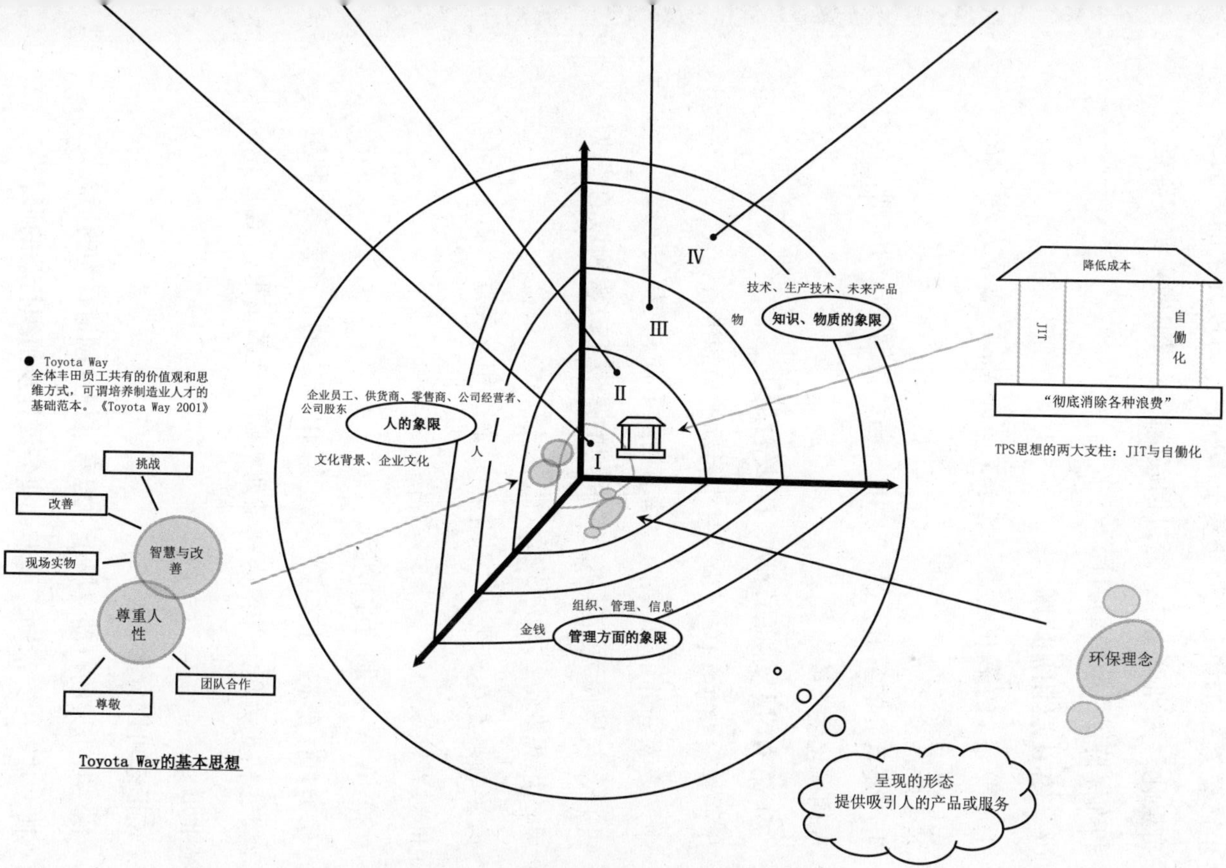

图 18. TPS 的形态（球形 TPS：丰田生产方式的体系概念图）©Noboru Takeuchi.2012

生产要素 ii 的第 I 层为“基于 TPS 思想，以其中的‘JIT’和‘自働化’为理论支柱，通过彻底消除无谓浪费来实现降低成本和确保持续性收益的目标”。

（6）**第 II 层附加原则**

生产要素 i 的第 II 层为“基于 Toyota Way，尊重人性，依靠智慧来促进改善”。

生产要素 ii 的第 II 层为“‘JIT’与‘自働化’的原则，包括实现均衡化生产等”。

（7）**第 III 层实际的行动、技法等结构**

生产要素 i 的第 III 层为“基本行动的思想准备”。

生产要素 ii 的第 III 层为“基本技法（TPS 的相关手段）”。

并且，与该两大“基本点”并列的是属于改善领域的“改善行动的思想准备”和“改善技法”。

改善领域与生产要素 i 和生产要素 ii 相互关联，属于皆有涉足的边界领域。

（8）**第 IV 层制造业形态**

作为具体形态，其与第 I 层至第 III 层中的生产要素 i 和生产要素 ii 相互关联，并作为一系列实际活动的结果，呈现出了制造业形态。

该形态可以分为两方面：

其一基于人的行动，属于“**思考过程及创造行为的形态**”。

其二基于生产活动，属于“**业务流程及组织行动的形态**”。

不仅如此，生产活动的形态（业务流程及组织行动的形态）还能进一步细分为3个阶段，它们是：

·生产现场的初期形态

·改善后的形态

·维持及进化的形态

在日常活动中，这3个阶段无法完全割裂，它们是相互结合的机制，但在设定组织和分担业务时，可以参考该分类方式。

（9）如果把（1）到（8）的内容加以总结，便能得到丰田生产方式的整体面貌，其分为两方面：

·两大宏观生产要素——"人"与"知识及物质"；

·四大层次性要素——核心理念、原则、结构、形态。

至此，可以发现"TPS的形态"与地球的构造极为相似。

地球中心的内核相当于第I层，外核相当于第II层，下地幔相当于第III层，上地幔相当于第IV层，而最表面便是地壳。

以"人"为切入点（象限），Toyota Way的思路和原则以平面投影的方式落在第I层和第II层；另一方面，以"知识及物质"为切入点（象限），丰田生产方式的思想和作为"两大支柱"的理念也以平面投影的方式落在第I层和第II层。

球体的直角坐标系包含X、Y和Z轴，由轴延伸出的平面象限代表"人"和"知识及物质"。其主旨在于，虽然各层以错综复杂的形式相互关联，但只要把它们分别投影在属于它们的体系（平面的象限）上，就能一目了然。

接下来在它们之上覆盖第 III 层的思想准备和相关手段及第 IV 层的具体形态。这就如同制作棒球——在坚硬的球芯外绕线，从而将“人”和“知识及物质”的相关内容进一步关联起来，尤其是涉及改善的部分，其更为复杂。

而属于外层的第 IV 层则是制造业形态，为了避免说明变得冗长，这里姑且将整个第 IV 层视为表象形态。

如果用棒球来比喻，那么最表面的便是牛皮层；如果用地球来比喻，那么最表面的便是地壳和地表。详细内容请参考后面的附加说明。

根据第 IV 层的形态，就能判断出 TPS 水准（从 A 到 D 级）。

第 I 层至第 III 层属于内部，而第 IV 层属于表象结果，即制造业形态。

改善形态是宗旨所在，但现实情况可谓五花八门。有时核心理念不够牢固，有时表象形态超出预期，有时会在核心理念中加入新的哲学思想，有时会深化“造物之法”的境界……

既然把“人”和“知识及物质”作为两大象限，那么在思考另一象限（管理）时，就能发现管理的核心或许包含了思路、思想和哲学。比如近几年较为热门的环保理念，也可视其为管理核心的一部分。

此外，关于第 I 层和第 II 层的内容，即便包含了诸多问题，但基本上可以用图示来概括。

至于第 III 层和第 IV 层的项目论述，今后有机会时再做讨论。

通过对“TPS的形态”的形象剖析，先前只能用“手段方法”“高深莫测”等词语来描述的概念变得条理清晰了；通过“核心理念”“原则”“结构”“形态”这样的逻辑梳理，丰田生产方式的整体面貌变得简洁明了。即用“TPS的形态”来阐释丰田生产方式并获取各方意见，这也是本书的主旨之一。

对读者而言，一旦把握TPS的整体面貌，至少能够认清自己当前所处的学习阶段。

此外，还能够对相关书籍和文献进行合理分类，使它们更好地为自己的学习服务。

比如，石井正光的《丰田生产方式入门》（中经出版社2005年）是非常优秀的基础读物，其内容属于生产要素ii的第I层至第III层。

又比如，许多着眼于改善活动的书籍都属于第III层中的思想准备和相关手段。

再比如，不少业内杂志中都有涉及丰田的专题文章，其内容往往提取自或聚焦于第IV层。

由此可见，无论是“丰田模式”还是“丰田生产方式”，只要把相关的论述文章与“TPS的形态”相对照，就会变得容易理解。即便碰到依然无法理解的部分，也可以通过参考书籍或接受指导来弥补。

“TPS 的形态”的意义：狭义 TPS 与广义 TPS

思考出上述理论体系的武内君已然成为一名合格的 TPS 专家，此时的他再一次穿越回过去，以老师的身份，为年轻时的自己指点迷津。

“老师，通过这幅‘TPS 的形态图’，我觉得似乎把握了 TPS 相关理论的整体面貌。暂且不论其是否正确，至少不失为一种值得参考的解读方式。虽然很难，但我仍然打算把它作为一种工具，用来对丰田生产方式进行抽丝剥茧。”武内君说道。

老师回应道：“当年刚开始奔赴海外开展指导工作时，记得有一位前辈对我说过，‘TPS 思想中藏着彩蛋’，后来我才明白，他所说的‘彩蛋’其实就是第 III 层中的‘改善行动的思想准备’。”

“不仅如此，”老师接着说道，“海外的业内团体经常围绕精益生产方式（LEAN）和 KAIZEN 展开讨论，对此，不少前辈们评价道：‘虽然（这些讨论）过分执着于方式方法，但考虑到他们的实际情况，的确是无可奈何之举。’我对此表示赞同，但并不提倡，因为（这么做）毕竟忽视了许多本质内容。由于切入点的不同，其具体手段和改善方法也会不同，可有的人却‘一叶障目’，过分执着于手段和方法；有的人则矮化丰田生产方式，把它视为企业战略的一个分支；在我看来，这种纷繁复杂的错误观点妖魔化了丰田生产方式。”

“所以说，”老师接着讲道，“经过去伪存真的删选和独立思考，便有了这‘TPS 的形态’。在进行指导说明时，这种展现整体面貌的方式非常直观。除了上述图解（球形 TPS：丰田生产方式的体系概念图），还有一个简化版本——‘TPS 形态’的骨骼。”（参照图 19）

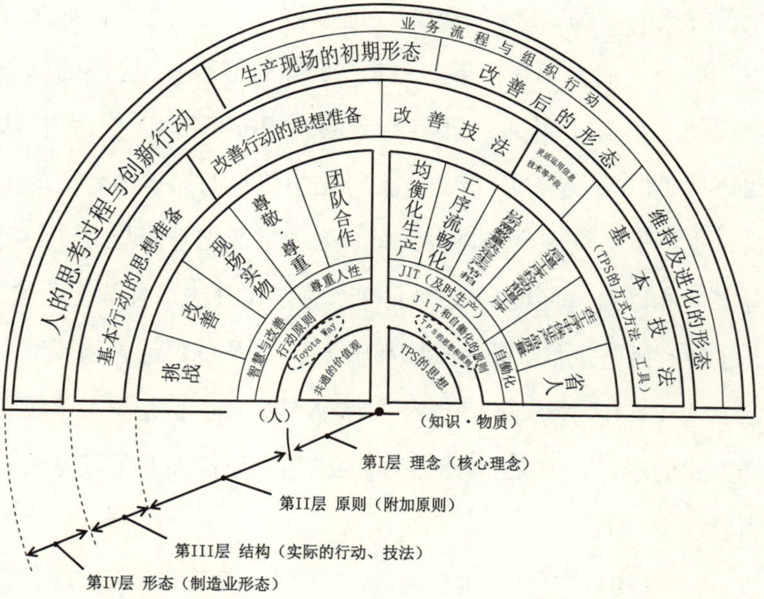

图 19.“TPS 形态”的骨骼 ©Noboru Takeuchi.2012

对此，武内君发表了自己的感想：“这么说来，所谓丰田生产方式，即以人的行动规范（Toyota Way）为基础，再以两大思想支柱（JIT 和自働化）为指针的‘造物之法’，可以这么理解吗？”

“嗯，”老师回应道，“在我看来，关键在于回归大野耐一先生的原点，他在创立丰田生产方式时，最初应该是把它视为一种经营思想的，其中贯彻了现场主义和以人为本的理念。为此，我先讲解所谓‘狭义的丰田生产方式（TPS）’，顾名思义，其着眼于较为狭义的范围，比如有人把改善生产现场视为丰田生产方式的全部，这是一种错误的矮化，但在现实中，如此理解 TPS 的人似乎不在少数。根据‘TPS 的形态’，这样的改善手段属于第 III 层中的‘改善行动的思想准备’和‘改善技法（TPS 中的方式方法）’范畴。大野先生传授的知识内容极为丰富，也留下了许多金玉良言，每个人如果能把它们与自己的实际经验相结合，便能形成属于自己的方式方法，且学无止境。几乎所有讲解改善活动的书籍都属于第 III 层的‘改善领域’和第 IV 层的“改善形态”范畴，二者浑然一体，也是学习丰田生产方式的难点，绝大部分难理解的参考书籍都涉及了该方面的内容。”

“与之相对，”老师接着说道，“所谓‘广义的丰田生产方式（TPS）’，则是指大野先生的真正初衷，即包括运营工厂和经营公司在内的综合性思想，这才是真正的丰田生产方式（TPS）。而‘TPS 的形态’便体现了广义的丰田生产方式。或者可以说，‘TPS 的形态’是力图清晰阐释丰田生产方式的一种尝试，其呈现了 TPS 进化和深化的历程。这也是其呈现 TPS 整体面貌的意义所在。”

“假如站在狭义的角度，把丰田生产方式简化为改善活动，应该注意哪些方面呢？”武内君的问题很有典型性。

“纵观丰田生产方式，‘永无止境的改善活动’的确占了很大部分。结合‘TPS的形态’来看，可以发现其内部存在资源（resource）的概念，即人、物、金钱和信息，它们属于输入（input）要素。而第IV层（形态）则包含QCD（品质、成本及交付），其既是不可或缺的3要素，也是管理指标，还是体现产品竞争力的输出（output）要素。因此，输入要素（人、物、金钱和信息）与输出要素（QCD）便形成了一种关系。简单来说，实际形态其实是QCD所呈现出的结果，其与理想形态之间存在较大差距，而这也是需要开展改善活动的原因。在我看来，应该以这样的视角来理解改善活动。”

“就是说，从一开始就要绘制‘地球仪’吗？”武内君问道。

“这个‘地球仪’，我们在这里称其为‘TPS的形态’。说到‘形态’一词，其实用在这里有失精确，形态是表象的、外在的，所以其实应该称其为‘TPS地球仪’或‘TPS之球’，这也是使用‘球形TPS’一词的原因。不仅如此，球形（global）还有‘全球’之意，这与日益走向全球化的生产制造型企业不谋而合，使得‘球形TPS’兼有‘全球化TPS’之意，可谓一语双关。起初，我整理了能够说明第I层至第IV层层次结构的原始资料，包括显性思维方式、隐性思维方式、方式方法和活动内容，并将其排列为‘4列4阶段’，由此发现活动内容中最为表象的内容是生产活动所呈现出的具体形态。因此，我将其与‘人’和‘知识及物质’进行融合整理，在此过程中，发现其与地球内部构造（4 层 + 地壳）居然完全一致。换言之，‘TPS 的形态’之所以与地球类似，并非有意为之，而是偶然的巧合，而这种巧合也让其变得更加易于理解。我们知道，地球的最表面（地壳）运动活跃，有时会发生火山喷发等自然现象。而制造业亦是如此，其存在诸多问题，为了应对从第 IV 层‘喷发’出的问题，就需要优化第 IV 层的形态，这便是改善活动的真谛。”

武内君接着问道：“‘TPS 的形态’的着眼之处是什么呢？”

“首先，它以核心理念为基础，逐渐延伸至外部的具体形态。由此可见，所谓‘制造业’，其实是其内在核心所呈现的结果而已。而‘进化’和‘深化’的对象，其实就是外部的形态。要想透过现象看本质，假如一味拘泥于表象（形态），自然会十分艰难。因此在分析丰田生产方式的理念时，应该基于第 III 层（结构）；反之，倘若纠结于第 IV 层（复杂的具体现象），自然难以识得‘庐山真面目’。一旦能够做到‘基于第 III 层的分析’，就能把 TPS 总结为一种包含‘思想准备’和‘具体手段’的方法论，或许可将其归结为‘行为科学’的范畴。另一方面，倘若试图以‘精神训练’来培养员工，或许就与精益生产方式（LEAN）殊途同归了。但就目前来说，我还无法肯定，需要根据今后的研究动向再做判断。”

老师接着讲道：“其二是‘人’与‘知识及物质’的二元起

点，起源于TPS的核心理念，其中也包含了原则。其三是‘事先准备’，不少人把丰田生产方式视为一种‘事后补救’的手段，却忽视了在准备阶段嵌入TPS体系的必要性。换言之，改善活动既包括对既有生产线的持续改善，也包括在构建生产线阶段的准备工作。由此可知，生产活动包含三大阶段——起始形态、改善形态、维持及进化形态。其四是‘有效利用IT（信息技术）’，虽说手段不是TPS的全部，但为了提升工作效率，应该灵活运用各种工具和技术。当前，为了不断优化生产现场和劳动环境，关键在于使固有机制和IT技术有机结合。”

“‘TPS的形态’中包含了人的行动原则，这有什么意义呢？”武内君接着问道。

“大野先生曾经说过，所谓‘自働化’，便是赋予机器以人的智慧；而所谓‘造物之法’，则应该基于人的行动原则。这也是丰田生产方式并非单纯手段的原因之一，因为‘人’是TPS的根源之一。前面讲过,TPS的形态包含二元起点——‘人’与‘知识及物质’，这‘二元’不仅仅是支柱，而是根源所在。”

“这么说来，藤本隆宏先生在其著作《日本的造物哲学》（日本经济新闻出版社2004年）中提出了‘综合性制造系统’的理念，以此来说明日本的制造业，并强调丰田汽车是值得大家学习的榜样。所谓‘综合性制造系统’，是指日本制造在‘二战’后崛起的模式。而丰田生产方式则是其优秀的典范，并进一步衍生出了各个分支，包括‘细胞式生产’和各大企业的管理系统。”武内君说道。

老师点了点头，然后开始讲解基于人的“造物之法”。

“在我看来，真正的‘造物之法’必须忠实于以人为本的思想。许多人说‘造物之法’和TPS太过深奥，其实是因为其中包含了‘人的要素’；还有的人将其概括为‘日本文化’或‘日企文化’，其实深层次的因素也是人。此外，说起如今的日本制造，其与新渡户稻造[①]先生所提出的‘武士道’确有异曲同工之妙——虽然已不如往昔，但依然流淌在日本人的血液之中。精雕细琢的工匠追求，谦虚诚实的认真态度，在日本制造中处处可见这种日本人的精神特质。”

9. 丰田生产方式（TPS）的整体面貌:“三大心得”“四大态度”与“制造业形态”

让我们按照常规方式来审视TPS的形态（球形TPS：丰田生产方式的体系概念图），于是乎，我们能以明文规定的方式归纳总结出丰田生产方式的含义，且清晰易懂。为此，我们首先必须以**“广义的丰田生产方式”**为立足点。

此外，还必须融入业内前辈们的经验和智慧，从而得出以

---

① 新渡户稻造，生于1862年，国际政治活动家、农学家和教育家，曾担任国际联盟副事务长，还是东京女子大学的创立者。其英文著作《武士道——日本人的精神》曾在西方红极一时。——译者注

下内容。

丰田生产方式（TPS）的整体面貌：

帮助理解丰田生产方式的“三大心得”；

帮助实践丰田生产方式的“四大态度”；

通过丰田生产方式所呈现的“制造业形态”。

帮助理解丰田生产方式的“三大心得”

i. 实际观点 **“丰田生产方式是贯彻企业经营整体的思维方式”** ■ 丰田生产方式是将核心理念升华为制造业形态的活动。 ■ 丰田生产方式是始于客户、终于客户的企业整体活动。 ■ 任何一家企业都能找到与自身实际相适应的丰田生产方式。
■ 无论是制造还是服务，无论对象如何变化，都不会脱离丰田生产方式的理念。
ii. 整体构造 **“丰田生产方式的构造分为 4 层，即核心理念、附加原则、实际的行动 · 技法以及制造业形态”** ■ 要想理解丰田生产方式，关键在于理解其分为 4 层的结构，进而把握其整体面貌。纵观一些标榜“与 TPS 完全不同”的生产系统，其内部结构往往与丰田生产方式如出一辙。

- 第 I 层（核心理念）是丰田生产方式的根基所在，其包含“企业文化”和“持续收益”两方面的思想。前者把“尊重人性”和“智慧型改善”作为两大行动支柱，旨在最大限度地发挥个体创造力和团队合作的优势；后者把“JIT”和“自働化”作为两大思想支柱，旨在通过彻底消除无谓浪费来降低成本并确保盈利。
- 第 II 层（附加原则），顾名思义，它是附属于核心理念的思维方式。其包含“尊重人性”和“智慧型改善”的行动原则以及“JIT”和“自働化”原则。
- 第 III 层（实际的行动、技法）基于第 II 层的原则。其包括与人相关的“基本行动”和“改善行动”以及与知识·物质相关的“基本技法”和“改善技法”。其中，“改善行动”和“改善技法”隶属于改善领域。
- 第 IV 层（形态）则是第 III 层活动结果的体现。

iii. 各种形态

“形态是丰田生产方式所呈现的结果，其根据所处状况和 TPS 水准的不同而不同”

- 丰田生产方式包括核心理念及附属原则，而遵循原则的实际活动会导致现实结果，其呈现为制造业形态，于是被我们所认知。换言之，制造业形态只不过是我们开展活动的结果而已。

■ 丰田生产方式的活动基于与人相关的“思想准备”和与物质·知识相关的技法。根据不同的现实状况和TPS水准，其会呈现出各种形态。

■ 再加上观察者的立场（视角、切入点、思维方式）千差万别，在不同人的眼中，其呈现的形态可能也会存在差异。此外，由于观察者的经验和理解程度亦不相同，因此会导致阐释内容的局限性（例如把自己的经验视为真理，或者只纠结于诸如手段、方法等细枝末节），进而使TPS的本质变得晦涩难懂。

帮助实践丰田生产方式的“四大态度”

iv. 基本行动

“在开展丰田生产方式的活动时，必须重视基于人的基本行动”

■ 活动要以人为本。

■ 不要害怕变化，要勇敢应对变化。

■ 制定长期目标，追求理想形态。

■ 以“现场实物”的方式贯彻现场主义。

■ 不断发现问题和解决问题。

■ 不把问题带到后道工序。

v. 改善行动

“改善行动是改善活动中不可或缺的环节，必须与基本行动一同实施”

- 从需求出发。
- 找到“真因”后，不要匆忙应对，而要提出对策。
- 制定适应整体情况的对策（通过系统建立合理流程）。
- 不断开展“迷你型”改善活动，积少成多（从量变到质变）。
- 在改善设备前，先要改善作业（遵守顺序）。
- 快能补拙——“慢工细活”不如“快速尝试”。

……

vi 基本技法

“丰田生产方式的基本技法（TPS 的方式方法）皆基于‘JIT’和‘自働化’原则”

- 基于“JIT”原则的基本技法有：“一个流”、同步化、单人负责多道工序、作业人员多能化、站立作业、按工序顺序配置设备、缩小生产批量、按需调整生产节拍时间、标准作业、少人化、KANBAN 方式、多次搬运等。
- 基于“自働化”原则的基本技法有：能够检测感知异常问题的机制和装置、在作业内容上实现“人机分离”等。
- “自働化”的思维方式本身就包含了品控的思想。需要注意的是，品控并非活动的目的，而是前提和结果。换言之，品质管理活动固然重要，但与体系中的其他环节不同，它终究只是一种手段。

vii. 改善技法

“除了基本技法外，改善活动还包括通过应用和研究所得出的改善技法”

- 在TPS改善活动中，以基本改善技法所构成的循环步骤被称为“**改变形态的改善活动循环**”，这一概念使得相关内容变得简明扼要。

“改变形态的改善活动循环”

[第1阶段：实施2S]

实施2S，它是开展TPS改善活动的前提条件。

[第2阶段：发现浪费]

通过对于作业和物流的可视化管理，发现异常和浪费，从而找到改善的需求点。

[第3阶段：实施对策]

通过**5个“为什么”**来**把握“真因”**、**实施对策**。

[第4阶段：制定标准]

实现生产现场的**标准化**，彻底实施**可视化管理**，并横向开展相关活动。

回到改善的第1阶段，周而复始。

- 通过不断反复“改变形态的改善活动循环”，以螺旋上升的方式不断接近理想形态。

- 通过实践，不断加深对于改善技法的理解。活动必须从实际出发（包括具体产品和当前生产状况等），并通过实践，把丰田生产方式的理论知识转化为实用技术和技能。
- 倘若纠结于细枝末节（比如某些手段和方法）、一味模仿丰田生产方式的“空架子”，则无法取得成效。改善技法必须因地制宜、因势利导。

通过丰田生产方式所呈现的“制造业形态”

viii. 作业人员与生产现场的形态

“在丰田生产方式中，所谓人、机器和产品（服务）的形态，其实是基于实际行动和实用技法的活动结果。对于理想形态，必须不懈追求。为此，就需要培养能用丰田生产方式看问题的人才，并将丰田生产方式融入生产现场的 3 个阶段（初期 / 改善后 / 维持及进化）。例如，为了及时发现问题，建立能够检测感知异常情况的机制；为了理解 TPS 的灵活性（开展的工作内容根据状况和立场的不同而不同），建立相应的管理机制；等等”

- 在培养丰田生产方式的相关人才时，需要企业由上而下一以贯之，让所有员工都自觉追求制造业的理想形态，并拥有相应的思维逻辑和独立行动的能力。

（维持）在日常工作中，能够按要求完成上级布置的任务。

（改善）根据实际状况改变操作方法，实现标准化。
（进化）以长远的眼光做出判断，可以暂时停滞，但绝不可倒退。
（业务流程）站在客户的角度，追求正确的工作方式。
（范围）实施改善活动时，要兼顾后道工序、当前工序和前道工序。
（各阶层的职责）
·高层领导：以“现场实物”为纲，亲自指导活动。
·管理人员：明确现实与理想之间的差距，制订行之有效的计划。
·生产第一线的监督：拥有“企业家”般的责任意识，保证生产现场的正常运转。对于下属作业人员，既要持续发挥他们的个人能力，也要发挥团队合作的优势，从而圆满完成任务。
■ 丰田生产方式的形态可分为 3 个阶段——初期形态、改善后的形态、维持及进化的形态。要从人、机器和产品（服务）的角度入手，创造理想的劳动环境。

可以将以上内容理解为描述丰田生产方式整体面貌的实例。别的专家或许会抱有不同意见，但希望各位读者首先认真学习上述内容，从而加深对丰田生产方式的理解，并以丰田生产方式的思路为指针，进而更为正确和高效地开展改善活动。

永不结束的旅途

哎呀……

武内君非常努力呢。

“反正办法总会有的。”当年，这句话让武内君感到失望。

如今回想起来，它正是激励自我成长的契机。

通过在生产现场积累的经验，走进了丰田生产方式的世界。

对于制造业理想形态的追求，可谓永无止境。

如今，作为 TPS 专家（TPSist），武内君还在不断学习。

生命不息，改善不止。

丰田生产方式的旅途，今后也将继续。

参考文献

大野耐一：《丰田生产方式》（DIAMOND 出版社 1978 年）

藤田彰久：《新版 IE 的基础》（建帛出版社 1978 年）

中山清孝：《直接传授的丰田方式》（DIAMOND 出版社 2005 年）

田中正和：《有关丰田生产现场的思考》（BUSINESS 出版社 2005 年）

石井正光：《丰田生产方式入门》（中经出版社 2005 年）

武内登：《丰田细胞式生产》（日本能率协会管理中心 2006 年）

莱克（Jeffrey K. Liker）：《The Toyota Way》（日经 BP 出版中心 2004 年）

藤本隆宏：《日本的造物哲学》（日本经济新闻出版社 2004 年）

岩城宏一：《实践丰田生产方式》（日本经济新闻社 2005 年）

日刊工业新闻社编：《大野耐一的改善之魂》（日刊工业新闻社 2005 年）

日本生产管理学会编：《丰田生产方式》（日刊工业新闻社 1996 年）

H. Hirano：《JIT IS FLOW》（PCS Press 2006 年）

定价：28.00元

定价：36.00元

定价：30.00元

定价：32.00元

定价：32.00元

定价：32.00元

定价：38.00元

定价：26.00元

定价：36.00元

定价：22.00元

定价：32.00元

定价：36.00元

定价：36.00元

定价：36.00元

定价：38.00元

定价：28.00元

定价：38.00元

定价：36.00元

定价：38.00元

定价：36.00元

定价：36. 00 元

定价：46. 00 元

定价：38. 00 元

定价：42. 00 元

定价：49. 80 元

定价：38. 00 元

定价：38. 00 元

定价：38. 00 元

定价：45. 00 元

定价：52. 00 元

定价：42.00元

定价：42.00元

定价：48.00元

定价：58.00元

定价：48.00元

定价：58.00元